FAIRE JUSTICE DE L'IRRÉPARABLE

L'ESPRIT DES LOIS
Directeurs : Stéphane CHAUVIER et Céline SPECTOR

FAIRE JUSTICE DE L'IRRÉPARABLE

ESCLAVAGE COLONIAL
ET RESPONSABILITÉS CONTEMPORAINES

par

Magali BESSONE

Deuxième édition

Ouvrage publié avec le concours
du Centre national du livre

PARIS
LIBRAIRIE PHILOSOPHIQUE J. VRIN
6 place de la Sorbonne, V e

2025

Imprimé en France

ISSN 2682-1699

ISBN 978-2-7116-2922-0

www.vrin.fr

Pour Antoine, Samuel et Elsa,
Parce que leur génération fera mieux.

INTRODUCTION

LES RÉPARATIONS AU TITRE DE LA TRAITE ET DE L'ESCLAVAGE COLONIAL : DE LA POLÉMIQUE AU PROBLÈME

Dans l'espace public français, les demandes de réparations au titre de la traite et de l'esclavage colonial suscitent des débats houleux. Ces demandes sont apparues au tournant du XXIe siècle [1] et, si leur formulation repose d'abord sur une double conviction morale – la traite et l'esclavage ont été des injustices, et il importe de réparer l'injustice – elles ont rapidement pris la forme d'une question politique : le temps est venu de rendre des comptes pour ces crimes du passé, mais « comment régler le passé » [2] ? Que la traite et l'esclavage colonial soient injustes, nul n'en disconvient. La loi du 21 mai 2001, dite « loi Taubira », a donné une forme légale à la conviction morale en qualifiant traite et esclavage de « crimes contre l'humanité » : son article 1 déclare que « La République française reconnaît que la traite négrière transatlantique ainsi que la traite dans l'océan Indien d'une part, et l'esclavage d'autre part, perpétrés à partir du XVe siècle, aux Amériques et aux Caraïbes, dans l'océan Indien et en Europe contre les populations africaines, amérindiennes, malgaches et indiennes constituent un crime contre l'humanité ». Mais ces crimes

1. Plusieurs événements ont contribué à mettre la question sur le devant de la scène politique française : après les grandes commémorations de l'abolition de l'esclavage en 1998, l'adoption de la loi n° 2001-434 du 21 mai 2001 tendant à la reconnaissance de la traite et de l'esclavage en tant que crime contre l'humanité, dite « loi Taubira », la « Conférence mondiale contre le racisme, la discrimination raciale, la xénophobie et l'intolérance qui y est associée », qui a eu lieu à Durban, en Afrique du Sud, du 31 août au 8 septembre 2001, dite Conférence de Durban, ont porté et renforcé la conviction que le principe de réparations, principe éthique, pouvait recevoir une traduction politique.

2. P. Weil et St. Dufoix (dir.), *L'esclavage, la colonisation, et après…*, Paris, P.U.F., 2005, p. 10.

appartiennent à l'histoire : pourquoi, comment, traiter des injustices historiques ?

Jeremy Waldron [1] propose un certain nombre de raisons pour lesquelles il est important de produire un jugement *moral* de condamnation à l'égard des injustices historiques : premièrement, dire qu'un événement du passé était injuste ne consiste certes pas à prendre l'engagement de ne pas commettre cet événement, puisque l'événement a bien déjà eu lieu et le temps est « irréversible », le crime « irrévocable », dans les termes de Vladimir Jankélévitch [2] ; mais c'est s'engager à faire en sorte qu'un événement du *type* de celui qui a eu lieu ne puisse se reproduire. Deuxièmement, s'il ne s'agit pas d'acquérir ou de découvrir de nouvelles normes ou critères de morale (nous les possédons déjà, ce sont elles qui nous permettent d'émettre le jugement « l'esclavage était injuste »), il s'agit plutôt de donner de la chair à ces normes en observant, grâce à l'étude de l'histoire, quelles sont les implications *réelles*, concrètes, de nos principes moraux : comment nous ont-ils fait défaut dans les circonstances dans lesquelles les violations des principes, les crimes, ont été commis ? Troisièmement, ce n'est pas au nom d'un désir de vengeance, de culpabilisation, qu'on condamne une injustice du passé ; mais c'est dans l'espoir que cette injustice ne soit pas purement et simplement oubliée, par déni ou par dénégation, et afin de permettre un raisonnement sur cette injustice : comprendre quelles sont les raisons qui ont motivé l'événement, la déviation des principes, alors que celle-ci aurait pu être évitée. Enfin, « l'entreprise délibérée de remémoration » du passé permet d'éviter des représentations identitaires fantasmées qui chercheraient à justifier les inégalités d'aujourd'hui dans un mérite intrinsèque des groupes dominants ou avantagés et un démérite intrinsèque des groupes dominés ou désavantagés : reconnaître, attester l'injustice, permet d'énoncer que les groupes avantagés le sont aujourd'hui non pas parce qu'ils sont les « meilleurs » mais parce qu'ils ont bénéficié d'une injustice commise par leurs ancêtres contre des groupes dont les descendants sont aujourd'hui, par là même, désavantagés. Il s'agit de donner à chacun la possibilité d'une représentation non pathologique de soi en vue d'un travail d'élaboration partagée d'un jugement commun sur l'histoire de sa société.

Mais si l'on peut ainsi avoir de bonnes raisons de condamner moralement ces injustices, *quid* de la traduction pratique ou politique du

1. J. Waldron, « Superseding Historic Injustices », *Ethics*, 103/1, 1992, p. 4-28.
2. V. Jankélévitch, *L'irréversible et la nostalgie*, Paris, Flammarion, 1974.

jugement moral? Pourquoi, comment, punir ou réparer des crimes dont tous les protagonistes sont depuis longtemps disparus? Quelle théorie de justice adopter pour traiter – appréhender et évaluer – les demandes de réparations qui émergent? Quelles normes du juste et de l'injuste mobiliser pour déterminer les contours (et les éventuelles limites) de la légitimité de ces demandes?

Les revendications de réparations ont rapidement adopté une forme judiciaire, avec la plainte du Mouvement International pour les Réparations (MIR) Martinique et du Conseil Mondial de la Diaspora Panafricaine (CMDP) déposée devant le Tribunal de Grande Instance de Fort-de-France le 23 mai 2005 contre l'État français, pour son organisation « de la traite négrière et de l'esclavage des Africains déportés » en Martinique. Le jugement a été rendu en première instance le 29 avril 2014 et le jugement d'appel est en délibéré. Ce cas a été suivi du dépôt de plainte du Conseil Représentatif des Associations Noires (CRAN) devant le Tribunal de Grande Instance de Paris le 10 mai 2013 contre la Caisse des Dépôts et Consignations au nom de l'enrichissement injuste de cette institution nationale à la suite de l'abolition de l'esclavage en Haïti (anciennement colonie française de Saint-Domingue). Enfin, le 7 décembre 2017 s'est tenu l'examen de la demande d'assignation de l'État par un collectif de plaignants, le Comité International des Peuples Noirs et le Mouvement International pour les Réparations Guadeloupe, devant le Tribunal de Grande Instance de Pointe à Pitre, pour obtenir réparation au titre de la déportation et de l'esclavage.

Situer les réparations sur le terrain judiciaire semble conforme à une intuition morale aisée à saisir et qui est généralement partagée : il existe une obligation morale de la part d'un agent qui a causé un préjudice à un autre de réparer ce préjudice. Cette intuition, selon laquelle « chacun doit réparer les torts qu'il a causés », assure en grande partie la légitimité de l'article 1240 du Code civil : « Tout fait quelconque de l'homme, qui cause à autrui un dommage, oblige celui par la faute duquel il est arrivé à le réparer », fondateur du droit de la responsabilité civile, en jeu dans le traitement judiciaire des demandes. La traite et l'esclavage ont causé des préjudices et des souffrances dont les effets se sont transmis aux générations suivantes : il importe de réparer ces torts. Toutefois, cette intuition perd une grande partie de sa force de conviction morale dans le cas d'injustices historiques et collectives et peine à soutenir le cas des demandes de réparations pour l'esclavage colonial, pour quatre motifs principaux.

Premièrement, si un agent qui a commis un fait dommageable entraînant un préjudice est dans l'obligation de réparer ce préjudice s'il le peut, il ne va pas de soi que cette obligation se transmette aux générations suivantes et ce d'autant moins que les générations sont plus éloignées. Au contraire, il semble assez plausible d'affirmer que nous ne pouvons tout simplement pas aujourd'hui être tenus pour responsables de décisions prises dans le passé auxquelles nous n'avons pas pu consentir puisque nous n'existions pas. La traite et l'esclavage étaient des crimes, mais ce ne sont pas *nos* crimes, et nous n'en sommes pas coupables. Deuxièmement, étant donnée la nature de l'injustice, il est impossible de déterminer pour quels préjudices exacts il devrait y avoir réparation aujourd'hui. Réparer un préjudice s'entend traditionnellement en termes de restitution ou de compensation (pour reprendre l'analogie proposée par Jeremy Waldron, une voiture volée doit être rendue à son propriétaire ou remboursée si elle a été détruite [1]). Or dans le cas des injustices liées à la traite et au système esclavagiste, le préjudice causé est à la fois trop diffus et trop profond pour être aisément évaluable en termes matériels ou financiers, de sorte qu'on puisse établir le montant de la réparation proportionnellement au préjudice. Il est impossible d'établir une équivalence correcte entre le crime et la réparation. Troisièmement, l'esclavage a été aboli en France en 1848; personne aujourd'hui ne soutient plus les croyances morales associées à la traite et l'esclavage (déshumanisation d'une partie de l'humanité, dépersonnalisation de certaines personnes morales et juridiques, inégalité essentielle de certains groupes au sein de l'espèce humaine, légitimité du travail servile). Personne ne conteste les horreurs qu'ils ont suscitées et personne ne souhaite que le système esclavagiste soit réintroduit en France. Ainsi, les préjudices liés à cette situation passée paraissent bien moralement déconnectés de la situation actuelle et la croyance en la valeur fondamentale de l'égalité entre les humains semble désormais établie : il n'y a pas de communauté morale continue entre l'Empire français esclavagiste et la Ve République. Enfin, il est extrêmement difficile d'établir la relation entre le groupe des requérants actuels et les victimes des crimes du passé, les personnes déportées et esclavisées. Il n'y a pas (plus) de victimes directes de ces injustices historiques; en revanche, il existe des victimes d'injustices présentes, désavantagées par notre système de redistribution et marginalisées par notre système d'institutions, et il n'est certes pas exclu que les requérants figurent parmi ces victimes – mais sans qu'aucune relation de cause à

1. J. Waldron, « Superseding Historic Injustices », *op. cit.*, p. 14.

effet ne puisse être aisément établie entre les injustices du passé et les injustices du présent. Et l'insistance sur le passé détourne du traitement, urgent, des dysfonctionnements présents.

En somme, le droit de la responsabilité civile a été forgé pour répondre de cas de violations isolées de droits dans une situation morale globalement correcte et stabilisée ; l'intuition morale sur laquelle il repose s'évanouit dans le cas de violations massives et systémiques commises il y a plusieurs générations dans le cadre d'un système d'oppression auquel entre-temps il a été mis fin. Ce hiatus entre un principe moral correctif intuitivement puissant et les circonstances particulières dans lesquelles il pourrait être appliqué politiquement pour justifier les demandes de réparations au titre de la traite et de l'esclavage colonial est l'une des causes majeures de la virulence des débats publics sur la question.

S'ajoute à cela une seconde difficulté. Lorsqu'elles choisissent la voie judiciaire, les demandes de réparations sont largement considérées comme le volet matériel de « régimes mémoriels » [1] visant la reconnaissance de groupes identitaires particuliers. Elles sont interprétées comme la traduction judiciaire de politiques d'identité plus amples, exigeant des droits collectifs dus exclusivement aux membres de groupes qui s'auto-désignent comme victimes et en application d'une logique communautariste ou multiculturaliste héritée d'autres contextes internationaux (l'Amérique du Nord fait alors figure de repoussoir), mais qui est présumée n'avoir aucun sens et aucune légitimité en France. Dans cette perspective, les demandes de réparations judiciaires ne sont que l'une des stratégies empruntées par des groupes minoritaires qui réclament la reconnaissance de leur identité collective non pas au sein de l'identité nationale, mais en concurrence avec celle-ci. Ces groupes utilisent la référence à l'histoire et à la mémoire collective pour justifier et imposer leur existence. Les plaintes judiciaires et les mesures de restitution ou de compensation matérielles qu'elles demandent sont interprétées comme s'inscrivant dans un ensemble plus large de revendications politiques visant la reconnaissance publique de ces groupes : commémorations spécifiques, réécriture des manuels d'histoire, modifications des noms de rues ou de monuments publics… Tel est le volet politique des demandes de réparations, perçues comme l'une des manifestations des « guerres

1. Johann Michel définit un régime mémoriel comme une grammaire ou un paradigme de représentations dominantes de la mémoire officielle, qui se traduit dans des politiques publiques (commémorations, érection de monuments en morts, etc.), voir *Gouverner les mémoires, Les politiques mémorielles en France*, Paris, P.U.F., 2010.

de mémoires »[1] qui font rage en France depuis la fin des années 1990 et qui sont d'autant plus aiguës qu'elles touchent à la question de l'identité nationale, vécue comme menacée par la fracture coloniale et la reconnaissance d'un passé criminel. Elles sont accusées d'opposer au « régime mémoriel républicain » un « régime victimo-mémoriel »[2] dangereux et clivant.

En adéquation avec le modèle républicain de citoyenneté qui ne prend en compte que des individus abstraits et à ce titre, considérés comme égaux[3] – tous susceptibles de bénéficier des mêmes droits et de supporter les mêmes devoirs –, les politiques publiques mémorielles traditionnellement menées en France (y compris par l'outil législatif) visaient l'unité nationale, l'intégration de tous dans un même récit historique. La Constitution de la Ve République affirme « l'unité » et « l'indivisibilité » du peuple français dont l'histoire nationale, enseignée et transmise, a vocation à renforcer la solidarité et la cohésion politique. L'appartenance à la nation française requiert une adhésion volontaire et l'histoire est le vecteur de la définition des conditions d'appartenance en même temps que « l'institutrice de la nation »[4], ayant pour fonction d'assurer l'unité de la conscience historique et de la conscience nationale.

De là naît la menace que représentent les nouvelles revendications mémorielles. Ces régimes expriment des demandes de reconnaissance spécifique émanant de groupes particularisés; ils se trouvent de la sorte en contradiction avec le modèle républicain de citoyenneté. Même dans l'interprétation selon laquelle ces « entrepreneurs de causes mémorielles

1. É. Savarese, *Algérie, la guerre des mémoires*, Paris, Non Lieu, 2007. B. Stora, *La guerre des mémoires. La France face à son passé colonial*, La Tour d'Aigues, Éditions de l'Aube, 2007.

2. J. Michel, *Gouverner les mémoires, Les politiques mémorielles en France*, *op. cit.*, p. 133.

3. Voir les lumineuses analyses de Pierre Rosanvallon, dans *Le peuple introuvable*, Paris, Gallimard, 1998 : le principe d'égalité au cœur de la République française se soutient d'un principe d'abstraction, selon lequel c'est parce que les citoyens sont abstraits de leurs contingences qu'ils peuvent ne valoir que comme parties équivalentes du tout qu'est le peuple. Mais du même coup, le peuple sensible est rendu très incertain. « Dans la démocratie, le peuple n'a plus de forme : il perd toute densité corporelle et devient positivement nombre, c'est-à-dire force composée d'égaux, d'individualités purement équivalentes sous le règne de la loi » (p. 18). Ce peuple fictif est constitué de citoyens « sérialisés », d'unités arithmétiques, formant abstraitement « nombre », condition de l'égalité, mais problème pour l'identité.

4. Pour reprendre la formule que Pierre Nora appliquait à Ernest Lavisse, voir P. Nora (dir.), *Les lieux de mémoire*, t. I. : *La République*, Paris, Gallimard, 1984. Voir également C. Colliot-Thélène, D. Malbert et P. Nora, « Entretien avec Pierre Nora », *Revue internationale d'éducation de Sèvres* 13, 1997, p. 53-58.

concurrentes » revendiquent simplement le droit de faire entrer dans l'histoire de France des groupes longtemps écartés du récit national, ce faisant, ils « s'appliquent à homogénéiser des groupes d'individus hétéroclites » et créent l'illusion d'une objectivité de l'existence de ces groupes [1] – alors même que le seul groupe légitime en France serait le groupe national. L'effort pour contester l'objectivité homogénéisante de l'histoire nationale est ainsi perçu comme une revendication identitaire particularisante, appliquée à donner corps à l'existence d'identités minoritaires, à la réification d'entités sociales qui ne sont que des constructions au statut ontologique douteux. Les demandes de réparations s'inscriraient ainsi dans un processus de division de la communauté civique en victimes et bourreaux, culpabilisant les citoyens d'aujourd'hui au nom des crimes du passé, usant d'un cadre moral partiel, important dans les discours publics une logique pénale accusatoire et tâchant d'imposer un devoir de mémoire contraire aux obligations de justice. Elles relèveraient de deux des trois formes négatives de manifestation de mémoire diagnostiquées par Paul Ricœur – mémoire empêchée, mémoire manipulée et mémoire obligée – empêchant la remémoration authentique au nom d'une mémoire à la fois instrumentalisée et forcée : « Le devoir de mémoire est aujourd'hui volontiers convoqué dans le dessein de court-circuiter le travail critique de l'historien, au risque de refermer telle mémoire de telle communauté historique sur son malheur singulier, [...] de la déraciner du sens de la justice et de l'équité » [2]. Les efforts pour réparer, compenser, ou même reconnaître officiellement les injustices du passé, s'inscrivant dans cette logique accusatoire du face-à-face, ne serviraient qu'à figer les haines, de soi ou des autres.

De la sorte, dans cette interprétation, les réparations seraient en contradiction avec leur objectif revendiqué – un objectif d'apaisement, de reconnaissance et de réconciliation sociale. Elles ne permettraient en rien d'inciter à un dialogue ou à une conversation commune, inclusive, témoignant de la conscience d'une histoire partagée et du désir de redéfinir les conditions réelles de la citoyenneté française. Elles ne serviraient qu'à alimenter une relation de défiance entre des groupes mis en face-à-face en raison de la nature adversariale du discours adopté figeant l'opposition entre victimes et bourreaux. Elles renforceraient les clivages identitaires

1. É. Savarese, *La rencontre postcoloniale*, Bellecombes-en-Bauge, Éditions du Croquant, 2014, p. 36.

2. P. Ricœur, « L'écriture de l'histoire et la représentation du passé », conférence M. Bloch, *Annales Histoire Sciences Sociales*, 55/4, juillet-août 2000, p. 736.

et attiseraient les haines au lieu de servir à la construction de larges coalitions sociales et de convaincre l'ensemble du corps politique de la nécessité d'œuvrer à la réalisation d'une plus grande justice sociale. Au contraire, des mesures politiques conformes à un égalitarisme « indifférent aux différences » psycho-physiques héritées d'histoires particulières seraient plus efficaces pour réaliser l'égalité de tous les membres de la société – qu'ils soient descendants d'esclaves, de harkis, de huguenots ou de paysans niçois, sans qu'aucune injustice historique particulière ne permette de justifier un quelconque traitement préférentiel pour des groupes particuliers. L'égalitarisme républicain en France repose sur un principe d'anonymat des membres du corps social : l'engagement en faveur de l'égalité *pour tous* devrait suffire à égaliser les conditions *de chacun*. Insister sur l'existence d'histoires différenciées ne servirait qu'à renforcer l'émiettement des forces sociales et détourner une bonne partie des citoyens d'un engagement, pourtant indispensable, en faveur de la mise en place effective de mesures égalitaristes. Enfin, les demandes de réparations seraient des revendications « de luxe » que pourrait seulement se permettre une nation dont le système d'institutions et de redistribution est perçu comme durable et solide. Dans les temps de crise et de doutes sur la cohésion sociale et la fragilité du modèle démocratique [1], les demandes de réparations au titre d'injustices historiques ne sont certainement pas des demandes de justice prioritaires; elles sont contre-productives et dangereuses.

Tels sont, à grands traits, les arguments de la polémique qui entoure les demandes de réparations au titre de la traite et de l'esclavage colonial en France aujourd'hui. Les réparations expriment une demande de justice, à quoi leur est opposé un constat de fait : on ne peut pas « réparer l'histoire » [2]. Elles demandent de repenser les conditions de l'inclusion de tous les citoyens dans un projet politique commun, à quoi leur est opposée leur effet de division du corps social.

Ce livre se propose de sortir les réparations au titre de la traite et de l'esclavage de la *polémique* pour les *problématiser*, ce qui peut s'entendre, selon l'usage foucaldien de ce terme, comme une tentative de construire les problèmes que certains faits, certaines expériences, certaines pratiques, posent à la politique. Selon Michel Foucault, la

1. De nombreux ouvrages font aujourd'hui un tel constat. Parmi d'autres, voir P. Rosanvallon (dir.), *Refaire société*, Paris, Seuil, 2011.

2. A. Garapon, *Peut-on réparer l'histoire ? Colonisation, esclavage, Shoah*, Paris, Odile Jacob, 2008.

polémique, comme « figure parasitaire de la discussion et obstacle à la recherche de la vérité » [1], relève de trois modèles de discours, religieux, judiciaire et politique : la polémique cherche dans le discours adverse la violation d'un principe intangible, la « faute morale » dont il est présumé coupable ; elle n'appelle pas la discussion mais « instruit un procès » et condamne le coupable ; enfin elle est partisane – elle définit des coalitions en opposition et « constitue l'autre en un ennemi porteur d'intérêts opposés ». De ce positionnement antagoniste du discours, « aucune idée neuve » ne peut sortir : la polémique stérilise la pensée et la possibilité d'imaginer des « pratiques politiques réelles » disparaît. La problématisation, qui correspond, elle, au « travail spécifique de la pensée » [2], cherche à produire un mouvement de détachement, de « déprise » ou d'analyse critique des conditions qui permettent que s'élaborent des réponses diverses aux embarras et aux difficultés posées par des pratiques particulières. Problématiser les demandes de réparations revient à les constituer en objet pour la pensée. Pour ce faire, il faut s'interroger sur la forme historique singulière que revêtent les demandes, les normes qui les fondent, les procédures mobilisées pour les faire entendre ou les réduire au silence, afin de clarifier un certain nombre de malentendus qui alimentent, délibérément ou non, la polémique.

Plus spécifiquement, l'hypothèse centrale ici est que les demandes de réparations sont un problème *politique* : elles ébranlent notre conviction que notre cadre de pensée (sous forme de consensus sur des valeurs ou sur une tradition) est donné de manière intangible à l'intérieur d'un « nous, le peuple français » toujours déjà constitué ; que nous savons qui nous sommes et quelles sont nos normes et valeurs communes. Parvenir à formuler le problème, c'est ainsi rendre possible la transformation, la reformulation d'un « nous ». Ce livre tente de penser le problème politique que constituent les demandes de réparations au titre de l'esclavage colonial en France, dans le double espoir de faire avancer la compréhension de ces demandes (dimension conceptuelle de l'enquête) et d'en proposer une interprétation qui évaluera leur légitimité politique (dimension normative). Or prendre au sérieux les demandes de réparations au titre de la traite et de l'esclavage comme demandes de justice suppose de modifier considérablement la représentation que nous nous faisons

1. M. Foucault, « Polémique, politique et problématisations », *Dits et Écrits II, 1976-1988*, Paris, Gallimard, 2001, p. 1411.
2. *Ibid.*, p. 1417.

de notre histoire et de notre identité politique, ainsi que celle de notre responsabilité morale et politique.

Afin de sortir les demandes de réparations de la polémique, l'ouvrage va se préoccuper de traiter successivement les sources d'incompréhension ou de malentendus qui la sous-tendent et suscitent la caricature et l'antagonisme. Suivant ici en partie les analyses d'Andrew Valls [1], on identifiera quatre motifs principaux d'incompréhension : la difficulté d'appréhender la nature exacte de l'injustice au titre de laquelle il est demandé réparation – la traite et l'esclavage colonial ; la confusion entre réparation et compensation dans une approche strictement corrective de la justice ; la conviction que des politiques de justice distributive aveugles aux différences et anhistoriques peuvent répondre aux demandes de réparations tout en évitant le risque de division du corps social ; enfin la tendance à identifier culpabilité et responsabilité des agents contemporains.

Le chapitre II sera consacré à l'analyse de l'injustice au titre de laquelle il est demandé réparation : le système de la traite et de l'esclavage. Il montrera que l'esclavage colonial n'est pas une injustice historique au sens strict – soit une injustice du passé dont tous les protagonistes sont aujourd'hui disparus, mais une injustice structurelle dont les effets perdurent et nous engagent encore aujourd'hui dans un système de relations sociales et raciales profondément inégalitaire et aliénant [2]. Le chapitre III critiquera la confusion trop souvent entretenue entre réparations et compensations individuelles ou collectives matérielles et financières susceptibles d'être obtenues grâce au droit de la responsabilité civile ; il montrera que la logique corrective est inadaptée pour répondre de l'injustice structurelle. Le chapitre IV montrera que les théories égalitaristes de la justice distributive dans leur version idéale « *colorblind* » ne peuvent pas non plus prendre en charge les demandes de justice qui s'expriment dans les demandes de réparation, lesquelles exigent une prise en compte de la manière dont l'injustice actuelle a été effectivement historiquement produite et de la dimension raciale de l'inégalité à laquelle il s'agit de remédier. Enfin le chapitre V étudiera la réalité et les modalités de notre responsabilité contemporaine de réparer les injustices structurelles de la traite et de l'esclavage colonial : écartant

1. A. Valls, « Reconsidering the Case for Black Reparations », dans J. Miller et R. Kumar (éd.), *Reparations : Interdisciplinary Inquiries*, Oxford, Oxford University Press, 2007, p. 114-129.

2. C. Lu, *Justice and Reconciliation in World Politics*, Cambridge, Cambridge University Press, 2017.

le langage du blâme et de la culpabilité, il montrera que nous avons une responsabilité politique de réparer, responsabilité qui s'envisage sous les traits de la « responsabilité fondée sur les connexions sociales » proposée par Iris Marion Young [1].

Ces chapitres, consacrés à éclaircir les sources de la polémique, seront précédés d'un premier, méthodologique, qui prendra le temps de situer la réflexion sur les demandes de réparations au titre de la traite et de l'esclavage en France dans une tendance plus large de la philosophie et de la théorie politiques actuelles, consistant à prêter attention aux injustices du passé et à s'interroger sur les manières de répondre à leurs effets persistants indéniables dans nos sociétés actuelles. Les demandes de réparations ne relèvent ni de la justice corrective, ni de la justice distributive idéale, mais d'une forme de justice transitionnelle (en un sens que nous préciserons). L'effort de théorisation mené ici s'inscrit dans un « tournant » philosophique plus global, qui exige un renouvellement des méthodes et des concepts de la philosophie politique. C'est à présenter les éléments principaux de ce renouvellement épistémique que le premier chapitre sera consacré, en insistant sur l'importance de *situer* les questionnements de justice : si la théorisation qui est mise en jeu ici se centre sur les réparations au titre de la traite et l'esclavage en France, ce n'est pas que la question soit exemplaire ou paradigmatique de toute théorisation de la justice. Mais c'est d'une part que la question suscite tout particulièrement la discorde et qu'il relève du rôle du philosophe politique de problématiser les dissensions – non pas nécessairement pour les résoudre, mais pour saisir et rendre visible ce qui s'y joue ; d'autre part, que si ce qui est en jeu dans la problématisation politique est une transformation du « nous », la parole du philosophe politique est partie prenante de la constitution de ce nous : la philosophie politique est située et assumer cette situation fait partie des enjeux de la clarification. Il ne s'agit donc pas de proposer une théorie de la justice réparatrice qui serait susceptible de prendre en charge toutes les injustices historiques et les demandes de réparations afférentes, mais de proposer une conception de la justice qui permette d'appréhender et d'évaluer les demandes au titre de la traite et l'esclavage colonial dans notre contexte particulier.

1. I. M. Young, *Responsibility for Justice*, Oxford, Oxford University Press, 2011.

CHAPITRE PREMIER

DU BON USAGE D'UNE THÉORIE NON IDÉALE DE LA JUSTICE

La réflexion sur les demandes de réparations au titre de la traite et de l'esclavage colonial a récemment pris de l'ampleur en France, comme dans d'autres pays anciennement esclavagistes et colonisateurs. La réflexion s'inscrit dans une double tendance philosophique ou théorique plus globale qui a considérablement modifié les méthodologies et les concepts des théories de la justice tels qu'ils avaient été hérités de l'approche rawlsienne et post-rawlsienne qui a dominé le champ de la philosophie normative depuis les années 1970. Dans le champ académique, et plus précisément encore, dans le champ de la philosophie politique, traversant les clivages un peu convenus opposant la philosophie analytique et la philosophie continentale, ou encore la philosophie normative et la philosophie critique, la prise au sérieux théorique des réparations s'ancre au cœur d'un retournement méthodologique qui a affecté à la fin des années 1990 les théories de la justice, domestiques et internationales. Sans renoncer à l'ambition normative de la philosophie politique, plusieurs courants de pensée ont plaidé pour un ancrage sociologiquement, historiquement et juridiquement plus informé des théories de justice.

Ce retournement repose sur deux prémisses : d'une part, ce que James Bohman a nommé « *a shift to the priority of injustice* » [1], soit une manière de penser les principes et normes de la justice à partir du diagnostic des injustices qui nous affectent réellement et non pas comme des modèles valides *sub specie aeternitatis* ; d'autre part, une attention croissante portée aux injustices du passé et à la temporalité des sociétés et des

1. J. Bohman, « Domination, Global Harms and Injustice », dans B. Buckinx, J. Treho-Mathys, T. Waligore (éd.), *Domination and Global Political Justice*, New York-Londres, Routledge, 2015, p. 71-87, p. 72.

institutions, donc à la place de l'histoire dans la manière d'identifier et de théoriser les dysfonctionnements du présent [1]. La première prémisse a cristallisé les débats autour du caractère idéal ou non idéal des théories de la justice. La seconde implique de penser une théorie historique de la justice, ce qui toutefois ne s'entend pas dans les termes de Robert Nozick [2] mais plutôt sous les auspices d'une théorie transitionnelle – telle que nous la définirons dans la seconde section de ce chapitre, comme ce type de théorisation de la justice qui se propose d'énoncer les normes grâce auxquelles on peut évaluer le caractère juste ou non d'une société « en transition », *i.e.* prise dans un mouvement de modification de ses principes d'organisation du pouvoir pour garantir l'absence de violation de droits et répondre des injustices commises par le passé. Théoriser les demandes de réparations au titre de la traite et de l'esclavage comme des demandes de justice s'ancre dans ce double mouvement : le processus de théorisation implique une démarche non idéale et la justice demandée n'est pas restaurative mais transitionnelle. Ces deux dimensions vont être abordées successivement dans ce chapitre.

La théorie non idéale

L'expression de « théorie non idéale » qui s'est trouvée au cœur de débats méthodologiques et normatifs importants ces dix dernières années recouvre des positions théoriques extrêmement diverses et parfois peu compatibles [3]. Telle qu'elle est mobilisée ici, elle désigne une méthode de théorisation reposant sur les principes suivants : 1) un statut des normes qui en fait des « hypothèses » [4] : la théorie n'est ni close ni définitive ; 2) un sujet de la théorisation incarné qui ne surplombe pas les agents politiques sur lesquels porte la théorisation ni ne s'abstrait des conditions y compris institutionnelles dans lesquelles la théorisation se formule : la théorie est (socialement et politiquement) située ; 3) une construction

1. Voir par exemple E. Barkan, *The Guilt of Nations : Restitution and Negotiating Historical Injustices*, New York, Norton & Company, 2000. J. Torpey (éd.), *Politics and the Past : On Repairing Historical Injustices*, Lanham (MD), Rowman & Littlefield, 2003.

2. Voir *infra*, chap. IV, p. XXX.

3. Voir pour une analyse serrée des différents sens et malentendus que la dichotomie idéal/non idéal a engendrés, J. Simmons, « Ideal and Nonideal Theory », *Philosophy and Public Affairs*, 38/1, 2010, p. 5-36. Z. Stemplowska et A. Swift, « Ideal and Non-ideal Theory », dans D. Estlund (dir.), *Oxford Handbook of Political Philosophy*, Oxford, Oxford University Press, 2012, p. 373-390.

4. E. Anderson, *The Imperative of Integration*, Princeton, Princeton University Press, 2010, p. 6.

des problèmes, plutôt que des principes, qui prend en compte les voix de tous les concernés, y compris quand ces voix sont discordantes : la théorie est démocratique et doit persuader pour engager l'ensemble de la communauté politique; 4) s'il s'agit bien d'une théorie de justice, partir de la priorité de l'injustice exige que l'injustice soit corrigée : la théorie est transformatrice.

Précisons. Évaluer la légitimité des demandes de réparations implique de se demander pourquoi, et, le cas échéant, comment, tenir compte d'un événement perçu comme injuste qui s'est effectivement produit, en vue d'améliorer la situation présente d'injustice qui lui serait associée. Ainsi l'idée même de réparation exige que l'on opte pour l'une de deux méthodes théoriques. Selon la première, nous sommes capables d'énoncer les principes de justice qui devraient gouverner un monde parfaitement juste, et nous devons nous rendre capables d'identifier ce qui a constitué, dans notre monde non idéal, une déviation par rapport à ces principes. Nous formulons les principes, qui prescrivent un certain type de conduite; puis nous diagnostiquons l'action qui a désobéi à ces principes et qui est donc injuste; enfin, puisque nous nous préoccupons de rendre notre société plus juste, nous cherchons à rectifier ou réparer l'injustice commise. Nous identifions quelle distorsion exactement exige d'être rectifiée, puis nous élaborons les mesures par lesquelles on peut opérer la rectification. Cette méthode comporte un risque majeur : il est possible que les principes énoncés pour une société parfaitement juste ne nous permettent pas d'identifier les raisons de la déviation injuste. Or identifier ces raisons est indispensable pour savoir comment réparer.

C'est pourquoi il faut peut-être opter pour la seconde méthode : se demander comment des principes de justice gouvernant notre monde non idéal peuvent être correctement formulés en tenant compte des raisons pour lesquelles des agents moraux ont pu être conduits à commettre ce qui nous apparaît comme une injustice. Dans la première démarche, les principes formulés pour et dans une situation idéale demeurent utiles et valides et la tâche du théoricien critique consiste à diagnostiquer les causes et les mécanismes du dysfonctionnement pour corriger le réel afin qu'il épouse l'idéal. Dans la seconde démarche, c'est la fonction et la validité des principes formulés pour une situation idéale qui est mise en doute au nom de leur impuissance normative. Cela ne signifie pas que les normes de justice soient d'emblée et systématiquement disqualifiées, mais qu'on contextualise l'énonciation même des principes à partir des problèmes identifiés par les agents comme problèmes de justice.

L'opposition entre idéal et non idéal chez Rawls.

La première démarche peut être rapportée à une division du travail intellectuel qui correspond à la distinction entre théorie idéale et théorie non idéale de la justice telle qu'elle a été initialement formulée par John Rawls au paragraphe 39 de la *Théorie de la justice* : il y développe plusieurs critères pour saisir à la fois la différence et la complémentarité entre ces deux modes de théorisation [1]. Il fait d'abord la différence entre une théorie de l'obéissance totale, ou stricte, et une théorie de l'obéissance partielle. La théorie idéale se préoccupe de formuler des principes de justice destinés à structurer une société dans laquelle les agents moraux sont présumés être rationnels et raisonnables et agir justement dans des circonstances favorables, c'est-à-dire se conformer strictement aux obligations énoncées par les principes de justice : « La stricte obéissance est l'une des stipulations de la position originelle ; les principes de justice sont choisis en supposant que l'on s'y conformera de manière générale » [2]. La théorie non idéale se demande, elle, quels sont les principes qui doivent gouverner nos sociétés, quels sont les devoirs qui nous incombent, dans des situations d'obéissance partielle, autrement dit quand personne ne peut être présumé remplir intégralement ses obligations morales. Comment formuler les attentes à l'égard des agents moraux lorsque, en raison de notre absence d'engagement à l'égard des principes de justice et/ou de circonstances défavorables, nous nous trouvons dans une situation où « l'injustice existe déjà » [3] ? Tel est l'enjeu de la théorie non idéale.

L'opposition ainsi posée semble engager une radicale distinction de statut normatif des principes et de méthode de formulation. Mais Rawls propose un second critère de distinction qui récuse l'idée d'une étanchéité radicale entre ces deux démarches théoriques et au contraire considère la théorie de la justice « comme un tout » : la théorie idéale est un préalable indispensable à la théorie non idéale. La première consiste à identifier une structure sociale idéale et la théorie non idéale se concentre sur les

1. J. Rawls, *Théorie de la justice*, trad. fr. C. Audard, Paris, Seuil, 1987. Voir aussi M. Bessone, « Comment répondre à l'injustice raciale avec Rawls ? De la théorie idéale à la théorie non idéale… et retour », dans S. Guérard de Latour, G. Radica et C. Spector (dir.), *Le Sens de la justice, une utopie réaliste ? Rawls et ses critiques*, Paris, Classiques Garnier, 2015, p. 267-284.

2. *Ibid.*, § 39, p. 281.

3. *Ibid.*

améliorations graduelles qui permettraient d'atteindre cette visée [1]. Il écrit dans le *Droit des Peuples* :

> La théorie non-idéale [...] recherche des politiques et des orientations susceptibles d'être efficaces et possibles politiquement, aussi bien que moralement acceptables, pour atteindre ce but. Ainsi conçue, la théorie non-idéale admet que l'on dispose déjà de la théorie idéale, car faute d'un idéal identifié, au moins dans ses grandes lignes, la théorie non-idéale ne peut se référer à aucun objectif pour résoudre les questions qu'elle soulève [2].

Dans cette perspective, la pratique politique se soutient d'une science capable d'élaborer le modèle qui fonctionne comme critère et aune de l'évaluation de nos sociétés et de leurs défaillances. La théorie idéale est constructiviste et la théorie non idéale comparatiste : la première construit les principes d'une société juste et la seconde évalue les déviations par rapport à l'idéal et détermine quels principes de rectification peuvent être appliqués dans le monde réel pour corriger les écarts diagnostiqués comme injustes.

Dans cette division, les principes de justice idéaux sont ceux d'une juste distribution des biens sociaux dont on suppose que tout agent rationnel souhaiterait en avoir la part la plus grande possible : principe d'égale liberté et principe de différence [3]. Le principe de différence, qui « n'est pas, bien entendu, le principe de réparation (*principle of redress*) », donne toutefois, dit Rawls, « un certain poids aux arguments du principe de réparation, à savoir que les inégalités non méritées doivent être corrigées », et de la sorte, il « réalise certains des buts de ce dernier » [4]. Dans une société idéale, où l'injustice n'existe pas déjà, il n'est pas nécessaire de penser la réparation de manière principielle, mais le principe

1. Voir aussi L. Valentini, « Ideal *vs.* Non-Ideal Theory : a Conceptual Map », *Philosophy Compass*, 7/9, 2012, p. 654-664. L. Valentini identifie trois couples d'opposition qui ont structuré les débats à partir du paradigme rawlsien : théorie de l'obéissance stricte vs. théorie de l'obéissance partielle ; théorie utopique *vs.* théorie réaliste ; théorie de l'état final (*end-state theory*) *vs.* théorie transitionnelle.

2. J. Rawls, « Le droit des peuples », dans *Paix et démocratie*, trad. fr. B. Guillarme, Paris, La Découverte, 2006, p. 112.

3. « Premier principe : Chaque personne doit avoir un droit égal au système total le plus étendu de libertés de base égales pour tous, compatible avec un même système pour tous. Second principe : Les inégalités économiques et sociales doivent être telles qu'elles soient : a) au plus grand bénéfice des plus désavantagés, dans la limite d'un juste principe d'épargne, et b) attachées à des fonctions et à des positions ouvertes à tous, conformément au principe de la juste égalité des chances », *Théorie de la justice*, *op. cit.*, § 46, p. 341.

4. *Ibid.*, § 17, p. 131-132.

de différence est ici attesté par Rawls comme une source normative, idéale, du principe de réparation qui est « plausible » en première instance et « doit être mis en balance avec d'autres pour être jugé ». Quels sont les buts du principe de réparation selon Rawls et pourquoi peut-il, voire doit-il, être pris en compte dans une théorie de l'obéissance stricte ? C'est un principe égalitariste qui « affirme que, pour traiter toutes les personnes de manière égale, pour offrir une véritable égalité des chances, la société doit consacrer plus d'attention aux plus démunis quant à leurs dons naturels et aux plus défavorisés socialement par la naissance ». Le principe de réparation prescrit de « corriger l'influence des contingences » naturelles et sociales : il ne se préoccupe pas de réparer des *injustices* (par définition absentes dans une situation idéale), mais de compenser les *inégalités* qui surgissent alors que personne n'a commis de tort et qui affectent des individus sans qu'ils les aient méritées. Ainsi, les exigences d'un principe de réparation peuvent avoir leur place dans une société juste, où des inégalités peuvent toujours advenir sans que les agents aient commis la moindre faute. Or le principe de différence suffit à remplir ces exigences, parce qu'il prescrit de considérer les talents naturels ou les places sociales favorisées comme des atouts pour l'ensemble de la société et non pas comme des caractéristiques personnelles justifiant que les individus talentueux ou bien placés en tirent individuellement un profit particulier ; parce qu'il n'est pas formulé au nom du respect d'un quelconque mérite individuel naturel ou social. Le principe de différence, en tant que principe de répartition qui vise l'avantage des plus défavorisés, permet de « consacrer plus d'attention aux plus démunis ». Le problème est que ces considérations ne nous sont pas d'un grand secours dans une situation non idéale où ce que les agents exigent de compenser ou corriger sont des *injustices*, des torts commis par certains membres de la société sur d'autres. Le principe de différence et sa logique distributive suffisent-ils à réparer les injustices dans une situation d'obéissance partielle ?

Les principes qui peuvent gouverner des sociétés placées dans des circonstances moins favorables ou d'obéissance partielle sont de deux ordres, dit Rawls : « les principes qui commandent les adaptations aux limitations naturelles et aux contingences historiques » (adaptation des principes de la théorie idéale au nom du « principe de l'intérêt commun » – par exemple limites éventuelles de la liberté d'expression au nom de la liberté elle-même et de telle sorte que la liberté reste égale pour tous), et « les principes qui permettent de faire face à l'injustice » [1]. Rawls ne

1. J. Rawls, *Théorie de la justice*, *op. cit.*, § 39, p. 282.

précise pas le contenu de ces derniers principes, mais on peut supposer qu'il s'agit là des principes de la justice corrective qui vise à punir les criminels et indemniser les victimes. Si leur contenu est relativement indéterminé, Rawls donne toutefois deux points de méthode qui peuvent éclairer le type de travail normatif de la théorie non idéale pour produire ces principes. D'une part, « l'appréciation des déviations par rapport à l'idéal est laissée à l'intuition, pour une part importante » ; d'autre part, les principes d'une société non idéale doivent être formulés en visant « la pleine réalisation des deux principes » de la théorie idéale, qui est « la tendance à long terme inhérente à un système juste » [1]. Ainsi, selon Rawls, les deux principes de justice correspondent à un accord de nos intuitions bien pesées, grâce auxquelles également, pour l'essentiel, nous pourrons *percevoir*, quoiqu'intuitivement, en quoi l'organisation réelle de nos sociétés est défaillante ; et les deux principes de la justice comme équité sont bien ceux, de premier ordre, en quelque sorte, dont la réalisation sous-tend tout autre principe qui fonctionne alors surtout comme un moyen dans une société non idéale. « C'est pourquoi, même si les principes de la justice appartiennent à la théorie d'une situation idéale, ils sont applicables de manière générale » [2]. Les deux principes de la théorie idéale sont bien ceux qui valent aussi dans une société non idéale. Les « principes » de la théorie non idéale, de statut normatif inférieur, sont, au mieux, des règles politiques organisant les mécanismes et dispositifs institutionnels qui doivent nous mener à l'annulation progressive des effets négatifs des contingences naturelles et historiques. Mais on voit mal alors comment est prise en charge, sur le plan des principes, la réparation des *injustices*, dont l'existence caractérise la situation non idéale. La justice corrective est normativement secondaire – la justice distributive ayant priorité : en cas de conflit normatif entre les principes de la justice distributive et ceux de la justice corrective, ce sont les premiers qui l'emportent (nous y reviendrons dans la section suivante).

Ainsi ce cadre théorique, lorsqu'on le mobilise pour traiter les demandes de réparation, nous semble-t-il prêter le flanc à deux critiques majeures qui justifient qu'on réfute la démarche rawlsienne qui assigne à la théorie non idéale la tâche d'évaluer (intuitivement) l'écart par rapport à l'idéal puis d'esquisser les règles permettant de s'en approcher, et qu'on opte pour la seconde démarche annoncée plus haut, qui repose sur la mise en doute de la pertinence de principes formulés par et pour des

1. *Ibid.*, § 39, p. 284.
2. *Ibid.*

agents idéaux et idéalement situés lorsqu'on les applique à des situations contextualisées et non idéales. Plutôt que de penser le non idéal *par rapport à* un modèle idéal de distribution, cette seconde démarche se préoccupe de formuler un système de normes visant l'identification et la réparation des injustices réelles.

Deux critiques du modèle rawlsien

Premièrement, et en admettant pour l'instant que la réalisation d'une société parfaitement juste et aux principes d'organisation préalablement identifiés demeure notre horizon de travail normatif, il semble inutile de se demander, pour ce faire, ce qui convaincrait un agent caractérisé par la stricte obéissance. Pour formuler les principes de justice, Rawls a « idéalisé » les partenaires, comme le lui reproche Onora O'Neill : il ne s'est pas contenté de mettre entre parenthèses des caractéristiques de la psychologie humaine pour proposer une conception de la personne morale capable d'englober et subsumer la diversité d'agents réels (processus d'abstraction), mais il a attribué aux partenaires des caractéristiques dont les lois de la psychologie nous disent qu'elles sont fausses (obéissance stricte – processus d'idéalisation) [1]. Même si l'on admet qu'un processus d'abstraction minimal est inévitable pour tenir tout discours *théorique*, ce que suggère Onora O'Neill; même si, faisant une concession supplémentaire, l'on admet que l'abstraction consiste toujours en une forme d'idéalisation, puisqu'il s'agit de choisir quels éléments peuvent légitimement être mis entre parenthèses et lesquels sont indispensables pour la théorie, ce qui se fait au nom d'un modèle idéal, comme le rappelle Lisa Schwartzman [2] – la démarche pose ici deux problèmes.

Cette démarche est d'abord discutable, souligne Kwame Appiah, dans la logique rawlsienne elle-même, puisque les partenaires sous voile d'ignorance « connaissent [...] les lois de la psychologie humaine » [3] : autrement dit, « l'une des vérités que nous connaissons dans la position originelle est qu'il y aura des sociopathes ; une autre est que la plupart d'entre

1. Sur la distinction entre abstraction et idéalisation et la critique de l'usage de l'idéalisation chez Rawls, voir O. O'Neill, *Towards Justice and Virtue*, Cambridge, Cambridge University Press, 1996, chap. 2, p. 38-44 ; « Abstraction, Idealization and Ideology in Ethics », dans J. D. G. Evans (dir.), *Moral Philosophy and Contemporary Problems*, Cambridge, Cambridge University Press, 1988, p. 55-69.

2. L. Schwartzman, « Abstraction, Idealization, and Oppression », *Metaphilosophy*, 37/5, 2006, p. 565-588.

3. J. Rawls, *Théorie de la justice*, *op. cit.*, p. 169.

nous commettons des entorses à la vertu, au moins occasionnellement »[1]. Ainsi, à l'intérieur même de la procédure constructiviste, l'obéissance stricte est-elle une condition peu plausible au regard des lois générales de la psychologie humaine connues par hypothèse de construction pour la formulation des principes. Ensuite, comme le rappelle également Appiah s'appuyant sur les analyses de Vaihinger, si l'idéalisation consiste à « construire une image – un modèle – de quelque chose qui fonctionne *comme si* quelque chose dont nous savons que c'est faux était vrai », nous procédons ainsi « parce que le modèle produit est utile pour remplir quelque objectif »[2]. Ainsi, la question devient : pourquoi a-t-il semblé pertinent à Rawls d'importer une condition psychologique d'obéissance stricte pour formuler des principes de justice idéale ? Quels objectifs peuvent être servis par la démarche qui consiste à partir de cette présupposition psychologique fausse, idéalisée ? Si l'objectif normatif est *in fine* d'engager les individus réels dans des conduites susceptibles de mener à la réalisation de l'idéal, il est très vraisemblable qu'il soit plus efficace de considérer que l'obéissance partielle ne devrait pas être considérée comme une « défection » ou une déviation de l'idéal, une faute morale, mais comme une conduite inévitable étant donnée la nature humaine. L'obéissance partielle fait partie des contraintes de faisabilité dont doit tenir compte la formulation même des principes, afin qu'ils ne soient pas en contradiction avec nos intuitions morales bien pesées et au contraire susceptibles de peser, du point de vue de nos motivations morales, dans notre engagement en faveur de la réalisation d'une société juste. Dès lors, abandonnant la recherche de la formulation de principes pour des personnes morales présumées obéir strictement, nous devrions plutôt nous interroger sur la nature des normes et raisons publiquement exprimables et moralement motivantes pour réaliser l'idéal, alors même que nous n'obéissons que partiellement à nos obligations.

Cela revient à identifier les meilleurs arguments qui peuvent être mobilisés efficacement dans un débat politique situé, ainsi que les prémisses morales que tous les membres du corps politique pourraient effectivement accepter à titre de fondations pour s'engager en faveur d'une amélioration des conditions de justice[3]. Dans cette perspective, une théorie de la justice doit s'employer à chercher les justifications

1. K. Appiah, *As If. Idealization and Ideals*, Cambridge, Harvard University Press, 2017, p. 123.

2. *Ibid.*, p. 127.

3. D. Butt, *Rectifying Historical Injustices, Principes of compensation and restitution between nations*, Oxford, Oxford University Press, 2009.

normatives qui pourraient convaincre des partenaires réels, situés dans des relations politiques asymétriques, et tels que les obligations morales ne pèsent pas de la même manière sur tous les membres de la société car l'injustice existe déjà. Quelles normes pourraient justifier aux yeux de tous des politiques sociales dans un monde où cela impliquerait, pour certains, de reconnaître leur situation de privilège et de renoncer à certains de leurs privilèges ? Il est indispensable, nous semble-t-il, de prendre en compte et de rendre visible la situation injuste qui est notre point de départ et qu'il s'agit de rectifier, exigeant, par définition, une transformation délibérée du *statu quo* et l'engagement, pour certains, en faveur d'une structure sociale qui implique la perte de privilèges non mérités. Nous ne pouvons pas faire l'économie, même pour énoncer des principes de justice, de partir de la « priorité de l'injustice », pour reprendre la formule de Bohman. La théorie non idéale, dans cette perspective, est aussi une théorie stratégique qui ne peut s'appuyer sur le consentement présumé rationnel de tous, sous peine de reconduire les critiques classiques de l'impuissance de la théorie : l'accord doit être construit, mais ne saurait constituer la condition de la théorisation.

Deuxièmement, selon la critique désormais classique d'Amartya Sen à l'encontre de la démarche rawlsienne [1], disposer du *modèle* idéal d'une société parfaitement juste ne semble pas indispensable pour déterminer si telle ou telle mesure politique peut effectivement réduire l'injustice existante – dont en revanche on peut faire le diagnostic de manière plus objective qu'en renvoyant simplement à l'appréciation *intuitive* d'un écart par rapport à une norme idéale. Nous ne sommes pas tenus de disposer du modèle parce que nous ne sommes pas tenus de réaliser l'idéal : contentons-nous de réaliser une amélioration de l'existant. Amartya Sen oppose ainsi sa théorie *comparative* à la méthode de la théorie idéale, qu'il nomme celle de « l'institutionnalisme transcendantal », puisque l'objectif de cette dernière est de fournir un ensemble unique de principes abstraits et rationnels décrivant le juste arrangement institutionnel d'une société. Selon Sen, décrire la société idéale n'est ni suffisant (pour savoir comment progresser, on a besoin d'une mesure appropriée pour déterminer si le monde réel est loin ou non de l'idéal et la description du monde idéal ne fournit pas une telle mesure), ni même nécessaire (une amélioration des conditions de justice peut être détectée sans que l'on sache ce qu'est un monde parfaitement juste). On peut comparer deux organisations sociales A et B et déterminer que A est meilleur que B sans savoir en

1. A. Sen, *L'idée de justice*, trad. fr. P. Chemla et E. Laurent, Paris, Flammarion, 2010.

quoi consisterait une situation C parfaite ni comment A et B se situent respectivement par rapport à C [1]. Dans cette perspective transitionnelle, l'idée n'est pas de savoir comment passer de notre situation non idéale à un monde idéal, mais de savoir comment graduellement améliorer la situation non idéale en atténuant ponctuellement, partiellement, les injustices.

Deux critiques ont pu être émises à l'encontre de cette argumentation : d'une part, nous avons toujours besoin de critères d'évaluation pour déterminer en quoi A est « meilleur » que B ; d'autre part, toute méthode d'atténuation des injustices n'est pas moralement admissible. Déterminer le critère de justice à l'aune duquel on évalue A et B et déterminer quelle voie d'amélioration est moralement acceptable sont des objectifs que la théorie idéale seule peut remplir. Mais ces deux critiques reposent, me semble-t-il, sur une mauvaise interprétation du rôle et du statut des idéaux dans une théorie non idéale : la théorie non idéale ne prétend pas se passer d'idéaux, mais ces idéaux n'ont de valeur que transitoire et contextuelle.

Comme le souligne Charles Mills dans un article devenu un classique de la littérature sur la théorie non idéale [2], la notion d'idéal revêt plusieurs sens ; le sens le plus évident, celui qu'il nomme « idéal-en tant que-normatif (*ideal-as-normative*) » par opposition à « l'idéal-en tant que-modèle (*ideal-as-model*) », est celui selon lequel toute théorie normative (de la justice) s'intéresse à « des questions normatives/prescriptives/évaluatives » par opposition à « des questions factuelles/descriptives ». En ce sens « trivial », toute théorisation de la justice fait appel à des idéaux – des normes : égalité, impartialité, liberté, inclusion, respect, tolérance, etc. Aucune philosophie pratique ne peut éviter le recours à des normes particulières. La théorie non idéale ne diffère pas de la théorie idéale parce qu'elle chercherait à supprimer ou à éviter toute

1. En ce sens, la critique que John Simmons adresse à Sen ne nous semble pas entièrement pertinente : reprenant l'image de Sen selon lequel pour savoir laquelle de deux montagnes est la plus élevée, on n'a pas besoin de savoir quel est le plus haut sommet sur Terre, il écrit : « évaluer lequel de deux "sommets" de justice peu élevés est le plus haut (ou le plus juste) est un jugement dont la conclusion n'importe que s'ils se situent tous deux sur des chemins qui mènent de manière également réalisable au pic le plus élevé de la parfaite justice. Et afin de choisir une route vers ce sommet le plus élevé, on a évidemment besoin de savoir quel est ce sommet le plus élevé. » (J. Simmons, « Ideal and Nonideal Theory », *op. cit.*, p. 35). Or ce que Simmons ne saisit pas, à mon sens, est qu'il s'agit dans la perspective de Sen de renoncer à l'idée qu'une route, quelle qu'elle soit, pourrait mener au sommet le plus élevé, dont nous n'avons même pas besoin de faire l'hypothèse pour évaluer la hauteur des sommets qui sont ceux entre lesquels on a vraiment, et seulement, le choix.

2. Ch. Mills, « "Ideal Theory" as Ideology », *Hypatia*, 20/3, 2005, p. 165-184.

norme. En revanche, la théorie non idéale se méfie des « idéaux-en tant que-modèle », en particulier lorsqu'il s'agit de modèles « idéalisés » (le modèle exemplaire du système social tel qu'il devrait fonctionner). En effet, la construction du modèle oblige à « abstraire », donc à laisser de côté des caractéristiques considérées comme non pertinentes ; et, comme on l'a vu plus haut, dans le second cas, le réel est marginalisé au nom d'une idéalisation des circonstances ou des personnes. C'est donc le statut de *modèle* de l'idéal qu'il faut repenser. En outre, la théorie non idéale s'interroge aussi sur la manière dont les normes sont formulées, investies et mobilisées en vue de la transformation de la société. Dans la théorie non idéale, dit Elisabeth Anderson reprenant à son compte la démarche pragmatiste inspirée par John Dewey [1], les idéaux

> incarnent des solutions imaginées à des problèmes sociaux identifiés. Ils fonctionnent comme des hypothèses, à tester dans l'expérience. Nous testons nos idéaux en les mettant en pratique et en observant s'ils résolvent les problèmes pour lesquels ils ont été construits, répondent aux demandes raisonnables des gens et offrent une manière de vivre supérieure à celle que les gens avaient auparavant [2].

La mise en expérience et ses résultats peuvent renforcer les idéaux ou au contraire les ébranler. La théorie non idéale admet des idéaux normatifs provisoires, situés, tels qu'ils fonctionnent dans notre culture publique, pour s'intéresser à la manière dont ils ont été construits, évaluer leur éventuelle idéalisation (les objectifs qu'elle sert notamment) et favoriser l'interprétation de ces idéaux qui permet de renverser les systèmes d'oppression existants [3]. De sorte que la théorie non idéale doit commencer par identifier les problèmes sociaux auxquels les idéaux peuvent prétendre apporter des solutions ; puis évaluer les justifications des demandes de justice ; enfin, lorsque plusieurs interprétations des idéaux

1. J. Dewey, *The Public and its Problems* (1927), dans *The Later Works*, 1925-1953, vol. 2, Carbondale, Southern Illinois University Press. Selon Dewey, la philosophie sociale est une théorie de l'éducation de publics, dont la fonction est d'accompagner les mouvements collectifs qui diagnostiquent et formulent leurs « problèmes sociaux ». La philosophie sert à l'examen de problèmes qui émergent et sont perçus dans l'expérience des publics, participe à leur identification et à leur résolution. Sa méthode est l'enquête et ses normes des instruments à tester dans et par les problèmes identifiés. Sur l'influence du pragmatisme de Dewey sur Elisabeth Anderson, voir l'article qu'elle a rédigé dans la *Stanford Encyclopedia of Philosophy*, « Dewey's Moral Philosophy », 2005, rev. 2018 https://plato.stanford.edu/entries/dewey-moral/ et « How to be a Pragmatist » dans R. Chang et K. Sylvan (éd.), *Oxford Handbook of Practical Reason* (Oxford University Press, forthcoming).

2. E. Anderson, *The Imperative of Integration*, *op. cit.*, p. 6.

3. Voir aussi L. Schwartzman, « Abstraction, Idealization, and Oppression », *op. cit.*

sont disponibles, elle doit tester chacune d'entre elles pour observer leurs effets sur les arrangements sociaux. La théorie non idéale est également prête à admettre que si les circonstances changent, les problèmes à résoudre se modifient également et les idéaux doivent être transformés. Le contenu des idéaux normatifs est sensible aux circonstances.

Ainsi, il ne s'agit pas, dans une théorie non idéale, de renoncer à proposer une théorisation de la justice, de s'arrêter à la description d'arrangements historiques comme s'ils étaient entièrement et causalement déterminés, sans les évaluer ni prescrire des améliorations lorsque des dysfonctionnements, ou des injustices, sont repérés. Il s'agit plutôt, *pour opérer cette théorisation*, de commencer, dans nos enquêtes normatives sur ce que pourraient être un monde social et des arrangements institutionnels plus justes, par « identifier la normalité de l'injustice, persistante, et parfois non reconnue comme telle » [1]. C'est pourquoi la première étape consiste à se donner les moyens de reconnaître « les problèmes » en tant qu'injustices, pour tenter de proposer sur le plan théorique une manière correcte d'y remédier : l'objectif de la théorisation est toujours normatif (évaluation et prescription) – le philosophe, s'il part de la critique sociale [2], ne peut s'y arrêter; mais l'objectif est modeste : il ne propose pas un modèle social idéal mais le diagnostic correct d'un problème de justice, qui engage un remède satisfaisant et sans doute provisoire.

La non-idéalité de la théorisation

Pour réaliser le diagnostic, il est important de prendre soin d'éviter un dernier type d'idéalisation, contre lequel Miranda Fricker nous a mis en garde : nous avons tendance à idéaliser les critères et les processus d'acquisition de la connaissance, ce qui conduit à produire des situations d'injustice « épistémique » [3]. S'il s'agit de partir de la « priorité de l'injustice », lorsque nous évaluons une situation comme injuste, il nous faut être attentif à ne pas reproduire les situations de domination qui ont tendance à étouffer les voix marginales exprimant une expérience d'injustice et la dénonçant comme telle, au nom d'une position de domination épistémique qui rend inaudible l'expression marginale. En effet, puisque, dès lors qu'on ne suppose pas les individus comme *a priori* rationnels et raisonnables, on ne peut poser le consensus sur les principes

1. J. Bohman, « Domination, Global Harms and Injustice », *op. cit.*, p. 72.

2. La critique elle-même, bien sûr, n'est jamais description « neutre » de dispositifs sociaux : la critique est d'emblée déjà évaluative.

3. M. Fricker, *Epistemic Injustice : Power and the Ethics of Knowing*, Oxford, Oxford University Press, 2007.

idéaux de justice comme point de départ de la réflexion, il peut paraître plus simple de partir d'un accord plus universel et plus manifeste : certains phénomènes sont considérés par tous comme des injustices (les génocides, le racisme, l'esclavage, etc.). Mais s'accorder sur le fait que certains phénomènes soient des injustices ne fournit pas par ailleurs les critères pour déterminer que telle occurrence est un exemple de tel phénomène injuste [1], ni la garantie d'un accord sur la signification à accorder à ce phénomène dans une théorie de la justice. L'accord sur l'identification et sur la signification des « problèmes » comme occurrences d'injustices au nom desquelles une demande de justice raisonnable est émise, doit lui aussi être construit, et ce de manière non idéale.

Quelques points importants doivent être soulignés ici. C'est un des aspects principaux de la théorie non idéale que de procéder par un processus de théorisation « *bottom-up* » qui parte de la réalité des demandes de justice et s'intéresse aux normes sur lesquelles elles se fondent. Comment les acteurs formulent-ils leurs demandes, dans un contexte d'énonciation et d'adresse particulier, où les normes du juste et de l'injuste sont mobilisées pour donner du sens à leurs expériences ? Accorder de l'attention aux catégories normatives des acteurs est tout particulièrement important quand les demandes de réponse aux injustices émanent d'agents minorisés, usuellement dominés dans les circonstances normales du discours public, souffrant d'injustice épistémique, c'est-à-dire du déni de leur statut épistémique de porteur de connaissance.

Miranda Fricker distingue deux modalités d'injustice épistémique, les injustices de témoignage et les injustices herméneutiques. Les premières sont liées à un défaut de crédibilité accordée à l'agent qui exprime son expérience en termes d'injustice, soit en raison de biais ou stéréotypes négatifs qui conduisent à mettre en doute la capacité de l'agent à produire un discours valide sur son expérience, soit en raison d'un excès de crédibilité accordé à d'autres agents en désaccord avec lui, au témoignage ou à l'analyse desquels on a tendance à accorder une confiance supérieure. Les injustices herméneutiques sont liées au manque d'accès de certaines

1. Concernant par exemple la catégorie de génocide, universellement condamnée, le massacre des Hereros et des Namas par les troupes coloniales allemandes entre 1904 et 1908 sur l'actuel territoire de la Namibie a aujourd'hui le privilège douteux d'être considéré par les historiens comme le premier génocide du XXe siècle ; mais le génocide n'a été officiellement reconnu par le gouvernement allemand qu'en 2016 ; les massacres dans le Timor Oriental en 1975 n'ont toujours pas été reconnus comme génocide par le gouvernement indonésien quoique de nombreux historiens plaident pour l'application de cette catégorie ; le massacre de Srebrenica lors des guerres dans l'espace yougoslave en 1995 a été qualifié de « génocide » par la Cour internationale de justice mais le terme est contesté y compris parmi les historiens.

personnes ou certains groupes à des ressources cognitives leur permettant de comprendre leur expérience. Cette seconde dimension a été critiquée au motif qu'elle ne rend pas adéquatement compte des torts épistémiques faits au groupe victime d'injustice. D'une part, comme l'a noté Rebecca Mason [1], les groupes dominés peuvent développer des ressources herméneutiques propres pour appréhender et partager leurs expériences, même si les membres des groupes dominants ne peuvent ni les entendre ni les comprendre. Les ressources existent bel et bien mais elles ne sont pas partagées dans l'espace public. D'autre part, suivant là les arguments de José Medina [2], on peut même estimer que le défaut épistémique relève en réalité souvent des membres du groupe dominant. Ces derniers exhibent selon Medina une méta-ignorance, ou une ignorance systémique, qui consiste à ignorer l'indifférence qu'ils montrent à l'égard des connaissances produites par le groupe dominé. Cette indifférence est le signe de leur propre manque de ressources épistémiques (portant à la fois sur un manque de connaissance de modes de vie étrangers à leur propre expérience quotidienne ainsi qu'un manque de curiosité pour ces modes de vie). Ainsi, dans la perspective d'une théorisation de la justice qui se garde de reproduire les conditions d'une injustice épistémique, il faut prendre soin de ne pas disqualifier les demandes de justice émanant des acteurs concernés, soit en les réduisant au silence, soit en omettant de les reconnaître comme porteurs de connaissance, soit en ignorant les mécanismes structurels qui peuvent conduire à l'autocensure.

Mais être attentif aux demandes de réparations telles qu'elles sont formulées ne veut pas nécessairement dire les considérer d'emblée et évidemment pour légitimes – cela veut dire se donner la peine d'évaluer le système de normes sur lesquelles elles reposent. En outre, tout groupe dominé n'est pas nécessairement univoque et il peut y avoir des demandes concurrentes à l'intérieur d'un même groupe – là encore, cela implique de se donner les moyens d'étudier la manière dont se formulent les demandes, avec quels canaux, quelle représentativité, etc. Il faut enfin se demander quelles raisons pourraient convaincre des individus avec des préférences et des intérêts particuliers, placés dans des conditions de statut et de ressources différentes, de l'importance de parvenir à un accord sur le diagnostic d'injustice et l'importance de la réparer. Ces trois exigences,

1. R. Mason, « Two Kinds of Unknowing », *Hypatia*, 26(2), 2011, p. 294-307.

2. J. Médina, *The Epistemology of Resistance*, Oxford, Oxford University Press, 2012. Voir aussi C. Mills, « White Ignorance », dans S. Sullivan et N. Tuana (éd.), *Race and Epistemologies of Ignorance*, Albany, State University of New York Press, 2007, p. 11-38.

évaluer les normes, évaluer la représentativité, évaluer les justifications, posent la redoutable question de la fonction du chercheur et de sa propre tentation à revendiquer un statut de « connaissant » ou de « comprenant » faisant autorité au nom de sa supériorité épistémique. Si le philosophe s'autorise à développer des théories qui expriment, et englobent, les idées et expériences d'autres personnes, il ou elle est également tenu de prendre en compte le lieu (géographique, historique, social) d'où il parle, dans la mesure où cela affecte à la fois le sens et la portée de ce qui est dit, et de ne jamais perdre la conscience de sa responsabilité à parler [1]. Partir de « la priorité de l'injustice », dans le cas d'une tentative de théorisation de la justice qui se préoccupe des demandes de réparations pour injustices historiques, exige donc que la théorisation normative soit très profondément et précisément informée par l'histoire, le droit et les sciences sociales qui interrogent les sujets du discours (acteurs et chercheurs) et dévoilent les conditions d'énonciation y compris dans leur contexte institutionnel et structurel. Penser et évaluer les demandes de réparations au titre d'injustices historiques requiert une théorisation de la justice non idéale qui assume le caractère nécessairement situé de son discours et de ses normes.

LES RÉPARATIONS, UNE QUESTION DE JUSTICE TRANSITIONNELLE

Le caractère situé du discours normatif engage la question fondamentale des rapports entre justice et histoire, qui oblige à renoncer à une manière de « faire justice » qui négligerait, par idéalisation des *circonstances* de justice, de prendre en compte l'épaisseur temporelle des principes, des personnes, et de la distribution déjà effective des biens sociaux. Nous nous trouvons dans des circonstances défavorables « où l'injustice existe déjà ». La question des réparations (leur conceptualisation et leur évaluation) ne peut être adéquatement appréhendée dans une théorisation de la justice qui ignore toute réflexion sur la manière spatio-temporelle dont ses principes sont élaborés : elle oblige à sortir du cadre idéal confortable d'une structure sociale de base ignorante de sa propre histoire pour proposer une théorisation de la justice capable de prendre en charge l'histoire comme une donnée qui pèse fondamentalement sur

1. Voir L. Martin Alcoff, « The problem of speaking for others », *Cultural Critique* 20, hiver 1991-1992, p. 5-32.

les obligations de justice – et a produit la situation dans laquelle nous nous trouvons. Jusqu'à quel point, et de quelle manière, l'histoire doit-elle être prise en compte dans une théorie de la justice ? Les demandes de réparation au titre d'injustices historiques nous obligent à affronter cette question difficile, sans avoir ici la prétention ni de la résoudre ni même d'en présenter exhaustivement toutes les ramifications.

Justice et histoire : réparer n'est pas restaurer

Très schématiquement, la question revêt deux sens, selon que l'on entend par histoire les événements du passé ou la science qui fait aujourd'hui le récit de ces événements. Dans le premier sens, la question devient : que signifie pour les demandes de justice le fait que nos sociétés sont des réalités historiques où (au moins) certaines injustices actuelles s'ancrent dans le passé ? Dans le second sens, c'est la fonction de l'histoire comme productrice de connaissances indispensables à la correction des injustices qui est en jeu. Nous aborderons successivement ces deux dimensions, ce qui nous permettra de nous défaire d'un malentendu : les demandes de réparations ne sont pas des demandes de *restauration*, de retour à un état (fantasmé) d'avant l'injustice. Elles correspondent bien davantage à des demandes de *reconstruction* ou de *reconstitution* et à ce titre relèvent d'un paradigme de justice transitionnelle. Ce dernier, ainsi que nous le suggérerons ensuite, reconsidère la *summa divisio* entre justice commutative ou corrective et justice distributive qui structure le champ de la justice depuis Aristote, et conçoit l'enjeu des demandes de justice dans une continuité temporelle qui tienne compte de la présence continue du passé dans nos sociétés et vise une transformation du présent.

Que signifie pour une théorisation de la justice la prise en compte de l'histoire d'injustices passées, au sens d'expériences de torts vécus et prolongés depuis le passé ? Cela implique tout d'abord que la question des réparations relève d'une théorie de la justice intergénérationnelle. On entend par là une théorisation de la justice qui ne se préoccupe pas seulement d'identifier et de corriger les injustices qui se produisent entre des individus au sein d'une même génération ou dans une durée de court ou moyen terme, où les inégalités observées sont susceptibles d'être expliquées, et résolues, en observant les interactions entre les individus sur cette « tranche de temps » donnée. La question des réparations oblige à tenir compte de relations entre des générations différentes, et notamment entre des vivants et des morts : elle prend les humains et les sociétés comme des réalités avec une épaisseur historique de long terme [1]. Les humains sont inscrits dans des filiations qui dépassent le temps d'une génération. Les injustices ont une dimension diachronique, leurs effets et récits se transmettent pour faire de nous ce que nous sommes. C'est le sens du constat de James Baldwin : « L'histoire n'est pas le passé. C'est le présent. Nous portons notre histoire avec nous. Nous "sommes" notre histoire. » [2]. C'est également le point de départ de la réflexion de Jürgen Habermas sur le rôle des historiens pour la réconciliation allemande : « Notre forme de vie est liée à celle de nos parents et de nos grands-parents par un entrelacement presque inextricable de traditions familiales, locales, politiques et intellectuelles, et donc par tout un contexte historique qui nous a faits tels que nous sommes et ceux que nous sommes aujourd'hui » [3]. Les agents moraux sont pris dans des histoires et des mémoires collectives à différentes échelles et les sentiments d'injustices et les revendications de justice prennent sens, ou s'ancrent, dans ces récits. Nous reviendrons au chapitre IV sur le sens de la reconnaissance identitaire qui affleure dans les demandes de réparation, mais il est important de noter dès à présent que celles-ci expriment une demande de reconnaissance de notre réalité historique et des injustices qu'elle porte en elle.

Mais reconnaître en nous la présence du passé ne signifie pas en soi que réparer ce passé soit possible. Selon Vladimir Jankélévitch [4], il faut admettre que « la seule idée d'un renversement de devenir est en elle-même une inconcevable absurdité, une contradiction et un non-sens hyperbolique. Cette impossibilité a priori de tout renversement caractérise

1. Il faut noter que les théories de la justice intergénérationnelle se préoccupent plutôt de ce que les vivants doivent aux générations futures que de ce qu'ils doivent aux morts, ou aux vivants et aux générations futures au nom d'un ancrage des injustices présentes dans des événements injustes passés engageant des protagonistes aujourd'hui disparus. La motivation principale de ces théories est l'inquiétude pour l'avenir en raison de l'injustice de nos agissements présents. Voir par exemple C. Rio, *Justice sociale et générations, Pourquoi et comment transmettre un monde plus juste*, Rennes, Presses Universitaires de Rennes, 2015 ; A. Gösseries et L. Meyer (éd.), *Intergenerational Justice*, Oxford, Oxford University Press, 2009. Toutefois, la logique intergénérationnelle des responsabilités n'exclut pas a priori l'extension de ces principes en direction du passé : une exception notable est Rahul Kumar et David Silver, « The Legacy of Injustice. Wronging the Future, Responsibility for the Past », dans L. Meyer (éd.), *Justice in Time. Responding to Historical Injustice*, Baden-Baden, Nomos, 2004, p. 145-158.

2. J. Baldwin, cité dans le documentaire de Raul Peck, *I am not your Negro*, à partir des notes d'un livre inachevé, intitulé *Remember this House*.

3. J. Habermas, « De l'usage public de l'histoire », dans *Écrits Politiques*, trad. fr. C. Bouchindhomme et R. Rochlitz, Paris, Le Cerf, 1990, p. 191.

4. V. Jankélévitch, *L'irréversible et la nostalgie*, *op. cit.*, p. XXX.

en propre la temporalité. Le temps est littéralement irréver*sible*, c'est-à-dire qu'il est absolument *impossible* de le renverser » [1]. Si réparer s'entend comme une volonté d'inverser le cours du temps, de revenir à un temps « d'avant », où l'injustice n'aurait pas été commise, l'entreprise est absurde. « Cet impossible nous laisse donc radicalement *impuissants* ». C'est pourquoi notre condition est celle du désespoir de l'impuissance face à l'irréparable qui naît de l'irréversible – désespoir à peine contrebalancé par le « charme inexplicable » de la nostalgie pour certains autres moments du passé, dit Jankélévitch, sentiment tragique qui nous fait préférer ce qui n'est plus à ce qui sera, « folle chimère » de « revivre réellement le déjà-vécu » [2].

Si le temps est irréversible, si jamais on ne peut revenir sur le passé, la bonne attitude n'est-elle pas d'en prendre son parti, d'oublier le passé et de vivre chaque instant comme celui d'un nouveau présent ? Mais au caractère irréversible du temps s'ajoute le caractère irrévocable du passé, soit la présence continue du passé injuste, qu'on ne parvient pas à effacer, dans le présent. Jankélévitch précise : « l'irréversible exprime que l'homme ne peut revenir sur ses pas, marcher dans les traces d'hier, revivre ou répéter sous sa forme primitive une expérience ancienne, faire renaître enfin le passé ; et l'irrévocable, à l'inverse, exprime que le passé ne peut être nihilisé » [3]. Dans l'irrévocable, « l'avoir eu lieu » est un « avoir fait (*fecisse*) et un avoir-voulu dont l'initiative appartient à la liberté humaine » [4]. Nous sommes confrontés à l'impossibilité d'inverser le cours du temps *et* à l'impossibilité de nous résoudre à ce que nous avons fait parce que nous l'avons voulu, choisi, embrassé. L'irrévocable nous laisse comme seule possibilité le remords, infini, d'avoir voulu l'injustice, d'avoir commis la faute. « L'insoluble problème de l'irrévocable est de défaire l'avoir fait » [5]. C'est là l'étau existentiel dans lequel nous sommes pris, la nostalgie ou l'oubli comme deux rapports impossibles à un passé que par ailleurs on ne peut véritablement réparer. « Notre présent louvoie entre deux impossibilités inverses : retrouver le passé perdu, se débarrasser d'un passé importun ; présentifier un passé trop passé, ou passéiser un passé trop présent » [6]. L'acceptation de l'irréversible, la résignation, n'est pas la réponse à l'irrévocable, pas plus que ne l'est

1. *Ibid.*, p. XX.
2. *Ibid.*, p. XX.
3. *Ibid.*, p. XXX.
4. *Ibid.*, p. XXX.
5. *Ibid.*, p. XXX.
6. *Ibid.*, p. XXX.

l'oubli, qui est sans doute pourtant « l'arme la plus naturelle pour atténuer l'irrévocable » [1]. Dans les deux cas, ces attitudes se révèlent insuffisantes, provisoires, dérisoires. On ne peut « défaire le fait d'avoir fait » [2] : les demandes de réparation reposeraient sur une fausse interprétation de la condition humaine, assignée à ce tragique.

Mais cette interprétation existentielle de notre rapport au temps et à l'injustice du passé manque en réalité le sens et l'enjeu des demandes de réparation. Elles ne seraient impossibles ou absurdes que si elles consistaient en une demande de *restauration*, de retour à un *statu quo ante* : comme si elles exigeaient que l'on remonte le cours du temps pour défaire l'action injuste, comme si réparer l'injustice consistait à espérer produire une situation dans laquelle l'injustice n'aurait jamais été commise. C'est là un malentendu, voire un contresens sur l'enjeu même des demandes de réparation, qui ne prétendent pas « nihiliser » le passé, défaire l'avoir fait ou nous délier une bonne fois pour toutes d'une dette à l'égard des morts. La réparation ne vise pas la restauration d'une situation passée : elle vise la prise en compte du passé dans le présent pour reconstruire les conditions d'un présent plus juste. De plus, l'identification de cette « situation » du passé d'avant « l'avoir fait », que la réparation viserait à retrouver et que l'on contemplerait avec nostalgie, n'a pas de sens dans le cas des demandes de réparation au titre de l'esclavage : il est absurde de se demander quel « bon » passé pré-esclavagiste l'esclavage aurait soudainement et irrémédiablement interrompu ou modifié. Cette analyse pose un « avoir fait » instantané, une action fautive, aisément circonscrite, rapportée à des agents individuels dont l'existence a été radicalement, brutalement et définitivement modifiée par l'action. Mais dans le cas du passé esclavagiste, l'injustice est diffuse, partagée, complexe et étale dans le temps : désigner le « *fecisse* » est en soi précisément l'un des enjeux des demandes de réparation, qui engage l'histoire comme science de ce passé. Et l'injustice de l'esclavage colonial n'a pas mis soudainement fin à une situation historique juste et irénique qu'il s'agirait de faire renaître, mais provient d'une situation de relations asymétriques qui progressivement ont conduit à l'installation de cette structure particulière de domination, qui s'est à son tour prolongée au-delà de l'acte d'abolition. Là encore, loin de nous laisser désespérés et impuissants, la reconnaissance de ce passé peut faire l'objet d'un travail de l'histoire au sens d'enquête et récit du passé.

1. V. Jankélévitch, *L'irréversible et la nostalgie*, *op. cit.*, p. XXX.
2. *Ibid.*, p. XXX.

On rejoint ainsi le second sens de l'histoire et sa fonction dans une formulation des demandes de réparations en termes de justice. Y a-t-il un rôle de la connaissance historique pour démêler l'histoire de notre présent, sans que l'historien se constitue en juge du passé ? Selon les termes de Jeff Spinner Halev, les demandes de réparations reposent sur la conviction que l'injustice qui doit donner lieu à réparation légitime est une injustice continuée, persistante, durable, et non pas strictement une injustice historique [1] au sens d'un événement qui a eu lieu et qui n'est plus. L'injustice a ses racines dans le passé mais elle se prolonge dans le présent et pèse sur la situation actuelle. C'est bien la raison pour laquelle il nous importe aujourd'hui de la prendre en compte et de la réparer. Le problème n'est pas tant de se plonger dans l'histoire passée, de la revivre ou de l'annuler, que de parvenir à expliquer pourquoi cette histoire est signifiante pour le temps présent. C'est là le rôle de l'enquête historique : elle établit la succession des événements et la continuité des structures qui rendent l'injustice du passé pertinente encore pour saisir les dysfonctionnements de notre présent. Elle précise pourquoi certaines injustices du passé, parce qu'elles ont continûment produit notre présent, ont une signification *pour nous*. C'est pourquoi le chapitre suivant se penchera sur l'étude de cette réalité historique qu'a constituée l'esclavage colonial et montrera qu'il s'agit d'une injustice structurelle et continuée.

Les demandes de réparation, contrairement à l'acception que la polémique leur prête, ne sont donc pas l'expression d'un désir de « réparer l'histoire » [2], ce qui serait absurde ou impossible. Mais elles expriment la volonté de *faire* l'histoire, de participer à produire une histoire plus inclusive – c'est en ce sens que l'on peut parler de re-constitution : elles participent de la volonté d'inclure dans le « nous » constituant le corps politique des voix qui n'y avaient pas participé. C'est pourquoi l'interprétation strictement *mémorielle* des demandes de réparation, opposant radicalement devoir de mémoire et travail de l'histoire et assignant l'enjeu normatif des réparations au premier, est-elle tout particulièrement délétère pour la compréhension de l'enjeu même des demandes. Dans *La Mémoire, l'histoire et l'oubli* [3], Paul Ricœur montre que l'opposition radicale entre mémoire et histoire n'est pas tenable : il faut se garder de placer l'histoire du côté d'une stricte épistémologie, d'une

1. J. Spinner-Halev, « From Historical to Enduring Injustice », *Political Theory*, 35/5, 2007, p. 574-597.

2. A. Garapon, *Peut-on réparer l'histoire ?*, *op. cit.*

3. P. Ricœur, *La Mémoire, l'histoire et l'oubli*, Paris, Seuil, 2000.

démarche scientifique méthodique, procédurale, prétendant aboutir à un accès neutre à la « vérité », et la mémoire du côté d'une phénoménologie, d'une représentation du passé biaisée, subjective, quoique pleine d'humanité et d'authenticité. L'histoire ne peut renvoyer la mémoire à la production de fictions mouvantes ni s'émanciper totalement de la mémoire. Mais il revient à l'histoire de réguler et de traduire le sens de la mémoire afin de l'apurer : l'histoire, travaillant sur les « traces » du passé en proposant des assignations causales, avec un ensemble de contraintes épistémiques et herméneutiques (travail documentaire, où intervient l'importance du témoignage aux côtés de l'archive ; travail d'explication et de compréhension ; travail d'écriture), construit le récit qui permet de reconstruire le souvenir reconnu comme passé en le débarrassant de son excès de charge affective et de l'insérer dans le présent par son traitement critique.

Le travail de l'histoire ainsi conçu plaide pour une interprétation des demandes de réparations selon les lignes du « modèle interprétatif » proposé par Glenn Loury [1], dont l'objectif est de mettre en place les conditions d'une « reconnaissance publique de la sévérité et (de manière cruciale) de la pertinence contemporaine » des injustices passées, afin d'établir un récit commun. Ce récit qui engage la représentation du « nous » consiste en une interprétation partagée de la raison pour laquelle l'histoire des injustices passées importe pour les problèmes politiques contemporains : il n'est pas nécessairement univoque mais plutôt « polyphonique », comme le suggère Thomas Mc Carthy [2]. Les représentations du passé peuvent être mises au jour et contestées dans un espace démocratique depuis des perspectives variées liées au sens que les historiens accordent à leur présent, depuis lequel ils écrivent l'histoire. Les faits et l'interprétation personnelle des faits par l'historien qui en produit le récit depuis sa situation propre sont indissociables ; mais quoique le *jugement* historique – le jugement sur l'histoire – soit ainsi inévitable, les contraintes de l'enquête et de l'écriture historiques circonscrivent l'étendue des désaccords raisonnables au point qu'une relative unanimité sur la plausibilité de telle ou telle interprétation des sources soit un objectif envisageable. Demander réparation revient à revendiquer une voix dans cette conversation historique, ce dialogue critique à propos du passé, en exhumant notamment certaines sources, certaines archives ou certains

1. G. Loury, « Transgenerational justice. Compensatory Versus Interpretative Approaches », dans J. Miller et R. Kumar (éd.), *Reparations : Interdisciplinary Inquiries*, *op. cit.*, p. 87-113.

2. Th. McCarthy, *Race, Empire, and the Idea of Human Development*, Cambridge, Cambridge University Press, 2009, p. 103.

témoignages, encore trop négligées dans le récit national qui cherche à produire une unité à propos de ce que « nous » sommes.

Mais si les réparations sont ainsi du côté du travail de l'histoire et non pas du devoir de mémoire, si elles visent la reconstitution et non pas la restauration, il faut immédiatement préciser qu'une meilleure connaissance historique ne prescrit pas en soi de remède, ni même de norme, pour réparer l'injustice. L'histoire est indispensable mais n'est qu'un préalable; elle ne doit pas être considérée comme un instrument pour assigner des responsabilités, mais simplement comme un instrument pour déterminer la raison pour laquelle l'injustice est continue, s'est prolongée et engage ainsi aujourd'hui tout particulièrement notre attention. Dans les termes de Spinner-Halev, « pour réparer les injustices continuées, il faut commencer par expliquer à la communauté dominante pourquoi les méthodes conventionnelles de la justice libérale ne parviendront pas à les résoudre toutes. La connaissance de l'histoire peut nous y aider, en particulier comme moyen d'appréhender les limites de la justice libérale » [1]. Il entend par justice libérale une justice qui se conçoit dans le cadre du libéralisme classique : protection des droits individuels, limitation du gouvernement, séparation des pouvoirs, État de droit; à quoi il ajoute deux critères de l'égalitarisme libéral : 1) l'inégalité massive de ressources est une injustice, étant donnée 2) l'exigence de respect égal dû aux personnes. Or il estime que la réparation des injustices continuées ne peut s'appréhender correctement à partir de ces seules prémisses morales et politiques libérales, selon trois lignes d'arguments pour la formulation desquels l'histoire fournit une aide précieuse.

Premièrement, dans certains cas, les *principes* libéraux de la justice ne peuvent être remplis par les *procédures* libérales : nous avons besoin d'un détour par d'autres procédures – lorsque les principes seront réalisés, alors nous pourrons en revenir à nos procédures libérales classiques. Il prend pour exemple la discrimination positive, qui exige de mettre en place une procédure de traitement préférentiel qui va à l'encontre de nos procédures méritocratiques au nom d'une meilleure réalisation de notre principe d'égalité [2]. Deuxièmement, dans d'autres cas, certains problèmes ne sont pas pris en charge par le libéralisme et c'est le silence du libéralisme qui exige que ses principes soient complétés avec des principes compatibles mais non encore explicitement énoncés. Son exemple est celui des demandes de retour sur, ou de restitution, des terres considérées comme

1. J. Spinner-Halev, « From Historical to Enduring Injustice », *op. cit.*, p. 592.

2. Nous reviendrons sur cette interprétation « réparatrice » de la discrimination positive, qui nous semble en réalité peu convaincante, dans le chapitre IV, p. 146.

sacrées par une communauté particulière. Troisièmement, dans un dernier type de cas, l'existence durable des injustices est l'indice d'une faiblesse des principes libéraux eux-mêmes, et leur correction exige que les principes soient violés et/ou transformés : en appeler à une meilleure procédure pour réaliser les principes, ou à un complément de ces principes, n'est ni cohérent, ni efficace pour répondre à ces cas d'injustice. Lorsque des États libéraux ont échoué de manière durable et persistante à traiter des groupes avec le respect égal qui leur était dû, alors c'est la légitimité même des principes sur lesquels ces États libéraux sont fondés qui est à remettre en cause. L'histoire est indispensable pour distinguer entre ces trois types de défaut de la justice libérale et en particulier pour mettre au jour les limites du cadre libéral lui-même dans le troisième cas.

La justice des réparations, ni justice corrective ni justice distributive

Mais il faut encore s'interroger sur le type de justice qui serait à même de fournir les normes des réparations ; celui-ci n'est pas donné par l'histoire, quoique l'histoire en indique la nécessité. Ne peut-on trouver des ressources théoriques utiles dans la justice corrective, qui par définition s'intéresse à une action (criminelle) passée pour rétablir une situation d'égalité juste au présent, ou bien dans les théories dites historiques de la justice distributive, qui semblent capables de prendre en compte l'histoire de la distribution pour évaluer, et le cas échéant modifier, les principes de la distribution actuelle ? Les chapitres III et IV reviendront en détail sur les insuffisances de la mise en œuvre de ces deux logiques dans le cas de l'appréhension et de l'évaluation des demandes de réparations au titre de la traite et l'esclavage colonial. Précisons dès à présent les grandes lignes de ces deux cadres de pensée et la difficulté qui grève les demandes de réparation – qui nous oblige à sortir de cette *summa divisio* pour envisager un troisième paradigme, celui de la justice transitionnelle.

La division entre justice corrective et justice distributive est héritée des analyses aristotéliciennes sur la forme partielle ou particulière de la justice, qui est aussi sa forme spécifique, cette justice qui se préoccupe de « l'égal » [1]. Aristote divise cette forme en deux sous-espèces, la justice corrective, « celle qui réalise la rectitude dans les transactions privées », et la justice distributive, « celle qui intervient dans la distribution des honneurs, ou des richesses, ou des autres avantages qui se répartissent entre les membres de la communauté politique (car dans ces avantages il

1. Aristote, *Éthique à Nicomaque*, 1130b10-20 (toutes les références sont données dans l'édition suivante : Aristote, *Éthique à Nicomaque*, trad. fr. J. Tricot, Paris, Vrin, 1990).

est possible que l'un des membres ait une part égale ou inégale à celle d'un autre) » [1]. Chacune de ces formes obéit à une logique d'égalité différente.

La justice corrective repose sur l'égalité arithmétique : il s'agit de restaurer l'égalité entre deux individus lorsque l'un d'entre eux a été lésé par l'autre lors d'une transaction privée. On peut, à partir des analyses d'Aristote, tâcher de modéliser l'égalité en jeu dans la justice corrective, et ce de deux manières. Soit l'on part de l'hypothèse de l'égalité numérique entre des individus A et B : (A = B) – chaque individu vaut exactement autant que chaque autre ; l'application corrective de l'égalité arithmétique consiste à restaurer cette égalité qui existait entre la victime (A) et l'auteur d'un dommage (B) avant que le tort (x) ne soit causé : $(A - x) + x = (B + x) - x$. Le juge a aussi pour fonction d'établir éventuellement une équivalence entre le tort causé (x) et l'indemnisation ou la compensation qui doit valoir pour (x), (y) : $x = y$; $(A - x) + y = (B + x) - y$. Soit, indépendamment de tout engagement quant à l'égalité entre des personnes, la correction consiste à rétablir un individu (A) dans la condition qui aurait été la sienne si le tort n'avait pas été commis, en restituant (x) à (A) ou en établissant une équivalence entre le tort causé (x) et l'indemnisation ou la compensation qui doit compenser le tort (y) : $x = y$; $(A - x) + x = A$ ou $(A - x) + y = A$.

Dans le premier type de modélisation, l'égalité rétablie entre les deux individus est présumée correspondre à l'état initial et le juge a pour fonction d'effacer la perte non méritée de l'un en annulant le gain de l'autre, de restaurer l'égalité que le dommage subi a supprimée. Mais Aristote précise : « Peu importe [...] que ce soit un homme de bien qui ait dépouillé un malhonnête homme, ou un malhonnête homme un homme de bien, [...] la loi n'a égard qu'au caractère distinctif du tort causé, et traite les parties à égalité » [2]. L'égalité présumée entre les individus ne tient pas compte du caractère vertueux ou non des personnes, pas plus qu'elle ne se préoccupe de leur statut social, économique ou politique ; mais elle correspond à l'exigence d'un traitement égal d'individus sérialisés, pris comme unités arithmétiques interchangeables dans le rapport qu'ils ont à leurs biens, dont l'un a été privé par la faute d'un autre, qui doit pour cela restituer ou indemniser son gain injuste. Dans le second type de modélisation, l'accent est mis sur le fait que la réparation du tort ne rend pas nécessairement la victime égale aux autres membres de la société : elle relève d'une stricte logique assurantielle et ne se soucie pas de poser

1. *Ibid.*, 1130b30-1131a1.
2. *Ibid.*, 1132a1-5.

la question de la justice de la situation initiale. Elle est due à ceux qui ont subi un préjudice, en raison de ce préjudice, indépendamment de leur situation comparative vis-à-vis des autres, indépendamment de la justesse relative de cette situation, qu'il s'agit de rétablir quelle que soit sa valeur. Ce second type de modélisation, qui, certes, est plus éloigné de la lettre du texte aristotélicien, permet également de faire apparaître qu'une correction du tort est due strictement en raison du *préjudice* subi par A, mais pas nécessairement en raison d'une *faute* commise par B.

Cette logique corrective est pleinement à l'œuvre dans ce que l'on peut appeler, selon les termes d'Aristote, la justice universelle ou légale, celle qui correspond à la vertu complète, qui renvoie le juste au domaine du droit positif [1]. En particulier en droit civil, c'est bien la correction d'un préjudice (atteinte à la situation ou à l'intérêt d'une personne) qui est en jeu. C'est cette logique qu'exprime l'article 1240 du Code civil français, qui fonde le droit de la responsabilité civile (l'équivalent du *tort law* dans les procédures de la *common law*) selon lequel « Tout fait quelconque de l'homme, qui cause à autrui un dommage, oblige celui par la faute duquel il est arrivé à le réparer ». Le droit civil vise la réparation de la victime : la restitution du bien ou son indemnisation, l'octroi d'un strict équivalent de ce bien ; ou bien encore, la compensation du préjudice (qui peut être matérielle et/ou symbolique). Le droit civil a pour *fonction* de répondre de cas de violations particulières de droits dans une situation considérée comme globalement satisfaisante ou stabilisée, qui du moins constitue une ligne de référence morale à partir duquel on peut identifier et mesurer la violation des droits. Le droit civil a pour *visée* de restaurer la victime au niveau de bien-être qui aurait été le sien, quel que soit ce niveau, si elle n'avait pas subi ce préjudice. Le projet de réforme de la responsabilité civile présenté le 13 mars 2017 par Jean-Jacques Uroas, garde des Sceaux, proposait dans son article 1258 la formulation du principe de responsabilité suivante : « La réparation doit avoir pour objet de replacer la victime autant qu'il est possible dans la situation où elle se serait trouvée si le fait dommageable n'avait pas eu lieu. Il ne doit en résulter pour elle ni perte ni profit » [2].

Le problème des demandes de réparation au titre de la traite et de l'esclavage colonial dans cette logique, on le verra au chapitre III, demeure d'établir le « qui » et le « quoi » de la justice : qui doit réparation, à qui,

1. Aristote, *Éthique à Nicomaque*, 1129b10-25.

2. Disponible en ligne à l'adresse suivante : http://www.justice.gouv.fr/publication/Projet_de_reforme_de_la_responsabilite_civile_13032017.pdf, consulté le 05 novembre 2018.

pour quel préjudice, enfin quelle règle de commensurabilité appliquer entre le préjudice et la réparation. À ces difficultés s'ajoute celle liée à l'absence de questionnement sur le caractère juste ou injuste de la ligne de référence par rapport à laquelle s'engage le raisonnement correctif. Ces difficultés ont pu être soulignées pour estimer que les demandes de réparation s'inscrivent en réalité bien plus dans un paradigme de justice distributive que dans un paradigme de justice corrective [1].

La justice distributive, quant à elle, fait appel à ce qu'Aristote nomme une égalité géométrique ; c'est une justice politique et publique qui consiste en une répartition de biens selon un principe de proportion qui s'établit entre quatre termes. On trouve dans *Les Politiques* : « Tout le monde pense que le juste c'est une certaine égalité et cela s'accorde jusqu'à un certain point avec les traités philosophiques consacrés à l'éthique. On dit en effet que le juste c'est d'attribuer quelque chose à quelqu'un et plus précisément il faut qu'une part égale revienne à des gens égaux. Mais il ne faut pas laisser dans l'ombre sur quoi porte l'égalité et sur quoi l'inégalité [ou : à quelles sortes de personnes se rapporte l'égalité et à quelles sortes l'inégalité], car il y a là une difficulté et matière à philosophie politique » [2]. Selon l'égalité géométrique qui gouverne la distribution, deux personnes égales recevront des parts égales, mais tous les membres d'une communauté politique ne contribuent pas également à la communauté, et la part de bien qu'il est juste de leur attribuer doit être proportionnelle à leur valeur. Là encore, si on tente de modéliser le principe de distribution, il s'agit de chercher à établir la juste quantité des biens (a, b) à distribuer entre les membres d'une communauté (A, B), proportionnellement à un critère de répartition sur lequel, du moins dans les versions contemporaines de la distribution, les membres de la communauté se sont préalablement entendus : $A/B = a/b$ et $A/a = B/b$. Recevoir plus ou moins que la part qui nous est due du bien distribué est injuste : la justice distributive se préoccupe de l'équité, la règle étant de traiter de manière semblable des cas semblables et de traiter différemment des cas différents.

Cette approche formelle de la justice distributive laisse de côté la détermination du critère d'évaluation de l'égalité ou de l'inégalité entre les membres de la communauté politique – du moins Aristote laisse-t-il cette détermination de côté dans l'*Éthique à Nicomaque*, mais il affirme qu'il y a là « une difficulté et matière à philosophie politique » dans *Les*

1. Voir l'introduction du chap. IV. L. Weinar, « Reparations for the Future », *Journal of Social Philosophy* 37(3), 2006, p. 396-405.

2. Aristote, *Les Politiques*, trad. fr. P. Pellegrin, Paris, GF-Flammarion, 1993, 1282b20.

Politiques. La version complète de la justice distributive doit se préoccuper du critère grâce auquel on évalue la valeur égale ou inégale des membres du corps politique. Les versions contemporaines de la justice distributive proposent divers principes ou critères de répartition : maximisation du bien-être de tous dans une perspective utilitariste, maximisation du seuil de ressources des plus mal lotis dans une perspective prioritariste, égalité (de biens sociaux, de ressources, de bien-être, de capabilités…) dans une perspective égalitarienne, etc. Quel que soit le critère sélectionné, la justice distributive porte sur l'organisation globale de la juste répartition de biens sociaux, selon une mesure adéquate de la répartition dont la formulation présuppose que l'ensemble de la communauté politique est concerné : la société est juste quand les biens sont répartis conformément au critère approuvé.

Dans cette acception, les demandes de réparations consistent à s'appuyer sur une critique du système de distribution réel des biens sociaux pour revendiquer une transformation de ce système : en d'autres termes, elles reposent sur une demande de *re*distribution. Elles sont ainsi tournées à la fois vers le passé (*backward-looking*) et vers l'avenir (*forward-looking*), ce qui pose un problème que Jeppe Platz et David Reidy résument ainsi :

> Comme la justice corrective, la justice réparative est nécessairement rétrospective, au moins jusqu'à un certain point. Elle présuppose, et elle répond à, une injustice ou un mal passé. Mais comme la justice distributive, la justice réparative est aussi nécessairement prospective, au moins jusqu'à un certain point. Elle cherche à réparer des relations morales qui sont un élément indispensable d'un avenir juste partagé [1].

Comme la justice corrective, les demandes de réparations portent sur des demandes de *reconnaissance* (*acknowledgment*) qu'une injustice a été commise, qu'il y a eu une violation de droits. Comme le souligne également Bernard Boxill [2], les demandes de réparations exigent la reconnaissance publique qu'un crime a été commis, reconnaissance qui fonde moralement l'obligation de réparer. L'exigence de réparation porte fondamentalement sur la restauration d'un lien entre des personnes et pas uniquement sur l'indemnisation ou le rétablissement d'un lien

1. J. von Platz et David A. Reidy, « The Structural Diversity of Historical Injustices », *Journal of Social Philosophy*, 37(3), 2006, p. 360-376, p. 361.

2. B. Boxill, « Black Reparations », Stanford Encyclopedia of Philosophy, version révisée le 18 novembre 2015, https://stanford.library.sydney.edu.au/entries/black-reparations/, consulté le 08 novembre 2018.

entre une personne et des biens. La simple indemnisation manque ce qui est fondamental dans la réparation – la reconnaissance qu'il y a eu transgression de droit. La demande de réparations porte sur le rétablissement de « relations morales » entre des personnes et ne saurait être satisfaite par une redistribution de biens sociaux ou de ressources de telle sorte que chacun bénéficie d'un panier égal à celui de chaque autre (exigence peut-être nécessaire, mais insuffisante au rétablissement de « relations morales »). Ainsi la demande de réparations peine-t-elle à être entièrement appréhendée dans le cadre libéral classique des justices distributives. Les deux auteurs estiment qu'il faut sortir de la logique dichotomique qui oppose correction et distribution et penser le modèle réparatif de manière plus complexe, selon la contextualisation de l'injustice historique en jeu et le type de remise en cause de la structure de distribution qu'elle exige.

Mais une telle complexification n'est possible que si les logiques de la correction et de la distribution ne sont pas contradictoires. Or on a pu soutenir l'hypothèse selon laquelle il existe un conflit intrinsèque entre justice corrective et justice distributive – conflit qui traverserait la logique des demandes de réparations pour injustices historiques et les rendrait littéralement inconcevables ou injustifiables. C'est la thèse de Larry Alexander, selon lequel : « Il est impossible d'accorder la justice corrective, comme principe indépendant et non dérivatif de justice, avec les principes de la justice distributive, car les deux types de justice ont des domaines exactement co-extensifs » [1]. Justice distributive et justice corrective prescrivent en effet toutes deux, affirme Alexander, un mode de distribution des biens selon un principe d'équivalence, mais ces principes sont en concurrence : l'un cherche à égaliser la quantité de biens reçus par les personnes proportionnellement à un critère de répartition préalablement défini (le mérite, le besoin, etc.), l'autre cherche à rétablir une égalité rompue par une perte en la compensant par un gain de valeur équivalente à la perte. Nous sommes tenus de choisir entre les deux mais ne pouvons satisfaire à la fois les deux exigences. Cette incompatibilité n'est pas résolue par la distinction, qu'il emprunte à Robert Nozick [2], entre les théories distributives structurelles et les théories historiques. Selon Nozick, les théories *structurelles* prétendent pouvoir évaluer

1. Larry A. Alexander, « Causation and Corrective Justice : Does Tort Law Make Sense ? », *Law and Philosophy* 6, 1987, p. 1-23, p. 6.

2. R. Nozick, *Anarchie, État et utopie*, trad. fr. E. d'Auzac de Lamartine et P.-E. Dauzat, Paris, P.U.F., 1988 [1974], en part. p. 188 *sq*.

la justice d'une situation sociale donnée en observant si la matrice de distribution obéit au principe organisé en modèle qui a été choisi *a priori* (mérite, besoin, etc.). En revanche, les théories *historiques* ne peuvent se contenter de considérer les principes de distribution actuelle pour dire si une société est juste, car elles doivent avoir des informations sur la façon dont la distribution est initialement apparue puis sur les procédures de transfert des biens mobilisées pour aboutir à la situation actuelle – elles analysent les faits passés pour juger du présent. Selon L. Alexander, cette distinction, fondée sur l'importance accordée à l'histoire pour, le cas échéant, reconfigurer les principes de distribution actuels dans le sens d'un principe de rectification, ne suffit pourtant pas à résoudre la contradiction que ces deux formes de justice distributive entretiennent avec la justice corrective.

Alexander élimine tout d'abord les théories structurelles. Il suggère d'imaginer une situation dans laquelle le principe juste de distribution est celui de l'égalité des parts et où les membres A, B, C et D possèdent chacun 10 unités du bien qui sert de base de distribution. Si A détruit 4 unités de D, le principe d'égalité qui gouverne la redistribution exige que A, B et C donnent tous une unité à D de telle sorte que soit rétablie une situation dans laquelle tous possèdent 9 unités ; le principe qui gouverne la correction exige, lui, que A donne 4 unités à D en compensation de sa perte ; mais dans ce cas, la situation finale n'obéit plus au principe de l'égalité des parts : A possède 6 unités, alors que B, C et D en ont 10. Même dans des cas où le principe de répartition est plus complexe, affirme Alexander, dès qu'une personne ayant commis un tort doit le réparer, la correction perturbe la répartition précédente, pourtant présumée juste. Il y a donc contradiction intrinsèque. Or, « [d]ans la mesure où la justice distributive est logiquement antérieure à la justice corrective – il doit exister un état de distribution par rapport auquel la perte et la compensation sont mesurées –, le principe qu'il faut manifestement écarter est celui de la justice corrective » [1], conclut L. Alexander. Tout effort en vue d'une correction des inégalités qui ne serait pas déjà mené via l'effort pour réaliser une plus juste répartition (selon les principes préalablement établis), qui lui ferait obstacle, l'outrepasserait, le contournerait ou le différerait, est injuste. La distribution a priorité sur la correction ; comme, dans son hypothèse, la réparation est une sous-partie de la justice corrective, les demandes de réparations, qui prétendent s'appuyer sur des normes de justice relevant

1. L. Alexander, « Causation and corrective justice », *op. cit.*, p. 6.

de la logique corrective, sont en réalité normativement impuissantes à exiger toute redistribution.

Alexander se tourne ensuite vers les théories distributives historiques, qui semblent à première vue, dit-il, plus compatibles avec un principe correctif directement intégré dans la redistribution : si A est habilité à posséder P et si B agit de sorte à détruire P, B doit compenser A pour sa perte. Mais selon Alexander, soit cette assertion est triviale car elle découle directement de la définition de l'habilitation à la possession, soit elle doit être soutenue par un principe normatif indépendant. Si l'assertion est vraie par définition, alors la question devient : « Comment les gens en viennent-ils à être habilités à posséder des biens de telle sorte que si les actes d'autres personnes détruisent ces biens, une compensation leur est due ? » [1] Or aucune justification de l'habilitation proposée par ces théories [2] ne permet d'inférer que l'habilitation des possessions devrait par définition opérer selon un principe de justice corrective qui ne prenne en compte que le lien d'agentivité causale de la destruction. Rien ne dit qu'il ne faudrait pas également, pour déterminer la justice de la compensation, avoir recours à des principes plus complexes ou indépendants, qui feraient intervenir par exemple la valeur ou l'utilité pour autrui de la destruction, et le cas échéant pourraient justifier qu'*aucune* compensation ne soit légitimement due. Or, les théories ne fournissent pas non plus de principes normatifs indépendants valides. Selon Alexander, elles se contentent d'affirmer que le principe de la justice corrective – selon lequel le fait que B soit la cause d'un dommage est à lui seul nécessaire et suffisant pour justifier que B compense la perte liée à ce dommage – est une sorte de principe moral primitif, qui ne demande pas à être fondé. Alexander objecte que de la sorte, le lien entre justice corrective et justice distributive ne pourrait être établi que pour ceux qui sont déjà convaincus de sa légitimité morale car rien ne peut soutenir sa validité théorique et normative.

En somme, pour Alexander, distribution et correction sont inévitablement en conflit dans le cas des théories structurelles et la logique distributive l'emporte sur le plan normatif : aucun principe de réparation ne peut porter une exigence valide de redistribution. Dans le cas des théories historiques, la compatibilité entre correction et distribution est présumée mais jamais démontrée : elle ne saurait convaincre quelqu'un

1. *Ibid.*, p. 8.

2. Alexander discute principalement les théories de Robert Nozick et de Richard A. Epstein, cette dernière présentée dans « A Theory of Strict Liability », *Journal of Legal Studies* 2, 1973, p. 151-171 ; « Causation and Corrective Justice : A Reply to Two Critics », *Journal of Legal Studies* 8, 1979, p. 477-499.

qui choisirait d'agir selon un principe de distribution strict. Les réparations, qui prétendent s'appuyer sur une logique corrective qui n'a aucune portée normative pour exiger une re-distribution, seraient ainsi traversées par une contradiction intrinsèque. Or le diagnostic de cette contradiction repose sur un implicite que les chapitres III et IV se proposent de discuter : il s'agira de montrer que les réparations ne relèvent ni d'une logique corrective, ni d'une logique distributive, et que pour autant, elles ne sont pas intrinsèquement contradictoires. C'est plutôt que le champ des théories de la justice n'est pas intégralement couvert par la grande division d'inspiration aristotélicienne.

La justice des réparations : une justice reconstitutive

C'est dans cette perspective que l'on peut proposer de penser les réparations dans le cadre de la justice transitionnelle, tout en proposant une théorisation de ce paradigme qui conserve pour l'heure des « contours flous » [1] selon Antoine Garapon et Joël Hubrecht. Dans leur rapport remis en 2013, ils proposent de théoriser ce paradigme sous le syntagme de « justice reconstitutive » et en désignent ainsi la spécificité, par distinction d'avec la justice correctrice et la justice distributive : la justice transitionnelle a en charge de « reconstituer une cité politique meurtrie par des crimes de masse ». On se propose ainsi d'appréhender le problème des réparations au cœur d'un paradigme *politique* de la justice. Les demandes consistent à demander réparation pour des injustices politiques, structurelles et telles que la norme de « parité de participation » de certains membres du corps politique n'est pas respectée. Cette norme est empruntée aux analyses de Nancy Fraser [2], qui a depuis quelques années complété son diagnostic initial, selon lequel les injustices peuvent se décliner et s'interpréter selon deux modalités principales, dénis de reconnaissance et inégalités dans la redistribution, par l'introduction d'une troisième dimension, strictement politique, dans laquelle les injustices relèvent de dénis de représentation.

Dans son schéma bipartite originel, Fraser distinguait deux types de remèdes aux injustices, des remèdes correctifs et des remèdes transformateurs ; elle a ensuite progressivement atténué la différence entre eux, non pas seulement en plaidant pour une combinaison des deux, mais bien en relativisant la distinction entre correction et transformation au

1. A. Garapon et J. Hubrecht, *La justice reconstitutive : un objectif diplomatique pour prévenir et surmonter les crimes de masse*, rapport de l'IHEJ, juin 2013, p. 11.

2. N. Fraser, « Reframing Justice in a Globalizing World », *Scales of Justice*, Columbia University Press, 2009.

nom de la mise en place d'une dynamique politique, d'une acception fondamentalement transitionnelle de la justice, qui mène de la correction à la transformation de nos structures sociales et institutionnelles. Cette évolution s'est accompagnée de l'importance croissante accordée à une troisième dimension de la justice, la dimension du politique, centrée sur une norme fondamentale, celle de parité de participation. Sa compréhension originelle bi-dimensionnelle de la justice, articulant reconnaissance et redistribution, s'est avérée demeurer trop aveugle à certaines injustices qui passaient au travers du maillage ou demeuraient sous-estimées, les injustices de représentation. « La mauvaise représentation se produit quand les frontières politiques et/ou les règles de décision fonctionnent de telle sorte qu'elles nient injustement à certaines personnes la possibilité de participer en pairs avec les autres à l'interaction sociale, ce qui inclut les arènes politiques mais ne s'y réduit pas » [1]. À un premier niveau, certains membres du corps politique sont exclus du « jeu politique » ordinaire par des procédures qui les empêchent de participer aux prises de décisions politiques au même titre que les autres membres de la communauté. À un second niveau, se produisent ce que Fraser nomme des injustices méta-politiques, lorsque les injustices en jeu sont telles que les frontières des communautés politiques privent les personnes affectées ou concernées par un phénomène d'injustice de la capacité à participer à la discussion commune sur les normes de justice. C'est ce qu'elle appelle le « *misframing* », le problème de cadrage qui touche certaines injustices particulières [2]. Résoudre l'injustice revient à redresser le cadrage, ce qui implique que le cadre lui-même devient enjeu de justice. Et cela implique également qu'il n'y ait pas de « cadre » unique qui vaudrait universellement pour tous les problèmes de justice.

Cette troisième dimension concerne donc l'aptitude à l'action politique et pose la question de l'inclusion politique ; elle dépasse, voire englobe ou sous-tend le schéma dualiste qui concernait les injustices de reconnaissance ou de redistribution. Petit à petit, la norme de parité participative, qui était déjà présente dans la théorisation binaire de la justice, s'est autonomisée et s'est trouvé devenir la norme principale de toute théorie de justice ainsi que la norme spécifique de la troisième dimension, celle du politique, défini, en un sens « spécifique, constitutif », dit Fraser, comme « ce qui

1. *Ibid.*, p. 18.

2. Voir C. Spector « Frontières de la représentation. La "justice anormale" selon Nancy Fraser », *Représentation politique.* XVIIe-XXIe *siècle*, Paris, Classiques Garnier, 2017, p. 139-156.

concerne l'étendue de la juridiction étatique et des règles de décision par lesquelles se structure la contestation » [1]. C'est « la scène » « sur laquelle se jouent les conflits de reconnaissance et de redistribution » car c'est là que se décide qui joue et qui ne joue pas, qui est inclus ou exclu de la discussion et des procédures de la mise en place des principes de reconnaissance et de redistribution ; enfin c'est là que se décide en quels termes et selon quelles procédures se disent, se discutent et se jugent les revendications. Le politique est centré sur des enjeux d'appartenance au « nous ». Les injustices politiques reposent d'abord sur des injustices de participation à la constitution de normes communes et à la constitution commune du cadre dans lequel se réévaluent constamment ces normes. Les demandes de réparations s'inscrivent dans ce paradigme dans la mesure où elles consistent à revendiquer la réévaluation de l'organisation structurelle de la société et la participation à la re-constitution du nous. Cantonner les demandes de réparation au registre de la compensation financière obtenue devant des tribunaux ou de la redistribution de paniers de ressources revient à en étouffer la dimension politique.

C'est pourquoi on propose ici de penser les demandes de réparation dans le cadre d'une justice « reconstitutive » suivant la suggestion de Garapon et Hübrecht. La justice reconstitutive se comprend comme une forme de justice transitionnelle qui modifie partiellement l'acception usuelle de cette dernière. La justice transitionnelle a d'abord correspondu à la tentative de théoriser des pratiques apparues dans l'après-guerre froide dans des contextes très variés et qui consistaient à accompagner la transition d'États ou de sociétés depuis des régimes dictatoriaux ou des guerres ayant entraîné des violations massives des droits de l'homme vers un état social apaisé et démocratisé. Sur le plan théorique, le champ des justices de transition a commencé à se constituer par l'analyse de cas d'études [2] – sensibles à une approche contextualisée de la transition – tout en reposant sur, ou cherchant à énoncer, un certain nombre de principes normatifs souvent implicites permettant d'opérer un rapprochement comparatif entre les situations examinées. Les principes normatifs qui gouvernaient les mesures judiciaires, extra-judiciaires, ou quasi-juridiques mises en place (tribunaux pénaux locaux ou internationaux,

1. N. Fraser, *Scales of Justice*, *op. cit.*, p. 17.

2. Outre les deux volumes de l'ouvrage édité par N. Kritz, *Transitional Justice*, Washington D.C., United States Institute of Peace Press, 1995, les textes fondateurs du champ sont R. Teitel, *Transitional Justice*, Oxford, Oxford University Press, 2000 ; C. Nino, *Radical Evil on Trial*, New Yaven, Yale University Press, 1996, ou J. Elster, *Closing the Books : Transitional Justice in Historical Perspective*, Harvard, Cambridge University Press, 2004.

purges, lois d'amnistie, commissions Vérité et Réconciliation, politiques mémorielles…) ont été synthétisés dans le rapport du secrétaire général des Nations Unies en 2004, qui a défini la justice transitionnelle comme « l'éventail complet des divers processus et mécanismes mis en œuvre par une société pour tenter de faire face à des exactions massives commises dans le passé, en vue d'établir les responsabilités, de rendre la justice et de permettre la réconciliation » [1]. Désormais, au-delà de l'ensemble empirique et descriptif des mesures articulant paix, justice et responsabilité, prédomine un paradigme « holistique » de la justice transitionnelle, fondé sur le caractère systématique et non-contradictoire des quatre principes dit « Joinet-Orentlicher » proposés en 1997 par Louis Joinet et complétés en 2005 par Diane Orentlicher [2] : le droit de savoir ou droit à la vérité (qui s'entend de manière individuelle et collective [3]), le droit à la justice (pénale et extra-judiciaire notamment dans les Commissions de vérité et réconciliation), le droit à la réparation et le droit à la prévention ou à la garantie du non-renouvellement des violations de droit.

Dans cette définition holistique et normative, il est d'une part fondamental de noter qu'aucun élément ne porte sur un *terminus ad quem* idéal qui serait le modèle d'une société parfaitement juste, préalablement conçu et visé par la transition, au sein de laquelle les dispositifs transitionnels, conçus comme mécanismes d'exception, seraient destinés à disparaître. Ainsi, quoiqu'elle ait d'abord été théorisée pour penser les mécanismes de retour à la paix et de réconciliation dans l'immédiat après-conflit ou post-régime autoritaire, rien n'oppose la justice transitionnelle qui s'appliquerait dans des moments de troubles institutionnels, voire constitutionnels, à une « justice libérale » qui serait celle des sociétés « stables ». On peut au contraire, à partir de ces quatre piliers, penser un paradigme reconfiguré de la justice à l'œuvre dans nos sociétés démocratiques : pour faire face à certaines injustices, nous sommes tenus de concevoir une justice transitionnelle *politique* dont la fonction est de

1. Rapport du secrétaire général des Nations unies devant le Conseil de sécurité, « Rétablissement de l'État de droit et administration de la justice pendant la période de transition dans les sociétés en proie à un conflit ou sortant d'un conflit », Doc. S/2004/616, 2 août 2004, p. 7, § 8.

2. « Ensemble de principes actualisés pour la protection et la promotion des droits de l'homme par la lutte contre l'impunité » (E/CN. 4/2005/102).

3. Voir dans la formulation initialement proposée par Louis Joinet : le droit de savoir ce qu'il s'est passé est « un droit collectif qui trouve son origine dans l'histoire et vise à éviter qu'à l'avenir les violations ne se reproduisent » (art. 17 de l'« Ensemble de principes pour la protection et la promotion des droits de l'homme par la lutte contre l'impunité », E/CN. 4/Sub. 2/1997/20/Rev. 1).

transformer les normes et les conditions d'institution d'une cité politique inclusive. Penser la justice transitionnelle en ces termes reconstitutifs insiste sur l'importance de se défaire d'une approche de la transition comme durée temporelle finie, succédant à une brutale éruption de violence, une rupture ou déchirure d'un ordre préalable, dont la réparation exigerait une justice d'exception, et annonçant un retour au calme où la justice libérale, distributive, pourrait à nouveau fournir l'intégralité des normes du juste. Un crime de masse ne surgit pas soudainement dans une société, pas plus qu'il ne s'éteint comme un feu de paille sous l'effet de la punition des coupables ou de la rédaction d'un décret d'amnistie. Au contraire, il faut penser la continuité des arrangements sociaux dans lesquels s'est produite la violation des droits : penser notre justice comme justice reconstitutive signifie notre volonté de prendre en charge le caractère structurel de certaines injustices.

D'autre part, la caractérisation de la justice transitionnelle comme justice politique reconstitutive a pour ambition de modifier minimalement, mais décisivement, la définition usuelle rappelée ci-dessus : cette définition se dit en termes de droits, qui sont au fondement des exigences normatives de la justice transitionnelle classique. Les quatre piliers énoncent des droits humains subjectifs, pour ainsi dire absolus, des victimes à voir leurs souffrances et leurs préjudices pris en compte dans la phase qui mène au rétablissement d'une société démocratique. L'accent est mis sur des mécanismes individualistes et interactionnels, tant pour qualifier les injustices (violations des droits humains plutôt que défaillances structurelles) que pour qualifier ce qui est dû : réparation des victimes singulières invitées à se centrer sur leur souffrance morale plutôt qu'à exiger une resubjectivation politique [1], une « parité de participation ». Le paradigme reconstitutif dans lequel on propose de penser les réparations se dit moins en termes de droits qu'en termes de pouvoir, moins en termes juridiques qu'en termes politiques.

Stephen Winter suggère dans cette perspective de suivre Ruti Teitel et de définir la transition de manière minimaliste par une caractéristique fondamentale : « une modification normative des principes qui sous-tendent et justifient l'exercice du pouvoir d'État » [2]. Dans cette perspective,

1. Voir S. Lefranc, « A Critique of "Bottom-Up" Peacebuilding : Do Peaceful Individuals make Peaceful Societies ? », dans B. Charbonneau et G. Parent (éd.), *Peacebuilding, Memory and Reconciliation*, New York, Routledge, 2012.

2. R. Teitel, *Transitional Justice*, Oxford, Oxford University Press, 2000, p. 213 ; St. Winter, « Towards a Unified Theory of Transitional Justice », *The International Journal of Transitional Justice* 7, 2013, p. 227.

le trait définitionnel principal de la transition porte sur le changement dans les raisons, les motivations et les justifications qui accompagnent l'organisation institutionnelle et sociale des régimes politiques : de la sorte, l'un des enjeux de la modification est que le pouvoir se préoccupe de s'adresser à l'ensemble des membres du corps social et donc d'être plus démocratique dans sa visée, mais rien n'est précisé sur la substance des principes de justification (la justice n'est pas nécessairement libérale au sens de Spinner-Halev). L'exigence de transformation ne porte que sur les raisons publiquement exprimées et acceptables de politiques publiques dont l'objet est l'exercice du pouvoir. Enfin, cette définition permet de saisir comment une évolution observée dans les paradigmes de justification associés à la structure et l'organisation du pouvoir dans les démocraties dites installées peut permettre de parler de « justice transitionnelle » dans le cas de ces démocraties, sans que par là même le concept de transition perde toute puissance opératoire et toute distinction en tant que concept.

Considérer que les demandes sont moralement et politiquement légitimes implique de procéder à un certain nombre de modifications dans les principes qui gouvernent et justifient l'exercice du pouvoir. À ce titre, les réparations relèvent bien du paradigme de la justice transitionnelle, y compris dans le cadre de démocraties « installées » – toutefois, la forme concrète prise par les réparations est complexe car il s'agit aussi de considérer la reconstruction de considérations de confiance et de respect entre les membres du corps social d'une part et entre les membres du corps social et le pouvoir d'autre part. C'est pourquoi, comme le reste du livre va s'employer à le démontrer, les réparations ne sont pas une forme de justice ordinaire, mais sont bien l'expression d'une volonté de transformation de la justification normative de l'organisation institutionnelle et sociale de nos démocraties.

CHAPITRE II

L'ESCLAVAGE, UNE INJUSTICE STRUCTURELLE

Dans ce chapitre, nous nous proposons de clarifier une première, et fondamentale, source d'incompréhension à propos des demandes de réparations au titre de la traite et de l'esclavage colonial en France : celle qui concerne la nature de l'injustice au titre de laquelle il est demandé réparation. Une tendance largement répandue consiste à considérer que les demandes portent sur la réparation d'injustices *historiques* au sens strict, *i.e.* distinguées d'autres types d'injustices par un trait particulier : toutes les personnes directement concernées par le tort sont aujourd'hui disparues. L'un des arguments les plus fréquemment mobilisés pour délégitimer ces demandes consiste à souligner le décalage temporel entre le crime du passé et l'expression actuelle des revendications. Il y a peut-être eu des crimes coloniaux mais ils ne nous concernent plus ; la mise en œuvre des crimes reposait sur des croyances morales, des structures institutionnelles et des systèmes de normes juridiques désormais abolis ou réformés. Il est donc politiquement déraisonnable – à la fois illusoire, inefficace, dangereux et reposant sur des justifications normatives telles qu'on ne peut les supposer partagées par tous les membres de la société – de prétendre (re)juger le passé. Une telle critique n'est pas propre au cas français ni aux crimes coloniaux [1]. Toutefois, elle revêt une puissance toute particulière en France en raison du rapport de la République française à son passé, du type de récit que la France contemporaine met en place pour rendre compte de son histoire esclavagiste et coloniale, enfin du tabou que représente en France la question raciale qui est en réalité au cœur de l'injustice structurelle en jeu. Les demandes de réparations au titre de la traite et l'esclavage se heurtent ainsi à une difficulté majeure : faire reconnaître la nature de ces injustices. Ce ne sont pas tant des crimes

1. Voir par exemple N. Perez, *Freedom From Past Injustices : A Critical Evaluation of Claims for Intergenerational Reparations*, Edinburgh, Edinburgh University Press, 2012.

historiques, datés et finis, que des injustices persistantes, affectant la structure même, juridique, politique et sociale, de la république.

Il ne s'agit pas dans ce chapitre de faire œuvre d'historien de l'esclavage en France : des travaux, précis, documentés, contextualisés et comparatifs, d'historiens sont venus ces dernières années commencer à combler un vide de connaissances [1] et mon enjeu ici n'est pas de « faire de l'histoire » mais de réfléchir, en philosophe, à l'objet « esclavage » dans la mesure où il est mobilisé pour formuler des demandes de justice. À ce titre, ce chapitre se propose deux choses : faire de l'esclavage un objet de pensée comme effet de discours d'une part, et comme réalité structurelle d'autre part.

Premièrement, il s'agit d'analyser comment l'esclavage intervient dans la stratégie discursive de construction de l'idéologie républicaine ou de ce que Cécile Laborde nomme le « républicanisme classique » [2], comme logique argumentative (et non pas comme doctrine historique ou philosophie politique délimitée par un corpus d'auteurs analysés avec soin). En particulier, le « républicanisme classique » s'appuie fortement sur la référence aux Lumières et enrôle les « Lumières » pour démontrer que l'esclavage est, et a toujours été, en contradiction avec la République, qui, fidèle à sa logique émancipatrice, l'a définitivement aboli en 1848, permettant à tous les membres du corps politique d'être traités comme des personnes morales et politiques égales. L'esclavage est une anomalie du passé que nous avons dépassée. Dans cette logique discursive, la traite et l'esclavage sont des crimes contre l'humanité, légalement reconnus et juridiquement qualifiés comme tels, mais leur reconnaissance s'inscrit uniquement dans une logique mémorielle qui ne saurait revêtir de force normative pour appuyer des demandes de justice. Nous pouvons, devons peut-être, entretenir la mémoire de l'esclavage et commémorer son abolition, soit le moment où la république française est définitivement sortie de l'anomalie esclavagiste qui grevait la logique d'égalisation et d'émancipation sous-tendant ses principes normatifs; mais toute demande de réparation faisant fond sur une demande de justice aujourd'hui serait une absurdité ou une manipulation. Ces arguments de délégitimation construisent l'objet « esclavage » comme particularité,

1. Voir notamment les ouvrages de la collection « Esclavages » chez CIRESC-Karthala.

2. C. Laborde, *Français, encore un effort pour être républicains !*, Paris, Seuil, 2010, p. 11 *sq*. Le républicanisme classique s'oppose en particulier, dans la reconstruction que C. Laborde propose de sa logique argumentative, au « républicanisme critique » ou néo-républicanisme, qui met en œuvre une théorie sociale permettant de tester les idéaux républicains dans la « république réelle ».

exception ou incohérence dans notre récit politique et moral commun. Dans la perspective d'un républicanisme « critique », on se propose ici de souligner plutôt la complexité des Lumières, ni pour les absoudre ni pour les accuser, mais en observant comment l'objet « esclavage » était un « problème » théorique et normatif au cœur de débats philosophiques, dont il semble difficile de prétendre hériter de manière univoque. Dans une perspective philosophique, ce que les Lumières peuvent nous indiquer, c'est bien plutôt l'exigence de penser aujourd'hui à nouveau le problème de l'esclavage comme problème de justice.

Deuxièmement, le chapitre se préoccupe de penser la réalité politique de l'esclavage en s'appuyant sur les travaux des historiens et en montrant que, fondé sur un système juridique et économique internationalement attesté, l'esclavage a mis en place une réalité sociale et raciale durable : il n'est pas simplement un crime du passé, aboli et disparu, mais une injustice structurelle persistante – dont les racines plongent dans le passé mais qui n'a pas été supprimée, d'un coup de plume, par l'acte d'abolition de 1848. L'abolition n'a pas modifié les rapports de pouvoir politique, n'a pas mis fin à l'exploitation économique, n'a pas supprimé mais a plutôt prolongé les formes d'oppression, enfin n'a pas fourni les vraies conditions de l'autonomie morale et politique pour tous les membres du corps politique. L'acte d'abolition de 1848 était sans aucun doute une condition nécessaire pour mettre en place une situation de justice socio-politique élargie à tous ; mais il n'en a pas constitué, en soi, une condition suffisante : les moyens qui ont accompagné sa réalisation ont reproduit les structures injustes sans les transformer ni les corriger. L'argument du hiatus temporel entre une période esclavagiste, aberration morale, et une période post-abolitionniste, où règnent liberté et égalité, revient à méconnaître la nature structurelle et raciale de l'injustice en jeu.

L'ESCLAVAGE COLONIAL ET LES LUMIÈRES DANS L'IDÉOLOGIE RÉPUBLICAINE

Depuis le 10 mai 2006, la France célèbre une « journée de commémoration nationale des mémoires de la traite négrière, de l'esclavage et de leurs abolitions ». La date, contestée aujourd'hui par certaines associations, correspond à l'adoption définitive de la loi n°2001-434, dite « loi Taubira », reconnaissant la traite et l'esclavage comme crimes contre l'humanité. Célébrer ensemble la mémoire de la traite, de l'esclavage et de leur abolition traduit une construction intellectuelle particulière de l'objet « esclavage » : il s'agit d'un phénomène que l'on peut circonscrire dans le temps et auquel un événement a mis fin [1] – le décret d'abolition de l'esclavage du 27 avril 1848 signé par le Gouvernement provisoire de la IIe République sur l'initiative de Victor Schoelcher. Le système esclavagiste était un système politique perverti associé au despotisme, auquel s'oppose le républicanisme, reposant sur la liberté politique des citoyens. Célébrer cette mémoire le jour de la reconnaissance légale de leur qualification de crimes contre l'humanité renforce l'idée que la république se caractérise par un système de valeurs radicalement distinct de celles qui ont accompagné et justifié ce système politique. Cette construction exclut toute place pour penser la réalité de l'esclavage colonial racial en tant qu'elle a accompagné la formulation des idéaux républicains.

Peu de place est faite, dans les cérémonies de commémoration, à la première abolition du Code Noir, votée à l'unanimité le 4 février 1794 par la Convention ; aux conditions dans lesquelles cette première abolition a été votée, cinq ans après la Déclaration des droits de l'homme et du citoyen de 1789, en partie sous l'effet de la révolte d'esclaves à Saint-Domingue et de l'abolition de l'esclavage qui y a été déclarée le 29 août 1793, de manière unilatérale, par le Commissaire de la Convention Léger-Félicité Sonthonax ; ou enfin à l'annulation du premier décret d'abolition par la loi du 20 mai 1802 du Premier Consul Napoléon Bonaparte qui a rétabli l'esclavage dans les territoires restitués à la suite du Traité de paix d'Amiens signé avec le Royaume-Uni et qui a entraîné le retour progressif de l'esclavage dans l'ensemble des colonies françaises [2]. De même, il est rarement fait mention de la proximité entre l'esclavage et le travail

1. Voir de manière paradigmatique la formule prononcée lors de la « Journée nationale des mémoires de la traite, de l'esclavage et de leurs abolitions » par le Premier Ministre Manuel Valls le 10 mai 2014 : « L'abolition, c'est notre victoire. C'est la victoire de la République ».

2. Lorsque, dans son discours prononcé le 10 mai 2014, François Hollande a mentionné le fait, c'était pour mieux distinguer « la nation généreuse et universaliste de la Révolution » et « la France du Consulat, la France de Bonaparte », permettant ainsi de tracer une ligne historique continuée de la première République à la France de la Ve République en plaçant le Second Empire, particulariste, entre parenthèses, comme une anomalie. Voir aussi la préface rédigée par Dominique de Villepin à l'ouvrage d'É. Glissant, *Mémoires des esclavages*, Paris, Gallimard-La Documentation française, 2007 : « [La France] veut se souvenir aussi des grands combats contre l'esclavage nourris par l'idéal des Lumières et portés par l'élan de 1789. Ces combats, nous pouvons en être fiers. Nous devons leur être fidèles en défendant sans relâche les valeurs de la République. Oui, nous sommes Français lorsque nous sommes citoyens de l'universel [...] » (p. 11). Voir les analyses de M. Cottias, « Et si l'esclavage colonial faisait histoire nationale ? », *Revue d'histoire moderne et contemporaine* 52-4 bis, 2005(5), p. 59-63, pour une analyse de « l'institutionnalisation du silence » à propos de l'esclavage dans l'histoire nationale de Michelet à Pierre Nora. En ce sens, les années 2005-2006 ont constitué un renversement radical et une soudaine apparition de l'esclavage dans le champ mémoriel.

forcé colonial alors même que se développe une réflexion sur les formes multiples de l'esclavage contemporain [1]. Se construit plutôt l'image d'une France républicaine et universaliste, dont le combat généreux a consisté à mettre en place, non seulement sur le plan théorique mais également sur le plan politique, les conditions réelles de la liberté et de l'égalité de tous.

Cette image a été favorisée par la construction de l'objet « esclavage » dans la représentation que nous nous faisons de notre modernité morale et politique. La réflexion sur la liberté politique au siècle des Lumières s'est menée en opposant la liberté à l'esclavage conçu comme asservissement politique d'une nation ou assujettissement politique au despotisme, aliénation volontaire ou punition (au sens strict, condamnation pénale, ou en un sens plus large, conséquence d'une guerre injuste), bien davantage qu'en référence à l'esclavage colonial racial. Sur fond de débat autour de la notion de « droit naturel », peu de penseurs au XVIIIe siècle soulignent explicitement le décalage qui pourrait exister entre la vocation universaliste de déclarations dotant les hommes de liberté « naturelle » et inaliénable, hommes qui « naissent et demeurent libres et égaux en droits », et l'organisation juridique de l'esclavage dans les colonies [2]. Même pour Jean-Jacques Rousseau, qui refuse l'évidence de l'équation entre liberté et modernité sociale et politique, « l'homme est né libre, et partout il est dans les fers » [3] sonne comme un constat universel sur la condition dégradée de l'homme en société et non comme la dénonciation d'un système économique et politique particulier, et particulièrement cruel. Bertrand Binoche constate que « [d]e "l'esclavage", les Lumières parlent sans cesse » mais sans qu'on puisse fermement ressaisir l'unité d'un concept qui demeure « irréductiblement équivoque » [4]. Il suggère qu'il faut l'appréhender par une prémisse négative, celle du combat contre le préjugé : « l'esclavage apparut aux hommes des Lumières comme *la face politique du préjugé* » : à ce titre, il n'est pas un concept

1. Cette proximité n'est pas rappelée alors même que, dans son discours du 10 mai 2014, cité dans la note ci-dessus, François Hollande a bien rapproché l'esclavage colonial et les 22 millions actuels « de victimes de la traite, de personnes exploitées, livrées aux trafiquants, contraintes à la prostitution, au travail forcé, 22 millions dans le monde d'aujourd'hui » – c'est-à-dire qu'il a adopté une définition « large » de l'esclavage.

2. Montesquieu conclut cependant son analyse sur le « droit de l'esclavage » en affirmant que l'esclavage « est aussi opposé au droit civil qu'au droit naturel » (*De l'esprit des lois*, XV, 2).

3. J.-J. Rousseau, *Du Contrat social*, dans *Œuvres complètes* III, Paris, Gallimard, 1964, p. 351.

4. B. Binoche, *« Écrasez l'infâme ! » Philosopher à l'âge des Lumières*, Paris, La Fabrique, 2018, p. 153 et p. 155.

mais un « maître mot » [1]. Mais de la sorte, l'esclavage colonial perd toute spécificité particulière : c'est la servitude universelle des peuples qu'il s'agit de dénoncer. Selon Eleni Varikas, il faut voir dans ce caractère nébuleux et cette indétermination un « impensé constitutif » au cœur de la conception que la modernité se fait d'elle-même comme rupture « avec la dépendance et l'hétéronomie ancienne » [2]. L'article « Esclavage » rédigé par René Sève dans le *Dictionnaire de philosophie politique* fait écho à cette analyse : selon lui, il serait tentant de considérer la question de l'esclavage comme « pierre de touche de l'opposition des Anciens et des Modernes » en raison de la manière, comparative, dont la modernité politique s'est elle-même pensée comme philosophie de la liberté. Si R. Sève refuse *in fine* cette analyse, ce n'est pas au motif que l'esclavage demeure embarrassant pour « les Modernes », mais parce que la philosophie « a plutôt, dès l'Antiquité, mené globalement un lent travail de sape à l'encontre d'une institution qui lui a toujours semblé une anomalie » [3]. La raison, la philosophie, est sauvée.

On peut repérer deux récits qui permettent de construire l'opposition esclavage / archaïsme / irrationalité et liberté / modernité / raison philosophique – et dans ces deux récits, la république est du côté de la liberté. Dans la première perspective, synchronique, l'esclavage est une anomalie ou une exception empirique, représentant « la *particularité* ou la dissonance du cas isolé (la non-liberté) » opposé à « l'*universalité* abstraite du concept (la liberté) » [4] : la condition humaine est celle de la liberté et l'esclavage ne peut être qu'un fait temporaire s'opposant à la norme naturelle – norme idéale que la république, fondée sur la liberté positive, la liberté de participer à l'exercice du pouvoir, a vocation à réaliser. Dans la seconde, diachronique, l'esclavage est le vestige d'une organisation politique obsolète qui, s'appuyant sur la Nature conçue comme système d'ordre hiérarchisé, fondait l'esclavage sur la nature particulière de certains hommes et sur la place qui, à ce titre, leur était dévolue dans l'organisation politique découlant directement de la nature [5]. L'affirmation moderne de la nature universelle de « l'homme »

1. B. Binoche, *« Écrasez l'infâme ! » Philosopher à l'âge des Lumières*, *op. cit.*, p. 160 et p. 170.

2. E. Varikas, « L'institution embarrassante. Silences de l'esclavage dans la genèse de la liberté moderne », *Raisons Politiques* 11, août 2003, p. 84.

3. R. Sève, « Esclavage », dans Ph. Raynaud et S. Rials (dir.), *Dictionnaire de philosophie politique*, 3 e éd., Paris, P.U.F., 2003, p. 239 et 241.

4. E. Varikas, « L'institution embarrassante. Silences de l'esclavage dans la genèse de la liberté moderne », *op. cit.*, p. 83.

5. Aristote fonctionne ici comme référence obligatoire et incarnation de ces « Anciens » auxquels s'opposent les Modernes : « Être capable de prévoir par la pensée c'est être par

fondée sur la liberté et l'égalité naturelles de tous, ainsi que le dispositif du contractualisme moderne, qui institue les normes de l'état civil à partir du consentement des partenaires, excluent alors *à l'évidence* ces justifications de l'esclavage. Dans les deux cas, le caractère généralisé et persistant de l'esclavage colonial racial, parallèlement à l'élaboration d'un discours fondant la légitimité de tout régime politique sur le consentement de chacun et le respect de la liberté et l'égalité de tous les humains, se trouve difficilement pris en charge dans le système normatif adopté par les Révolutionnaires français, et au-delà de cette première génération, par les « pères fondateurs » du républicanisme.

La question des rapports entre liberté et esclavage au sein du mouvement des Lumières est aujourd'hui l'un des lieux importants où se pose le problème plus général de l'héritage de « l'humanisme » des Lumières [1]. Sans entrer dans l'analyse de cette vaste question qui dépasse largement l'ambition de cet essai, il importe de resituer ici les enjeux de l'interprétation de cet héritage, dans la mesure où il constitue aujourd'hui la toile de fond, la « philosophie publique » [2], de la réception des demandes de réparation au titre de l'esclavage. S'opposent ceux qui, dans le sillage de la critique initialement formulée par la première École de Francfort, dénoncent la logique hégémonique à l'œuvre de manière plus ou moins dissimulée dans la rhétorique de la raison et de l'émancipation des Lumières, conduisant à justifier l'esclavage [3], à ceux qui estiment que « là comme ailleurs, les Lumières ont bien été libératrices » [4]. Pour

nature apte à commander c'est-à-dire être maître par nature, alors qu'être capable d'exécuter physiquement ces tâches c'est être destiné à être commandé c'est-à-dire être esclave par nature » (*Les politiques*, 1252 a 30, *op. cit.*, p. 88).

1. Problème posé dès la publication de l'ouvrage de Theodor W. Adorno et Max Horkheimer, paru d'abord à New York en 1944, puis à Amsterdam en 1947 et traduit en français sous le titre *La Dialectique de la Raison : fragments philosophiques*, trad. fr. E. Kaufholz, Paris, Gallimard, 1974. Voir pour une réflexion récente le chapitre quatre, « Esclavage », dans B. Binoche, *« Écrasez l'infâme ! » Philosopher à l'âge des Lumières*, *op. cit.*

2. C. Laborde, *Français, encore un effort pour être républicains !*, *op. cit.*

3. L. Sala-Molins, *Les misères des Lumières. Derrière la raison, l'outrage*, Paris, Robert Laffont, 1992 et *Le Code Noir ou le calvaire de Canaan*, Paris, P.U.F., 2002 (1re éd., 1987) ; L. Estève, *Montesquieu, Rousseau, Diderot. Du genre humain au bois d'ébène. Les silences du droit naturel*, Paris, Éditions de l'UNESCO, 2002.

4. J. Ehrard, *Lumières et Esclavage. L'Esclavage colonial et l'opinion publique en France au XVIIIe siècle*, Paris, André Versaille éditeur, 2008, p. 214. Voir toutefois aussi les analyses nuancées, qui tentent d'échapper à la logique du procès des Lumières, proposées par J. Mondot, « Avant-Propos » p. 7-12 et C. Spector, « "Il est impossible que nous supposions que ces gens-là soient des hommes" : la théorie de l'esclavage au livre XV de *L'Esprit des Lois* », p. 15-51, dans *Lumières* 3, *L'esclavage et la traite sous le regard des Lumières*, 2004. Voir enfin L. Delia, *Droit et philosophie à la lumière de l'Encyclopédie*, Oxford, Voltaire Foundation, University of Oxford, 2015, chap. 4, « L'esclavage et la traite ».

leurs contempteurs, les Lumières, et en tout premier lieu Montesquieu, (Voltaire), Rousseau ou Diderot, ont, sinon explicitement soutenu la traite et l'esclavage coloniaux, du moins trop timidement, ou de manière trop ambiguë, dénoncé leur caractère scandaleux, contraire à la raison et au sentiment, à « l'esprit ou [au] cœur » [1] : ils en auraient condamné le principe au nom de l'universalité des droits ou de la compassion – de l'humanité, au double sens du terme – tout en en justifiant la pratique, pour des motifs politiques, physiques (anthropologiques) ou économiques. Pour leurs défenseurs, il faut se garder de la caricature ou de la présentation à charge : les Lumières, loin de constituer une doctrine homogène, sont un mouvement, au sein duquel, chez certains penseurs, s'élabore une pensée explicitement abolitionniste. On ne saurait condamner les Lumières en les réduisant de manière métonymique à un seul auteur [2], lui-même réduit à quelques lignes ou à un ouvrage décontextualisé.

Luigi Delia, dans sa monographie *Droit et philosophie à la lumière de l'Encyclopédie*, montre comment l'*Encyclopédie* est une œuvre polyphonique où coexistent des sensibilités différentes. Parmi elles, le chevalier de Jaucourt, auteur des articles « Esclavage » et « Traite des Nègres », s'inspire de la critique ironique et en demi-teinte de l'esclavage émise par Montesquieu pour la dépasser en un plaidoyer radical en faveur de l'abolition. Son argumentation repose à la fois sur la dénonciation de la contradiction entre « la loi de l'esclavage » et « la loi naturelle » selon laquelle tous les hommes ont par nature une égale liberté et ne sauraient être soumis par un quelconque droit de propriété au statut de marchandise [3], et sur l'appel à un point de vue humanitaire selon lequel l'esclavage constitue un « crime atroce » contraire « à tous les droits de la nature humaine » – anticipant de manière suggestive la qualification morale et juridique selon laquelle il constitue un « crime contre l'humanité ». Jaucourt conclut toutefois l'article « Traite des Nègres »

1. Montesquieu, *De l'esprit des lois*, XV, 8.

2. Rappelons que l'*Encyclopédie* comportait plus de 160 auteurs, dont Diderot lui-même a dit : « Parmi quelques hommes excellents, il y en eut de faibles, de médiocres et de tout à fait mauvais. De là cette bigarrure dans l'ouvrage où l'on trouve une ébauche d'écolier, à côté d'un morceau de maître [...] » (*Œuvres complètes*, vol. XX, J. Assézat et M. Tourneux (éd.), Paris, Garnier, 1877, p. 130).

3. Argument auquel fait écho l'article « Liberté naturelle », selon lequel la liberté constitue un état qui « ne peut ni se changer contre un autre, ni se vendre, ni se perdre ; car naturellement tous les hommes naissent libres, c'est-à-dire qu'ils ne sont pas soumis à la puissance d'un autre, et que personne n'a sur eux un droit de propriété » (Edition Numérique Collaborative et Critique de l'*Encyclopédie* (1751-1772) http://enccre.academie-sciences.fr/encyclopedie/article/v9-1437-1/).

sur une note dont le ton pessimiste rappelle certains accents du réalisme politique : « les âmes sensibles et généreuses applaudiront sans doute à ces raisons en faveur de l'humanité; mais l'avarice et la cupidité qui dominent la terre, ne voudront jamais les entendre » (vol. XVI, p. 533a). Dans le jeu de cette opposition entre l'argument humanitaire et l'argument des intérêts économiques particuliers des propriétaires d'esclaves, Luigi Delia suggère de ne pas voir l'expression désabusée de la résignation, mais au contraire l'appel à une indignation morale seule à même de produire dans l'opinion publique que l'*Encyclopédie* s'emploie à former les transformations sociales susceptibles de conduire à l'émancipation.

De nombreux écrits abolitionnistes de la période mobilisent des arguments moraux similaires et y ajoutent un argument de poids, utilitariste, qui vise à démontrer, et à convaincre l'opinion publique, grâce à « l'arithmétique politique » ou à la science économique naissante, que le travail servile n'est pas plus rentable que le travail libre (ou du moins salarié) [1] et qu'il n'est donc pas contraire aux intérêts des propriétaires de terres dans les colonies (qui représentent environ 15% des membres de l'Assemblée Nationale lors de la Première République [2]) d'œuvrer en faveur de l'abolition. À l'argument de l'illégitimité s'ajoutent donc ceux de la non nécessité et de la non rentabilité de l'esclavage. Nicolas de Condorcet publie en 1781, sous le pseudonyme du pasteur Joachim Schwartz, les *Réflexions sur l'esclavage des Nègres*, dans lequel il concède que le travail servile est profitable aux maîtres car le produit *net* du travail est plus grand dans la « culture esclave », puisqu'il ne dépend que de « l'avidité », « l'avarice et la barbarie des propriétaires ». Mais, affirme Condorcet, le travail servile est coûteux pour la colonie et la métropole car le produit *brut* est plus élevé dans le cas de travail libre, plus productif et ainsi favorable au commerce. En somme, la « destruction de l'esclavage » « ne ferait d'autre mal que d'empêcher quelques hommes barbares de s'engraisser des sueurs et du sang de leurs frères; en un mot, la masse entière des hommes y gagnerait, tandis que quelques particuliers

1. C'est le cas par exemple du physiocrate Pierre Du Pont, « Observations importantes sur l'esclavage des Nègres », *Éphémérides du citoyen*, 1771, t. VI. Voir C. Oudin-Bastide et Ph. Steiner, *Calcul et Morale, Coûts de l'esclavage et valeur de l'émancipation (XVIIIe-XIXe siècles)*, Paris, Albin Michel, 2015, tant pour leurs analyses passionnantes que pour la reproduction en annexe de l'article de Du Pont.

2. L. Dubois, *Avengers of the New Word : The Story of the Haitian Revolution*, Cambridge, Harvard University Press, 2004, p. 21.

n'y perdraient que l'avantage de pouvoir commettre impunément un crime utile à leurs intérêts » [1].

Reste que, comme le rappelle également Delia, l'article « Esclavage », placé sous les matières « Droit naturel, religion, morale », qui mobilise une trame de renvois avec ceux d'« Autorité politique », « Égalité naturelle », « Conquête » ou « Traite des Nègres » [2] – ce qui invite à prendre au sérieux son engagement abolitionniste comme une ligne interprétative qui traverse l'ensemble de l'*Encyclopédie* – cohabite avec les articles « Code Noir » (auteur non identifié) ou « Esclave » (Boucher d'Argis) qui sont des articles descriptifs présentant sous forme de constat le statut juridique des esclaves, avec les articles « Nègre, commerce » (auteur non identifié) ou « Rio Negro » (Jaucourt), qui considèrent l'esclavage comme un moindre mal, autorisé dans certaines circonstances, ou enfin avec l'article « Nègres considérés comme esclaves dans les colonies d'Amérique » (Le Romain) qui est très largement favorable à l'institution et à l'organisation effective de la traite et de l'esclavage. Ainsi, l'*Encyclopédie* fonctionne-t-elle bien comme un « lieu de débat », présentant une « pluralité d'opinions » [3] destinée à laisser le lecteur se forger son propre avis éclairé et informé à partir des contradictions et des embarras des auteurs. Quant à Condorcet lui-même, quoiqu'il condamne très fermement l'esclavage, défende sa destruction immédiate comme « seul moyen rigoureusement conforme à la justice » et affirme que les maîtres ne peuvent exiger aucun dédommagement pour l'abolition, il estime également que « le parti de ne point rendre à la fois, à tous les Nègres, la jouissance de leurs droits, peut n'être pas incompatible avec la justice » [4] et propose « en gémissant » des moyens de « détruire l'esclavage par degrés » qui pourraient être plus facilement acceptés et répondre à ceux qui voient « l'affranchissement général comme un projet chimérique » [5] : si l'on peut se résoudre à cette procédure d'abolition progressive, c'est parce que les esclaves, en raison de leur statut, se trouvent « dans le cas des infortunés, que des traitements

1. J. Schwartz, *Réflexions sur l'esclavage des Nègres*, Neufchâtel, Société Typographique, 1781, p. 21, disponible en ligne, consulté le 08 novembre 2018 : http://classiques.uqac.ca/classiques/condorcet/reflexions_esclavage_negres/condorcet_reflexions_esclavage.pdf.

2. V. Le Ru, *Subversives Lumières - L'*Encyclopédie *comme machine de guerre*, Paris, CNRS Éditions, 2007 ; C. Spector, « Y a-t-il une politique des renvois dans l'*Encyclopédie ?* Montesquieu lu par Jaucourt », *Corpus*, *Revue de Philosophie* 51, « L'ordre des renvois dans l'*Encyclopédie* », 2006, p. 215-247.

3. J. Ehrard, *Lumières et Esclavage*, *op. cit.*, p. 176.

4. Nicolas de Condorcet, *Réflexions sur l'esclavage des Nègres* (1781), Paris, GF-Flammarion, 2009.

5. *Ibid.*

barbares ont, en partie, privés de la raison ; et dès lors, quelle que soit la cause qui les ait rendus incapables d'être hommes, ce que le législateur leur doit, c'est moins de leur rendre leurs droits que d'assurer leur bien-être » [1].

En somme, la question de l'esclavage colonial racial était bien en train de se constituer en problème politique, juridique et moral au XVIIIe siècle et « les Lumières », ni inculpées ni disculpées, pas même constituées en sujet homogène de discours, ont représenté ce moment de la pleine contradiction entre l'idéal humanitaire et la logique coloniale. Lorsqu'aujourd'hui nous nous posons la question de la légitimité des réparations pour l'esclavage, l'enjeu n'est pas de nous demander de qui exactement nous héritons ou quelle continuité directe, unique et intégralement explicative nous pouvons tracer entre la France de 1789, celle de 1794 ou celle de 1802, et celle de 2019. Il ne s'agit pas de chercher dans le passé une structure argumentative ou des normes morales qui soutiendraient de manière définitive telle ou telle position théorique ou pratique au présent. Toutefois, il ne s'agit pas non plus de considérer que le problème est surgi *de novo* dans la France « post-moderne » ou « post-coloniale » du début du XXIe siècle, comme si nous en découvrions aujourd'hui la nature et les conséquences complexes, comme si nous l'inventions au nom d'une nouvelle « métaphysique perverse de la victime » qui aurait gagné tout « l'Occident » pris de « macération narcissique » [2] et qui exigerait une « repentance » des vainqueurs de l'histoire. En revanche, en particulier dans la mesure où ce moment historique de la fin du XVIIIe siècle fonctionne dans l'opinion publique actuelle comme un moment de référence, fondateur, tant sur le plan théorique que sur le plan politique, il nous appartient (et le philosophe peut ici intervenir) de comprendre comment les arguments mobilisés alors ressurgissent en écho aujourd'hui, pour résoudre ce qui n'est pas la question des Lumières, mais la nôtre, et qu'il nous revient de formuler correctement. Ce que les Lumières peuvent nous fournir, ce sont des indices sur les racines du problème ainsi que la pleine conscience qu'il s'agit d'un « problème », qu'il nous revient désormais de constituer en objet de pensée en fonction des expériences, discours et pratiques actuels et des couches de sens superposées au fil de l'histoire dans la construction de notre mythe républicain.

1. *Ibid.*

2. P. Brückner, *La tyrannie de la pénitence. Essai sur le masochisme en Occident*, Paris, Grasset, 2006, p. 135 et p. 186.

L'ESCLAVAGE DANS LA RÉPUBLIQUE : UN CRIME CONTRE L'HUMANITÉ

L'un des arguments de délégitimation des demandes de réparation au titre de la traite et de l'esclavage repose sur l'affirmation selon laquelle les croyances et valeurs morales qui avaient pu favoriser et maintenir le système esclavagiste jusqu'en 1848, progressivement minées par les efforts des abolitionnistes, ne sont plus les nôtres : notre perception morale a été radicalement transformée et l'esclavage est désormais largement considéré comme le paradigme d'une pratique institutionnelle moralement corrompue.

Preuve en est que la traite et l'esclavage ont été en France déclarés des « crimes contre l'humanité », dont le caractère imprescriptible est « l'expression juridique de l'absoluité morale de [leur] condamnation » [1]. En France, c'est la loi du 26 décembre 1964 [2] qui a déclaré l'imprescriptibilité des crimes contre l'humanité, ce qui signifie que leur poursuite ne connaît ni limite temporelle ni limite spatiale, i.e. que les crimes ainsi désignés ne peuvent pas perdre leur caractère de crime. En outre, en 1984, la Cour de cassation [3] a interprété comme s'appliquant aux crimes contre l'humanité le principe de la dérogation à la non-rétroactivité de la loi pénale énoncé par l'article 7-2 de la Convention de sauvegarde de la Cour européenne des Droits de l'homme dans le cas « d'une personne coupable d'une action ou d'une omission qui, au moment où elle a été commise, était criminelle d'après les principes généraux du droit reconnus par les nations civilisées » [4]. D'une certaine manière, traite et esclavage ont toujours été des crimes. Quel que soit le système juridique qui ait pu admettre et sous-tendre leur légalité, qualifier traite et esclavage de crimes contre l'humanité signifie qu'ils étaient, sont et

1. I. Delpla, « Catégories juridiques et cartographie des jugements moraux », I. Delpla et M. Bessone (éd.), *Peines de guerre*, Paris, Éditions de l'EHESS, 2010, p. 267.

2. Loi n° 64-1326 du 26 décembre 1964 tendant à constater l'imprescriptibilité des crimes contre l'humanité.

3. Lors du rejet du pourvoi en cassation de Klaus Barbie le 6 janvier 1984, la Cour de Cassation a conclu « qu'en définitive, l'incrimination de crimes contre l'humanité est conforme aux principes généraux de droit reconnus par les nations civilisées, qu'à ce titre ces crimes échappent au principe de la non-rétroactivité des lois de répression et que la loi du 26 décembre 1964, en constatant leur imprescriptibilité, n'a fait que confirmer l'intégration en droit interne français à la fois de leur incrimination et de leur imprescriptibilité découlant du statut du Tribunal Militaire International ». Cour de Cassation, Chambre criminelle, pourvoi 83-94425.

4. Convention de sauvegarde des Droits de l'Homme et des Libertés fondamentales telle qu'amendée par les Protocoles n° 11 et n° 14 (STCE n° 194) entrée en vigueur le 1 er juin 2010 (texte disponible sur le site du Conseil de l'Europe http://conventions.coe.int/treaty/fr/treaties/html/005.htm).

resteront illégitimes « d'après les principes généraux » du droit[1]. Nous affirmons ainsi aujourd'hui que notre condamnation morale de l'esclavage est absolue : nous ne nous contentons pas de critiquer les abus de la pratique esclavagiste par certains maîtres « barbares », d'éprouver une compassion ou une empathie individuelle pour les personnes mises en esclavage tout en reconnaissant que l'institution a pu être rentable, voire nécessaire (opposant ainsi les exigences d'une morale sentimentale à un réalisme économique), nous affirmons que la traite et l'esclavage sont des maux intrinsèques qu'aucune norme ou valeur d'ordre supérieur ne peut justifier. Ce faisant, nous affirmons en même temps que notre perception morale, les valeurs et croyances morales qui fondent notre morale publique, ont radicalement été transformées au regard de notre évaluation de la traite et l'esclavage : il nous semble désormais inconcevable qu'ils aient pu être considérés comme des pratiques naturelles ou comme des maux nécessaires. La permissibilité morale de l'esclavage est devenue impensable[2].

L'incrimination de crime contre l'humanité provient du droit international humanitaire[3]; elle a été intégrée en droit français avec un évident souci de « contextualisation interne »[4]. Emanuela Fronza estime que la codification française du crime contre l'humanité peut être lue « à la lumière et en fonction des débats politiques nationaux, des rapports de pouvoir, des réactions de l'opinion publique et surtout en relation avec les reconstructions et élaborations du passé.[5] Dans un autre contexte, le travail anthropologique mené par I. Delpla sur la réception des catégories du Tribunal Pénal international pour l'ex-Yougoslavie en

1. Notons toutefois qu'en dépit de cette affirmation sur l'universalité de la condamnation, cette même Cour de cassation a rejeté cette interprétation dans le cas de crimes qui n'ont pas été commis lors de la Seconde guerre mondiale et ce, quoique les actes incriminés aient été condamnés par le droit international en vigueur à l'époque des faits (affaires Yacoub et Lakdhar-Toumi en 1988, affaire Boudarel en 1993, affaire Aussaresses en 2003).

2. Voir N. Pleasants, « Moral Argument Is Not Enough : the Persistence of Slavery and the Emergence of Abolition », *Philosophical Topics*, 38(1), 2011, p. 139-160 pour une analyse de la manière dont ce radical changement de point de vue moral a pu s'effectuer. Il suggère que l'abolition est « un exemple éclatant du pouvoir de transformation progressive de contestations moralement motivées » ; mais que le jugement moral public sur l'esclavage ne s'est pas modifié uniquement sous l'effet de la persuasion de la justesse du raisonnement moral abolitionniste. Si le mouvement abolitionniste l'a emporté, c'est parce qu'il s'est organisé politiquement et a pu proposer une alternative convaincante en raison des modifications dans le système économique au XIXe siècle vers l'économie de marché et le salariat à bas coût.

3. Voir le chapitre suivant pour une généalogie de la catégorie.

4. E. Fronza, « La réception des crimes contre l'humanité en droit interne », dans M. Delmas-Marty *et al.*, *Le crime contre l'humanité*, Paris, P.U.F., 2009, p. 69.

5. *Ibid.*, p. 70.

Bosnie-Herzégovine montre que les catégories juridiques contribuent à fournir une signification sociale, politique et morale à la justice dans la mesure où « il y a adéquation entre une expérience vécue (voire une expérience historique), une catégorie juridique et la revendication d'un statut » [1]. Qualifier juridiquement traite et esclavage colonial de crimes contre l'humanité est signifiant en France car cela fait coïncider une expérience vécue de l'histoire, la revendication d'un statut de citoyen comme pair et la reconnaissance publique d'une catégorisation juridique valant condamnation morale. Cette adéquation explique l'importance qu'a revêtue la « loi Taubira » dans l'espace public français alors même que l'esclavage figurait déjà dans la liste des crimes contre l'humanité reconnus par le Code pénal et que ses applications judiciaires réelles apparaissent comme « quasi-hypothétiques ». Sylvie Calixte estime que « la compréhension de la loi [Taubira] semble reposer sur la valeur, *per se*, de la qualification de crime contre l'humanité » [2].

Or la qualification explicite et publique par la loi a mis au jour que les expériences historiques des citoyens enrôlées dans un récit national unifié n'étaient pas toutes identiques et pouvaient même être discordantes. Si pour certains, reconnaître l'esclavage comme crime contre l'humanité revenait à réaffirmer la France comme patrie des droits de l'homme, République émancipatrice et courageuse, reconnaissant, au nom de ses idéaux universels, les injustices de son passé colonial, pour d'autres, cela fournissait du sens à l'expérience commune de la domination historique de l'État colonial français sur ses colonies, ainsi qu'à l'expérience commune des effets actuels, persistants, de cette domination. Pour les uns, il s'agissait de dire publiquement que notre communauté morale était radicalement transformée et que « nous » n'avions plus rien à voir avec celle qui avait été capable de justifier ou de s'accommoder de l'esclavage. Pour les autres, il s'agissait de signaler que ce passé était toujours éminemment présent. Selon Sylvie Calixte, l'esclavage a représenté « l'acte de naissance des populations d'outre-mer » [3] et la reconnaissance publique de sa condamnation morale absolue a été « la manière la plus forte de cicatriser les plaies encore trop fragiles de ceux dont les ancêtres

1. E. Fronza, « La réception des crimes contre l'humanité en droit interne », *op. cit.*, p. 274.

2. S. Calixte, « La loi reconnaissant la traite négrière et l'esclavage des Noirs dans les possessions françaises d'Outre-mer en tant que crime contre l'humanité. Signification et portée », *Pouvoirs dans la Caraïbe* 15 [en ligne, consulté le 18 novembre 2018], 2007, p. 198. Voir le chapitre suivant pour les difficultés de donner une application judiciaire à la Loi Taubira.

3. *Ibid.*, p. 199.

furent esclaves » [1] et qui se sentent minorisés par la République. On peut estimer, en s'appuyant sur les analyses de Didier Fassin, que ce dont la réception de la loi a témoigné, c'est « qu'il n'y a pas de coupure avec le passé, mais au contraire une brûlure du passé qui, au-delà des successions générationnelles, met en œuvre non seulement une expérience commune d'un passé reconstitué, de la traite et de la colonie en l'occurrence, mais aussi une expérience partagée d'un présent qui en garde la trace, à travers notamment les discriminations à l'encontre des descendants d'esclaves et de colonisés » [2]. Le malentendu sur la signification du 10 mai, date où la loi a été adoptée, comme jour de commémoration de « la traite, l'esclavage et leurs abolitions », provient de la double signification de ce choix : « gouvernement par la mémoire » pour les uns, reconnaissance d'un « déficit d'égalité qui se perpétue dans le temps » [3] pour les autres. Comme le souligne également Christine Chivallon, « la mémoire de l'esclavage entrée en tapage dans l'espace public », surexposée, n'a pas permis de l'implanter « dans un contexte de connaissance et de reconnaissance garant de significations justes et partagées ». L'explosion mémorielle de l'esclavage a plutôt consisté à le vider de tout rapport avec « l'expérience historique et les prolongements qu'elle connaît » [4]. Les demandes de réparation procèdent de la volonté de mobiliser l'adéquation entre une catégorie juridique et morale et une expérience vécue, historique et contemporaine, pour asseoir une revendication politique. Elles exigent que l'on prenne au sérieux l'histoire de l'esclavage dans le monde colonial français et son entrelacement dans celle de la République.

Les esclaves comme « biens meubles » : du Code noir à l'indemnité coloniale

La caractéristique fondamentale de l'esclavage colonial est de concevoir et traiter certains groupes d'humains comme des biens de propriété et des marchandises, des objets que l'on peut posséder, vendre ou échanger, hériter ou sur lesquels on peut être taxé. En France, cette dépersonnalisation et réification de la personne humaine est d'abord

1. Anicet Turinay, discours prononcé lors de la 1re séance du 18 février 1999 examinant la proposition de la loi de 2001, *Journal Officiel de l'Assemblée Nationale, Compte-rendu des débats parlementaires*, p. 1644.

2. D. Fassin, « La politique des anthropologues, Une histoire française », *L'Homme* 185-186, 1/2008, p. 176.

3. *Ibid.*

4. Ch. Chivallon, *L'esclavage, du souvenir à la mémoire*, Paris, Karthala-Ciresc, 2012, p. 53 et 54.

attestée juridiquement. En mai 1802, nous l'avons mentionné en début de chapitre, Napoléon Bonaparte rétablissait l'esclavage « conformément aux lois et règlements antérieurs à 1789 » ; en 1803, les dispositions de l'Édit de mars 1685, « Édit du Roi servant de règlement pour le gouvernement et l'administration de justice et la police des îles françaises de l'Amérique, et pour la discipline et le commerce des Nègres et Esclaves dans ledit Pays » [1], généralement dénommé Code Noir, étaient intégrées, quoique de manière ambiguë, au Code civil. La législation spéciale concernant l'esclavage n'est pas mentionnée dans le Code civil, qui n'est pas applicable directement dans les colonies françaises. Mais dès 1805, le Code civil est introduit dans les colonies par une série d'arrêtés qui le promulguent « avec les distinctions constituant essentiellement le *régime* colonial », soit en maintenant la condition d'esclave telle qu'elle apparaît dans le Code Noir. Selon Jean Carbonnier, « on peut même supposer que cette réglementation fut, grâce au Code civil, appliquée avec plus de rigidité qu'elle ne l'avait jamais été du temps de la monarchie » [2].

Selon les dispositions du Code Noir, aux esclaves était déniée la personnalité juridique [3]. Selon l'article 44, « Déclarons les esclaves être meubles et comme tels entrer dans la communauté ». Puisqu'ils étaient considérés comme des choses et non des personnes, selon la *summa divisio* héritée du droit romain et qui fonctionne comme un axiome du droit civil, leur était déniée la propriété ou du moins ces deux dispositions du droit de propriété que sont la capacité à disposer et contracter librement (article 28) ; leur étaient aussi prohibés le commerce sans mandat de leur propriétaire (articles 18 et 31), les fonctions et charges publiques (article 30) ou la capacité d'ester en justice (article 30). Si le maître a le devoir d'entretenir correctement son bien (articles 22 à 27), ce qui comporte le logement, la nourriture, l'habillement, les soins en cas de maladie ou de vieillesse, etc., et malgré l'ambiguïté qui pèse sur cette « chose » que son maître a le devoir de baptiser et d'instruire « dans la religion catholique, apostolique et romaine » (article 2) [4], et qui

1. Le fac-similé en est disponible sur le site de l'Assemblée Nationale, consulté le 8 novembre 2018 : http : //www.assemblee-nationale.fr/histoire/esclavage/code-noir.pdf.

2. J. Carbonnier, « Scolie sur le non-sujet de droit, L'esclavage sous le régime du Code civil », *Flexible Droit. Pour une sociologie du droit sans rigueur*, Paris, L.G.D.J., 10 e édition, 2001, p. 249.

3. E. Nys, « L'esclavage noir devant les jurisconsultes et les cours de justice », *Études de droit international et de droit politique*, Paris, A. Fontemoing, 1896, p. 245-273.

4. Plusieurs travaux ont souligné la concomitance temporelle de la promulgation du Code Noir et de la révocation de l'Édit de Nantes par l'Édit de Fontainebleau le 18 octobre 1685, ainsi que leur proximité substantielle. Les articles 1 à 8 du Code Noir excluent les juifs des îles et interdisent l'exercice public de la religion protestante.

a, dans une certaine mesure, avec l'autorisation de son maître, le droit de se marier religieusement, l'esclave relève juridiquement du statut de « chose » [1]. Comme le souligne Jean Carbonnier, c'est l'aliénabilité qui indique le plus précisément que l'esclave est un objet de propriété ; les dispositions concernant son baptême, le sacrement du mariage ou sa protection contre les sévices constituent les éléments « d'une sorte de personnalité, non plus de droit naturel, mais de droit religieux, sinon canonique », juxtaposée à « une totale absence de personnalité en droit civil » et qui tend à disparaître avec la laïcisation du droit qui accompagne le Code civil. Au XIXe siècle, « il n'y avait plus rien qui pût tirer l'esclave de l'abîme de la *chosalité* » [2]. Est-il bien meuble ou immeuble ?

La formulation de l'article 44 ne recouvre aucune ambiguïté : « Déclarons les esclaves être meubles et comme tels entrer dans la communauté, n'avoir point de suite par hypothèque, se partager également entre les cohéritiers [...] » ; et l'article 46 précise : « Seront dans les saisies des esclaves observées les formes prescrites par nos ordonnances et les coutumes pour les saisies des choses mobiliaires ». Selon l'article 527 du Code civil de 1804, « Les biens sont meubles par leur nature, ou par détermination de la loi ». L'article 528 ajoute : « Sont meubles par leur nature, les corps qui peuvent se transporter d'un lieu à un autre, soit qu'ils se meuvent par eux-mêmes, comme les animaux, soit qu'ils ne puissent changer de place que par l'effet d'une force étrangère, comme les choses inanimées ». Dans la mesure où les esclaves peuvent se mouvoir de manière autonome, ils sont donc meubles par nature [3]. Ainsi, par définition, selon la loi, les esclaves sont considérés comme des biens meubles, faisant partie du fonds d'une habitation au même titre que le bétail ou les instruments économiques nécessaires à la mise en culture. Ils sont des marchandises appartenant au patrimoine de la famille du

1. La chosification de l'esclave est une donnée partagée par l'ensemble du monde colonial et des sociétés fondées sur l'esclavage racial : sur l'ambiguïté du statut juridique d'esclave aux États-Unis, incarnée de manière tristement célèbre dans la « clause des trois-cinquièmes » de la Constitution de 1787, qui fait, pour les besoins de l'organisation du dispositif de représentation liée à la taxation, des esclaves les « trois-cinquièmes » des hommes libres, voir Cheryl I. Harris, « Whiteness as Property », *Harvard Law Review*, 106/8, juin 1993, p. 1707-1791.

2. J. Carbonnier, *Flexible Droit*, *op. cit.*, p. 251.

3. Voir L. Sala-Molins, *Le Code Noir ou le calvaire de Canaan*, *op. cit.* ; M. Tanger, *Les juridictions coloniales devant la Cour de cassation (1828-1848)*, Paris, Economica, 2007 ; J. Carbonnier, *Flexible droit : Pour une sociologie du droit sans rigueur*, *op. cit.* ; D. A. Mignot, « La nature juridique de l'esclave dans l'Édit de mars 1685 (Code Noir Louis – Projet définitif) », dans M. Cottias, E. Cunin, A. de Almeida Mendes, *Les traites et les esclavages*, Paris, Karthala, 2010, p. 37-51.

maître, et subissant les modifications qui peuvent l'affecter : à ce titre, ils figurent dans les inventaires des notaires rédigés à l'occasion de litiges, de successions ou de saisies. Objets de contrats ou de conventions, ce sont des objets de propriété qui peuvent être loués, cédés, vendus, transmis, donnés en gage, saisis, confisqués, dont on peut jouir de l'usufruit, etc.

Toutefois, certains esclaves, selon la tâche à laquelle ils étaient assignés, pouvaient être considérés dans certains cas comme immeubles. Le Code Noir dispose que dans l'intérêt du créancier, les esclaves attachés aux « sucreries, indigoteries et habitations » seront saisis conjointement avec le fonds. L'article 48 du Code Noir interdit de la sorte la dispersion des biens :

> Ne pourront aussi les esclaves travaillant actuellement dans les sucreries, indigoteries et habitations, âgés de quatorze ans et au-dessus jusqu'à soixante ans, être saisis pour dettes, sinon pour ce qui sera dû du prix de leur achat, ou que la sucrerie, indigoterie, habitation, dans laquelle ils travaillent soit saisie réellement; défendons, à peine de nullité, de procéder par saisie réelle et adjudication par décret sur les sucreries, indigoteries et habitations, sans y comprendre les nègres de l'âge susdit y travaillant actuellement.

La terre, élément important de l'actif patrimonial des planteurs, ne vaut pas grand-chose sans la force de travail, le capital humain, requis pour la faire fructifier [1]. Séparer les esclaves des plantations priverait les propriétaires d'un instrument de culture indispensable, ce qui pourrait peser sur le montant, ou même l'existence, de prêts et transactions, fragilisant l'économie, déjà instable, des colonies. Ainsi le réalisme économique commande-t-il que le sort des esclaves soit attaché à celui du domaine. L'esclave affecté à la culture de la plantation constitue donc un régime d'exception par rapport au statut de bien meuble. L'article 524 du Code civil de 1804 définit ainsi un bien immeuble par destination : « Les objets que le propriétaire d'un fonds y a placés pour le service et l'exploitation de ce fonds, sont immeubles par destination ». L'article fournit une liste non exhaustive de tels biens : « Les animaux attachés à la culture; Les ustensiles aratoires; Les semences données aux fermiers ou colons partiaires; Les pigeons des colombiers; Les lapins des garennes; Les ruches à miel; Les poissons des étangs; [...] ». Les esclaves des plantations peuvent à l'évidence, dans la pratique de l'économie de plantation comme dans la logique du Code Noir dont la rédaction et

1. Sur ce point et l'importance du « capital négrier » dans les États du sud des États-Unis notamment, voir Thomas Piketti, *Le capital au XXIe siècle*, Paris, Seuil, 2013, chap. 4 « De la vieille Europe au nouveau monde ».

l'application sont étroitement associées à cette réalité économique, relever de la catégorie d'« animaux attachés à la culture ». Meubles par nature, ils peuvent être immeubles par destination. La subsistance économique des colonies très endettées repose sur l'assimilation de certains esclaves à des biens immeubles.

L'ambiguïté du statut de l'esclave, et les enjeux économiques associés à sa situation mobilière, sont patents dès un acte de notoriété daté du 13 novembre 1705 et qui porte sur « les Esclaves Nègres qui servent à la culture des habitations des colonies dans l'île de Saint-Domingue » : les requérants cherchent à recouvrer la possession d'un domaine comportant « deux habitations avec les Nègres comme faisant partie desdites habitations [...] destinés et rattachés auxdites habitations, et qu'ils prétendent être réputés immeubles suivant l'usage de l'Amérique, la jurisprudence du Châtelet et la disposition tacite de la coutume de Paris » ; les accusés « conviennent d'abandonner la propriété desdites habitations, mais ils prétendent que lesdits Nègres sont meubles et ils ne veulent pas les rendre aux suppliants » [1]. Le lieutenant civil du Châtelet tranche en faveur de la mobilité des esclaves, conformément à ce qui s'applique dans le cas des « bestiaux » selon la coutume de Paris, quoique la disposition ne soit « pas conforme à ce qui se pratique dans le pays de droit écrit ».

Conformément à leur statut de biens meubles, ils ne sont pas indemnisés pour les torts subis par leur mise en esclavage lors de la promulgation de l'abolition le 27 avril 1848 : celle-ci leur confère le statut de personne juridique et ils ne peuvent être présumés avoir été privés de leurs droits auparavant puisque des biens n'ont pas de droits inaliénables, caractéristiques des personnes. En revanche, les propriétaires d'esclaves sont bien alors indemnisés pour la perte financière représentée par l'affranchissement de leurs esclaves [2]. L'article 5 précise : « l'Assemblée nationale règlera la quotité de l'indemnité qui devra être accordée aux colons ». Dès juin 1848 est mise en place une commission destinée à préparer les propositions de règlement et comptant parmi ses membres Schoelcher ou Tocqueville : lors des quatorze séances de travail de la commission, sont abordées tant des questions normatives (est-il légitime d'indemniser les propriétaires alors que la propriété des humains est une violation des lois de la nature et l'esclavage un « attentat contre la dignité

1. *Actes de notoriété donnés au Châtelet de Paris, sur la jurisprudence et les usages qui s'y observent, avec des notes par Me J. B. Denisart*, Paris, Savoye et Le Clerc, 1759, p. 311.

2. Pour une étude comparative de cette pratique d'indemnisation présente dans une majorité de processus abolitionnistes au XIXe siècle, voir F. Beauvois, *Indemniser les planteurs pour abolir l'esclavage ?*, Paris, Dalloz, 2013.

humaine », selon les termes du décret d'abolition ?) que des questions juridiques (faut-il parler d'indemnité, pour la privation d'un droit, ou de dédommagement, pour un tort causé ?), que des questions politiques (faut-il indemniser les colons ou les colonies tout entières ?), que des questions pragmatiques : combien vaut un esclave – les enfants et les vieillards, qui ne travaillent pas et sont considérés comme improductifs, doivent-ils être décomptés puisque ce qui doit être indemnisé est la privation de force de travail ? Selon les lois des 19 janvier, 23 et 30 avril et 3 mai 1849, l'indemnité due aux colons dépossédés prend la forme d'une rente de six millions à cinq pour cent, « inscrite au grand livre de la dette publique » pendant 20 ans et d'une somme de six millions « payable en numéraire et en totalité » trente jours après la promulgation de la loi : « Tous les noirs affranchis en vertu des décrets des 4 mars et 27 avril derniers donneront droit à l'indemnité » [1]. Le décret d'application du 24 novembre 1849 précise la répartition de l'indemnisation par territoire (Martinique, Guadeloupe, Guyane, Réunion, Sénégal, Sainte Marie et Nossibé à Madagascar) et par esclave émancipé. Le règlement est ensuite effectué au cours de l'année suivante, comme en témoignent les sources notariales et le registre contenant l'état des règlements définitifs et nominatifs des indemnitaires [2].

Dans les demandes de réparations actuelles, cette loi d'indemnité est au cœur de certaines revendications, à deux titres : l'enrichissement injustifié, qu'elle a constitué, favorisé et légalisé pour les familles de propriétaires d'esclaves au détriment des familles d'anciens esclaves, puisqu'elle a consacré la concentration des richesses et contribué au maintien d'inégalités massives dans les colonies ; et surtout, le caractère illégitime, voire inconstitutionnel d'une telle loi. Le syndicaliste guadeloupéen Eli Domota, la Fondation Frantz Fanon et d'autres associations ont déposé ainsi deux requêtes de QPC (Question prioritaire de constitutionnalité) en 2015 pour son abolition ; en juin 2016, dans le cadre de la loi « Égalité et citoyenneté » présentée à l'Assemblée Nationale, l'amendement N° 680 proposait lui aussi « une réparation morale du préjudice subi par les esclaves en abrogeant les dispositions relatives à l'indemnisation des colons », « sans prétendre à une quelconque volonté d'indemniser les victimes de l'esclavage ». Le droit a fourni une assise et une justification à l'exploitation économique et à la domination politique, en « chosifiant »

1. J.-B. Duvergier, *Collection complète* , tome 49, 1849, p. 144.
2. Voir la thèse en cours de Jessica Balguy, sous la direction de M. Cottias, « L'indemnité coloniale française de 1849 », EHESS (CIRESC).

les esclaves privés de personnalité juridique et de droits civils et politiques, non seulement durant la période esclavagiste, mais également au moment de l'émancipation : c'est ce préjudice *moral* durable que l'abrogation de la loi permettrait de réparer.

L'ESCLAVAGE, STRUCTURE ÉCONOMIQUE ET POLITIQUE D'OPPRESSION

Les effets économiques et politiques de la structure esclavagiste dépassent toutefois largement le cadre juridique du Code Noir et du décret d'abolition accompagné de la loi d'indemnité coloniale. De nombreux travaux de recherche [1] soulignent combien les édits et règlements du Code Noir, édictés par le pouvoir central pour réguler spécifiquement les colonies, ont été influencés dans leur rédaction par les coutumes qui y étaient en vigueur, et à quel point ils sont demeurés largement impuissants face aux pratiques locales façonnées par des relations de domination exclusivement coloniales, dont la violence fait paradoxalement apparaître les dispositions de l'ordonnance comme protectrices des esclaves. L'esclavage colonial ne se réduit pas aux régulations du Code Noir. Il s'agit d'un système – un tout organisé dont les éléments sont en interaction réciproque de telle sorte qu'ils opèrent de manière unifiée à l'égard d'autres systèmes ou de l'environnement extérieur, avec une structure propre qui est la règle de son organisation ; le Code Noir, inscrit dans ce système, reproduit la domination politique et l'exploitation économique qui s'y jouent et la constituent juridiquement, tout en tentant de réguler l'arbitraire. Quoiqu'après 1848, l'abolition mette formellement un terme au statut juridique d'esclave, une même logique d'oppression [2] continue de gouverner la société coloniale.

1. Voir par exemple A. Fitte-Duval, « Entre inclusion et exclusion : cadre juridique et pratiques de l'esclavage aux îles d'Amérique », dans M. Cottias *et al.* (éd.), *Les traites et les esclavages*, *op. cit.*, p. 125-135 ou E. Dorlin, *La Matrice de la race*, Paris, La Découverte, 2006, p. 193 *sq*. Voir aussi sur l'écart entre le texte et la pratique esclavagiste aux Antilles, A. Gisler, *L'esclavage aux Antilles françaises (XVIIe-XIXe siècle)*, Paris, Karthala, 1981 [1965]. Bernardin de Saint-Pierre considère en 1773 que le Code noir est favorable aux esclaves : « Il y a une loi en leur faveur, appelée le Code noir. Cette loi favorable ordonne qu'à chaque punition ils ne recevront pas plus de trente coups ; qu'ils ne travailleront pas le dimanche ; qu'on leur donnera de la viande toutes les semaines, des chemises tous les ans ; mais on ne suit point la loi » (*Voyage à l'Île de France*, dans *Œuvres posthumes*, Paris, Ledentu, 1840, p. 56).

2. On entend ici oppression selon les cinq modalités présentées par Iris Marion Young, « The Five Faces of Oppression » : « dans le sens le plus général, tous les opprimés souffrent d'une inhibition de leur possibilité de développer et d'exercer leurs capacités et d'exprimer leurs besoins, leurs pensées, leurs sentiments. » Mais si l'on prête attention à la manière dont

L'esclavage correspond d'abord au choix d'une organisation économique permettant de bénéficier de main-d'œuvre gratuite pour l'exploitation intensive de terres agricoles dans l'économie des plantations. L'essor de l'esclavage moderne est en effet très largement lié au développement de l'économie du sucre, qui exige une importante force de travail, endurante et spécialisée. La traite est son corollaire, inscrite dans une « économie de la prédation » [1] qui alimente des flux massifs sur le marché international et qui consiste en une « chasse à l'homme » suivie du déplacement transatlantique dans les bateaux négriers, qu'on peut saisir comme le suggère Christine Chivallon à la suite de Paul Gilroy comme « un marqueur spatio-temporel qui condense l'intelligibilité d'un système localisé dans le temps et dans l'espace » [2]. Sur le bateau négrier s'engage en effet d'emblée et dans toute sa puissance l'entreprise de déshumanisation et de marchandisation de l'homme indispensables à la rationalité et à la rentabilité de la logique économique qui gouverne le commerce triangulaire. L'entreprise se poursuit et s'achève dans « l'habitation », « unité autonome de production et de traitement de la canne » [3], unité de base de la structuration de la société esclavagiste dans les colonies.

Dès les lendemains de l'abolition en France, un véritable arsenal législatif portant sur le travail s'emploie à stopper l'évolution d'une société qui deviendrait réellement post-esclavagiste dans les vieilles colonies. Les mesures prises en au milieu des années 1850 aux Antilles (arrêté Gueydon à la Martinique en 1855 et arrêté Husson à la Guadeloupe en 1857), qui portent « à un niveau comparable à celui de l'esclavage le degré de coercition qui accompagne l'injonction au travail » [4], ne font

certains groupes mobilisent le terme d'oppression pour renvoyer à leur situation d'injustice, « l'oppression signifie en fait une famille de concepts et de conditions, que l'on peut diviser en cinq catégories : exploitation, marginalisation, absence de pouvoir, impérialisme culturel et violence » (dans *Oppression, Privilege and Resistance*, L. Heldke et P. O'connor (éd.), Boston, McGraw Hill, 2004, p. 38).

1. Fr. Vergès, *L'homme prédateur, Ce que nous enseigne l'esclavage sur notre temps*, Paris, Albin Michel, 2011, en part. p. 54 *sq*.

2. Ch. Chivallon, *L'esclavage, du souvenir à la mémoire. Contribution à une anthropologie de la Caraïbe*, *op. cit.*, p. 84. P. Gilroy, *The Black Atlantic, Modernity and Double Consciousness*, Londres, Verso, 1993.

3. J. Benoist, *Types de plantation et groupes sociaux à la Martinique*, Paris, Cahier des Amériques latines, 1968, p. 137, cité dans C. Chivallon, *L'esclavage, du souvenir à la mémoire*, *op. cit.*, p. 88.

4. C. Chivallon, *L'esclavage, du souvenir à la mémoire*, *op. cit.*, p. 206. Voir aussi A.-Ph. Blérald, *Histoire économique de la Guadeloupe et de la Martinique du XVIIe siècle à nos jours*, Paris, Karthala, 1986, p. 113-118.

que systématiser et accentuer les effets des mesures prises dès juin 1848 et qui toutes visent un seul objectif, « remettre l'esclave au travail » : les esclaves doivent prouver que la liberté « n'est pas le droit de vagabonder mais le droit de travailler » [1]. Dans la mesure où l'économie des colonies demeure une économie de propriétés sucrières et où l'ancien ordre social n'est pas aboli, il importe de réduire au maximum le développement d'une petite paysannerie indépendante et de forcer les anciens esclaves à se réembaucher sur les grandes plantations. C'est l'enjeu de l'*Arrêté sur le travail et l'immigration en Martinique* émis en 1855 par le gouverneur de la Martinique, Louis de Gueydon [2], qui, selon C. Chivallon, « consiste à renforcer le frein déjà mis au mouvement d'acquisition des terres de la paysannerie noire, pressentie comme un véritable danger pour cette économie-là, et pousser au travail sur les plantations ces prétendants à l'autarcie, quitte à ce que ce soit de manière forcée » [3].

Le travail sur les plantations est rendu *de facto* obligatoire au nom de la lutte contre le vagabondage, dont la définition diffère en métropole et sur les îles, où la catégorie en vient à désigner tout individu n'ayant pas « d'employeur habituel » – tout nouveau libre n'ayant pas le statut de salarié. Les individus sont embauchés à la tâche, à la journée ou pour un temps plus long ; lorsqu'ils sont embauchés pour plus d'un an, ils reçoivent en échange de leur travail une case et un lopin de terre ainsi qu'une compensation laissée à l'appréciation du patron (payée annuellement pour les domestiques). Tout travailleur embauché pour moins d'un an doit attester de son statut d'employé par le port d'un livret payant qui comporte différentes informations sur son identité (nom, domicile, âge, déplacements, etc.) ainsi que les visas de ses différents employeurs et du maire (ce dernier renouvelé annuellement). L'arrêté Gueydon, dans la lignée du décret du 13 février 1852, exige également le port d'un passeport intérieur sur lequel est attesté du statut de « sujet à livret » ou « non sujet à livret » ainsi que du paiement de l'impôt personnel. Le défaut de paiement de l'impôt dans les quinze jours qui suivent les premières poursuites est passible d'une amende immédiatement convertible en

1. Proclamation de Louis-Thomas Husson, Directeur de l'Intérieur, écrite le 31 mars 1848, reproduite dans É. Glissant, *Le discours antillais*, Paris, Seuil, 1981, p. 48.

2. Il sera par la suite nommé gouverneur général de l'Algérie sous la IIIe République (en 1871). Le texte de l'arrêté est disponible sur Gallica : http://gallica.bnf.fr/ark:/12148/bpt6k5487418d/f4.image. Victor Schoelcher estime que « chaque article » de cet arrêté est « un attentat à la liberté individuelle » (*L'arrêté Gueydon à la Martinique et l'arrêté Husson à la Guadeloupe*, Paris, Armand Le Chevalier éditeur, 1872, p. 3).

3. C. Chivallon, *L'esclavage, du souvenir à la mémoire*, *op. cit.*, p. 209.

travail forcé à la journée ou à la tâche (article 70 de l'arrêté) – non plus au service d'un maître privé, mais au service de l'État, qui peut autoriser une privatisation partielle, l'employeur pouvant alors retenir la moitié du salaire du débiteur [1].

Si le statut économique des nouveaux libres reproduit ainsi sous bien des aspects le statut de travailleur servile, leur statut politique relève également d'un régime distinct de celui qui régit les citoyens de métropole. Avant 1848, la question de la nationalité des affranchis ayant acquis leur liberté ou du groupe ancien des « libres de couleur » avait été constamment contestée en raison du « stigmate de l'esclavage » [2]. Une loi du 24 avril 1833 avait toutefois accordé l'égalité civile et politique des ex-esclaves et des libres de couleur avec les colons : « toute personne née libre ou ayant acquis légalement la liberté jouit, dans les colonies françaises, 1. Des droits civils ; 2. Des droits politiques dans les conditions prescrites par la présente loi ». Mais une seconde loi votée à la même date sur le « régime législatif des colonies » conférait, elle, aux colonies, « une forme d'autonomie législative » qui annulait partiellement l'effet de l'égalité civique accordée aux libres de couleur, en plaçant les colonies « à l'écart de la représentation parlementaire », au nom du fait que l'esclavage constituait les colonies en exception, puisque l'esclavage était contraire à la liberté, principe fondamental de la représentation politique [3].

L'avènement de la liberté générale en 1848 lève « l'interdit de la représentation politique des colonies à l'Assemblée » [4]. La nationalité et la citoyenneté françaises sont immédiatement attribuées aux « nouveaux libres » par une circulaire du 7 mai 1848 : « À partir du jour de la libération générale, les esclaves deviendront des citoyens français afin

1. La logique d'exploitation qui se poursuit dans les « vieilles colonies » post-esclavagistes s'étend en outre dans le reste de l'empire colonial, dont la conquête a été ouverte avec celle de l'Algérie : dans les colonies africaines et asiatiques dès la fin du XIXe siècle, le travail forcé, qui repose sur la même logique de prédation (déportation et travail obligatoire sous la menace d'une peine) est justifié par la politique de grands travaux publics et souvent mis en place par des réquisitions et des rafles. Les conditions dans lesquelles s'exécute le travail forcé, à l'image de ce qui s'est produit sur la ligne Congo-Océan, sont toujours celles de la cruauté et de la privation, de la dégradation et de la violence (voir l'analyse désormais classique du géographe et africaniste Gilles Sautter, « Notes sur la construction du chemin de fer Congo-Océan (1921-1934) », *Cahiers d'études africaines*, 7/26, 1967, p. 219-299).

2. M. Cottias, « Droit, justice et dépendance dans les Antilles françaises (1848-1852) », *Annales. Histoires, Sciences Sociales*, 2004/3, p. 547-567, p. 549.

3. S. Larcher, « L'égalité divisée. La race au cœur de la ségrégation juridique entre citoyens de la métropole et citoyens des "vieilles colonies" après 1848 », *Le Mouvement Social* 252, 2015/3, p. 137-158, p. 142-143.

4. *Ibid.*, p. 145.

qu'aucune exception au principe de liberté et de l'égalité sociale ne puisse exister ». Toutefois, cette reconnaissance de l'égalité civile et politique s'accompagne d'une particularité : les représentants des colonies élus au Parlement y votent des lois qui ne s'appliquent pas à leur circonscription, puisque, selon l'article 109 de la Constitution de la Seconde République du 4 novembre 1848, « Le territoire de l'Algérie et des colonies est déclaré territoire français, et sera régi par des lois particulières jusqu'à ce qu'une loi spéciale les place sous le régime de la présente Constitution » [1]. Jusqu'à la loi du 19 mars 1946 qui institue les colonies en départements, sont ainsi consacrés, comme le souligne Silyane Larcher, « le décalage entre pouvoir de légiférer et soumission à la loi commune », ainsi qu'une situation paradoxale de « "citoyens colonisés" à la fois inclus et exclus de la "communauté des citoyens", membres du Souverain, mais exclus de la sphère sociale d'application du principe de généralité de la loi » [2]. On peut donc être citoyen sans relever du droit commun : l'égalité des droits civils s'accompagne d'exclusion politique.

Silyane Larcher montre que cette particularité, qui traduit « l'invention d'un stigmate collectif », celui de la condition servile, s'appuie sur les doutes concernant la capacité des anciens esclaves, en raison même de leur long statut de dépendance, à délibérer, à saisir leur intérêt propre, à émettre des jugements éclairés, enfin à prendre des décisions de manière autonome. À ces arguments capacitaires classiques s'ajoute, montre S. Larcher, la crainte de la division du corps social : « D'un côté, l'exercice des droits politiques nécessitait un travail du temps sur les conduites, une acquisition sociale, bref une éducation. De l'autre, comme s'il échappait paradoxalement à l'histoire, l'ordre social ancien des colonies de plantation, "récemment encore partagée[s] en maîtres et en esclaves", se présentait *per se* en obstacle supposé intrinsèque, structurel, et finalement immuable, à cette même éducation, pourtant indispensable "pour savoir user" des droits politiques » [3]. Les anciens esclaves sont perçus comme incapables de faire de leur raison et de leurs droits politiques un usage éclairé : la liberté requiert une éducation, une habitude, un « ethos », une compétence, que, par force, ne peuvent posséder les nouveaux citoyens des colonies.

1. Texte disponible sur le site du Conseil Constitutionnel, consulté le 8 novembre 2018 : https://www.conseil-constitutionnel.fr/les-constitutions-dans-l-histoire/constitution-de-1848-iie-republique.

2. S. Larcher, « L'égalité divisée. La race au cœur de la ségrégation juridique entre citoyens de la métropole et citoyens des "vieilles colonies" après 1848 », *op. cit.*, p. 138.

3. *Ibid.*, p. 148.

S'il est jugé par ailleurs symboliquement impossible de retirer aux affranchis leurs droits politiques, la représentation parlementaire des colonies est d'abord supprimée par un décret-loi du 2 février 1852 ; puis les articles 11 et 12 du sénatus-consulte de 1854 déclarent que les membres des assemblées locales seront désormais nommés par le gouverneur, représentant local de l'autorité de l'Empereur. Enfin, le Second Empire affirme, au nom de la distinction entre les besoins, les intérêts et les cultures de la société métropolitaine et de la société coloniale, la nécessité de les soumettre à deux sphères législatives distinctes. « À chaque ordre social correspon[d] une "constitution", et par conséquent un ordre juridique » [1]. Or, montre toujours S. Larcher, si la III[e] République rétablit la représentation parlementaire et rétrocède leurs droits politiques aux affranchis, elle maintient « la division de principe entre deux sphères législatives » [2], ce qui demeure apparent dans les lois répressives sur le vagabondage présentées plus haut et confirmées en 1874 au motif que « chez les populations créoles », « le sentiment de l'obligation morale du travail n'existe pas encore à un degré suffisant » [3].

Là encore, les vieilles colonies fonctionnant comme « laboratoire républicain », les ambiguïtés sur le statut des anciens affranchis et des citoyens coloniaux se traduisent sur les autres territoires de l'Empire colonial. Le statut de « sujet colonial » s'inscrit dans la même logique de minorisation d'individus auxquels est déniée l'appartenance pleine et entière à la communauté politique [4]. Mais il faut distinguer entre le statut civique accordé aux nouveaux libres sur les vieilles colonies, auxquels est conférée la citoyenneté française, et les indigènes des autres colonies, qui ont tous la nationalité française mais restent des sujets, « exclus de la participation à l'exercice de la souveraineté comme de la plupart des autres droits des nationaux, les droits civils notamment » [5]. La loi sur la nationalité proclamée en métropole en 1889, qui constitue le premier « Code de nationalité » en France, confère la nationalité à partir du « droit du sol simple », selon lequel un enfant né en France de parents étrangers est déclaré de nationalité française à sa majorité sous

1. S. Larcher, « L'égalité divisée. La race au cœur de la ségrégation juridique entre citoyens de la métropole et citoyens des "vieilles colonies" après 1848 », *op. cit.*, p. 154.

2. *Ibid.*, p. 155.

3. Commission du régime du travail dans les colonies, *Rapport présenté au ministre de la Marine et des Colonies par M. le Vice-Amiral Fourichon*, Paris, Imprimerie nationale, 1875, p. 6. ANOM, Généralités, C. 135–D. 1152, cité dans S. Larcher, *Ibid.*

4. E. Saada, « Une nationalité par degré, Civilité et citoyenneté en situation coloniale », dans P. Weil et S. Dufoix, *L'esclavage, la colonisation, et après…*, *op. cit.*, p. 193-227.

5. E. Saada, « Une nationalité par degré », *op. cit.*, p. 197.

conditions de domicile. Cette loi n'est appliquée par décret, et avec des conditions d'application en diminuant substantiellement la portée, qu'en 1897 aux territoires français (hors métropole, Algérie et vieilles colonies). Selon l'article 2 de la loi, les indigènes musulmans en Algérie sont d'emblée exclus du bénéfice du droit de la nationalité ; selon les dispositions du décret, les « indigènes dans les colonies françaises » en sont également exclus. Selon l'analyse d'Emmanuelle Saada, si d'un côté est ainsi consacrée « l'incommensurabilité entre le statut de l'étranger et celui de l'indigène » [1], d'un autre côté le droit du sol ne vaut que si ce sol est métropolitain. « Cessant de se constituer en bloc à partir de son opposition à la figure de l'étranger, la nationalité française en vient donc dans les colonies à admettre des "degrés" et à se décliner selon plusieurs *modalités* » [2]. Il y a aux colonies plusieurs niveaux de « nationaux » pour lesquels « être Français » revêt des significations très différentes, jusqu'à signifier pour certains groupes la possession de nationalité française sans citoyenneté, ni française ni étrangère – statut auquel ne s'associent ni privilège, ni obligation, ni droits civiques. Ces groupes sont des « indigènes », catégorie d'inspiration ethno-sociologique, mais dont la définition embarrasse les juristes coloniaux. Les indigènes sont soumis à un ensemble de mesures, le régime de l'indigénat [3], aux modalités d'application particulières aux contextes coloniaux qu'il gouverne, mais qui constitue une politique répressive cohérente et généralisée dans tout l'Empire colonial jusqu'à la Deuxième Guerre mondiale, quoique non formellement « codifiée » au motif qu'il s'agit d'un régime exceptionnel et dérogatoire qui n'a pas vocation à être pérennisé puisque les indigènes sont sur la voie de la civilisation. Le régime de l'indigénat « consiste à concevoir une justice répressive "spéciale" [...] pour réprimer des infractions commises par les seuls indigènes, infractions qui ne sont ni prévues ni réprimées par la loi française » [4] et dont les dispositions s'ajoutent au droit pénal auquel par ailleurs sont aussi soumis les indigènes : crimes et délits uniquement catégorisés comme tels dans les colonies, auxquels sont associées des peines spéciales, qui peuvent être individuelles ou collectives, et qui peuvent être prononcées par les

1. *Ibid.*, p. 201.
2. *Ibid.*, p. 202.
3. I. Merle, « De la "légalisation" de la violence en contexte colonial. Le régime de l'indigénat en question », *Politix*, 17(66), 2004, p. 137-162 ; « Retour sur le régime de l'indigénat : genèse et contradictions des principes répressifs dans l'Empire français », *French Politics, Culture and Society*, 20(2), 2002, p. 77-97.
4. I. Merle, « De la "légalisation" de la violence en contexte colonial », *op. cit.*, p. 143.

autorités administratives et non pas seulement par l'autorité judiciaire. Cette « monstruosité juridique » [1], mise en place et maintenue au mépris de tous les principes de l'État de droit, mais en parfaite cohérence avec la structure juridico-politique de la société esclavagiste, ne peut s'expliquer que si on la rapporte à la logique raciale qui la sous-tend.

Déshumanisation sociale et logique raciale

La déshumanisation de groupes entiers de populations, qui trouve sa traduction administrative, en même temps qu'elle est institutionnalisée, stabilisée et réifiée, dans le refus d'accorder aux esclaves le statut de personne juridique, opère simultanément dans les sociétés esclavagistes sur les plans sociologique, anthropologique et ontologique [2]. C'est le sens de l'esclavage comme « mort sociale » métaphorique selon la célèbre définition proposée par Orlando Patterson à partir de l'étude comparative de soixante-six sociétés esclavagistes : forme spécifique de relation de domination, l'esclavage se caractérise dans sa dimension sociale par une *violence extrême*, nécessaire à la création et au maintien de la privation d'autonomie, dans sa dimension culturelle par un *isolement généalogique*, qui prive l'esclave de toute inscription dans une histoire familiale ou une relation intersubjective qui ne soit pas médiatisée par la relation au maître, enfin dans sa dimension socio-psychologique, par l'inscription dans une condition inhérente et générale de *déshonneur*. L'esclavage est « la domination permanente et violente de personnes natalement aliénées et généralement déshonorées » [3]. L'injustice est enfin aussi culturelle : le groupe des personnes mises en esclavage s'est vu privé de tout accès à sa propre culture, au « système durable de significations par lequel un groupe comprend et régule sa vie individuelle et collective » [4]. La perte de tout pouvoir, de tout lien et de tout statut exclut les esclaves de chacun de ces champs qui pourraient faire d'eux des membres d'une société, fût-elle

1. L'expression a été forgée par le sénateur Le Breton lors d'un discours prononcé le 22 juin 1888 (*Journal officiel*, débats parlementaires, Sénat, séance du 22 juin 1888, p. 991) et reprise ensuite dans les manuels de droit colonial. On la retrouve sous la plume de D. Schnapper, *La communauté des citoyens*, Paris, Gallimard, 1994, p. 152. Voir I. Merle, « De la “légalisation” de la violence en contexte colonial », *op. cit.*, p. 139 et 148.

2. Voir O. Pétré-Grenouilleau, *Qu'est-ce que l'esclavage ? Une histoire globale*, Paris, Gallimard, 2014 : l'esclave se caractérise d'abord par le fait d'être « un autre » ou un « homme frontière » (p. 278), caractéristique construite contextuellement.

3. O. Patterson, *Slavery and Social Death : A Comparative Study*, Cambridge, Harvard University Press, 1982, p. 13.

4. R. Barghava, « How Should We Respond to the Cultural Injustice of Colonialism ? », dans *Reparations : Interdisciplinary Inquiries*, *op. cit.*, p. 217.

inégalitaire : leur fonction les réduit à l'état d'instruments de production économique.

La définition de Patterson a été critiquée à un titre principal : la définition qu'il propose est une abstraction théorique ou un idéal-type mais peine à rendre compte des expériences réelles historiques, sociales et politiques différenciées des sociétés esclavagistes et des personnes mises en esclavage elles-mêmes, en particulier des luttes politiques et des *résistances* qui ont produit des transformations internes dans les structures, voire qui ont localement conduit à l'émancipation. L'historien Paul Lovejoy a proposé une autre définition de l'esclavage comme phénomène largement répandu en de nombreuses régions du monde, en dégageant lui aussi de l'analyse comparative de plusieurs organisations sociales historiques la structure spécifique de domination qui le distingue d'autres types de domination : « L'esclavage est une forme d'exploitation. Ses caractéristiques spécifiques incluent le fait que les esclaves sont considérés comme des biens ; qu'ils sont étrangers à la communauté [...] ; que la coercition peut être employée à leur encontre à volonté ; que leur force de travail est entièrement à disposition d'un maître ; qu'ils n'ont pas droit à la sexualité, et par extension, à leurs propres capacités de reproduction, et que le statut d'esclave est hérité à la naissance » [1]. Il signale que ces traits communs sont susceptibles d'être déclinés, nuancés et enrichis d'autres caractéristiques selon les régions et les périodisations considérées.

Or un élément est fondamental pour comprendre ce que recouvre la réalité spécifique de l'esclavage colonial au titre duquel il est demandé réparations en France aujourd'hui : le déni de personnalité juridique puis le statut de citoyen colonial dans l'ordre juridico-politique, le travail servile, l'indemnisation aux colons, l'exploitation et la « remise au travail » dans l'ordre économique, enfin la violence arbitraire et la privation de culture, sont fondés sur une *idéologie discriminatoire à fondement racial* qui, loin de s'éteindre avec l'abolition, informe et sous-tend explicitement le système de normes et de droits de la IIIe République – et dont la structure est encore conservée. Les injustices structurelles juridique, politique, économique, culturelle et psychologique de l'esclavage ont été appuyées sur et prolongées par une idéologie raciale. Si la vocation du système esclavagiste était de supprimer les rapports sociaux en instaurant une situation de « mort sociale » pour les esclaves réduits à l'état de biens meubles, il faut souligner que « la déshumanisation n'a jamais pu atteindre

1. P. Lovejoy, *Une histoire de l'esclavage en Afrique*, Paris, Karthala-Ciresc, 2017, p. 23-24.

le seuil que la volonté coloniale ambitionnait » [1]. L'idéologie raciale qui s'élabore explicitement après l'abolition est d'une certaine manière la traduction de cet échec, dans la mesure où elle cherche à asseoir, par un ensemble de représentations symboliques, un ordre foncièrement inégalitaire indépendamment du recours à une assise juridique strictement codifiée opposant personnes et choses. Cheryl Harris le souligne de la même manière dans le contexte états-unien : « le passage idéologique et rhétorique de "esclave" et "libre" à "Noir" et "blanc" comme pôles définitionnels constitua une étape importante dans la construction sociale de la race » [2]. La distinction et la hiérarchie raciales prennent la place de la distinction et la hiérarchie juridico-politiques organisant la société esclavagiste.

Les historiens spécialistes de l'esclavage colonial [3], quoiqu'ils s'accordent sur la concomitance du développement de l'économie esclavagiste et de celui du racisme colonial, débattent de l'existence d'un lien de causalité entre ces deux phénomènes. Selon certains, économie de plantation et racisme se sont mutuellement produits et renforcés : les croyances racistes quant à l'existence et la hiérarchisation de « races » humaines, pensées comme groupes de populations homogènes aux caractéristiques naturelles et morales différenciées formant système, ont moralement autorisé l'asservissement de certains êtres humains pour le profit d'autres êtres humains ; réciproquement l'organisation de l'esclavage a favorisé la cristallisation et la reproduction à grande échelle des théories racistes qui permettaient de justifier son institutionnalisation. Selon d'autres historiens [4], ce n'est que lorsque le développement de l'économie esclavagiste de plantation aux Antilles et aux Amériques,

1. C. Chivallon, *L'esclavage, du souvenir à la mémoire*, *op. cit.*, p. 89. Sur les luttes et les résistances des esclaves, notamment sur le marronnage dans les Antilles, les travaux sont nombreux ; voir notamment l'ouvrage désormais classique de Y. Debbasch, *Le Marronnage : Essai sur la désertion de l'esclave antillais*, Paris, P.U.F., 1962.

2. C. Harris, « Whiteness as Property », ma traduction – sous le titre « De la blanchité considérée comme propriété », dans H. Bentouhami et M. Möschel, *Critical Race Theory, Introduction aux grands textes fondateurs*, Paris, Dalloz, 2017, p. 77-118.

3. Outre les travaux déjà cités, voir F. Régent, *La France et ses esclaves, de la colonisation aux abolitions, 1620-1848*, Paris, Grasset, 2007 ; D. Rogers et B. Lesueur (dir.), *Libres après les abolitions ? Statuts et identitées aux Amériques et en Afrique*, Paris, Karthala-CIRESC, 2019 ; I. Thioub, « L'esclavage et les traites en Afrique occidentale : entre mémoires et histoires », *in* A. Bâ Konaré (dir.), *Petit précis de remise à niveau sur l'histoire africaine à l'usage du président Sarkozy*, Paris, La Découverte, 2008 ; David B. Davis, *Inhuman Bondage : the Rise and Fall of Slavery in the New World*, Oxford, Oxford University Press, 2006, en part. chap. 3, « The Origins of Anti-Black Racism in the New World », p. 48-76.

4. George M. Fredrickson, *The Arrogance of Race : Historical Perspectives on Slavery, Racim, and Social Inequality*, Middleton, Wesleyan University Press, 1988.

exigeante en main-d'œuvre, a conduit à privilégier l'importation négrière et de la sorte a bouleversé l'équilibre démographique entre populations européennes et population africaine servile dans les colonies, que sont apparues les premières théories racistes au sens strict. Les discours et pratiques discriminatoires antérieurs, appuyés sur certaines interprétations de la Bible, seraient ainsi plutôt racialistes que racistes (fondés sur la croyance en l'existence naturelle de groupes raciaux d'essence différente, quoique la différence raciale ne fonctionne pas encore comme justification de la *hiérarchie* des groupes raciaux sur une échelle de la nature conçue comme une échelle de civilisation et de moralisation) [1]. On ne tranchera pas ici entre ces deux manières d'envisager la relation entre racisme et esclavage colonial ; il nous suffit d'affirmer, comme l'a bien établi Jean-Luc Bonniol, que « les liens que l'on peut établir entre l'esclavagisme et le développement du préjugé apparaissent [...] particulièrement étroits. [...] [l]a race finit par devenir consubstantielle à l'ordre esclavagiste, qu'on a pu qualifier de *socio-racial* » [2].

Dans le *Code Noir*, on trouve les termes d'« esclave » et de « nègre » (articles 2, 4, 7, 40 et 48) indifféremment employés pour désigner la même réalité et trois catégories de personnes coexistent dans le système ségrégationniste des vieilles colonies jusqu'en 1848 : les libres d'origine européenne, les « libres de couleur » et les esclaves – la liberté des « libres de couleur » pouvant être supprimée à titre de sanction. Or le préjugé de couleur, selon lequel une personne « de couleur », c'est-à-dire d'ascendance noire, même partielle, et quelle que soit son apparence, est soumise à un régime juridique spécifique à fondement racial, est maintenu et renforcé aux Antilles après l'abolition de l'esclavage : comme le montre encore Jean-Luc Bonniol, l'opposition sociale et juridique radicale entre maître et esclave est très rapidement remplacée par l'opposition raciale entre blanc et noir, matérialisée par l'existence d'une « ligne de couleur » qui justifie et cristallise la hiérarchie sociale [3]. Le processus de racialisation des rapports sociaux après l'abolition, qui crée de la sorte simultanément les Blancs ou Européens et les Noirs (étiquette qui désigne tous les autres non blancs et établit une idéologie coloriste dans les vieilles colonies), trouve une traduction dans les discours et dans les pratiques,

1. N. Hudson, « From "nation" to "race" : the origin of racial classification in eighteenth-century thought », *Eighteenth-Century Studies*, 29(3), 1996, p. 247-250 ; L. Blum, « Racialized groups : the socio-historical consensus », *The Monist*, 93(2), 2010, p. 298-320.

2. J.-L. Bonniol, « "Racialisation" ? Le cas de la colorisation coloniale des rapports sociaux », *Faire savoirs, Sciences humaines et sociales en région PACA* 6, mai 2007, p. 40.

3. J.-L. Bonniol, *La couleur comme maléfice. Une illustration créole de la généalogie des « Blancs » et des « Noirs »*, Paris, Albin Michel, 1992.

y compris administratives, afin d'institutionnaliser le positionnement inégal des individus dans la hiérarchie sociale, selon les lignées dont ils procèdent. « [D]ésormais tout ou partie de l'origine noire est affecté d'un coefficient de défaveur, stigmate ramenant inévitablement à l'origine servile » [1]. L'abolition formelle de l'esclavage durcit, plutôt qu'elle n'atténue, le caractère racial de la hiérarchie sociale. C'est pourquoi, quoique l'esclavage ait été aboli en 1848, son fondement racial a trouvé une expression renouvelée dans l'organisation administrative et sociale des colonies. Les textes de la IIIe République, déjà mentionnés plus haut, concernant le vagabondage, sont symptomatiques de cette essentialisation et racisation [2] de l'ex-esclave : la Commission du régime du travail dans les colonies estime que l'ajoupa, habitat traditionnel des esclaves fait de branchages, ne peut être considéré comme un « domicile » : « Si l'on admettait l'ajoupa comme domicile, le noir, qui a une tendance à s'isoler, vivrait de maraude et retournerait promptement à la vie sauvage » [3]. L'ex-esclave – soit ici, le « noir », qui est intrinsèquement proche de l'état sauvage et soumis à ses instincts naturels (isolement, maraude, sauvagerie), a une tendance à la paresse et à la désaffiliation sociale – incapable donc d'être véritablement intégré dans une société gouvernée par des principes libéraux, et en particulier celui de la valeur du travail. Comme le souligne Silyane Larcher, « ce discours d'exclusion procèd[e] d'une double racisation » [4] : la première coloriste, puisque l'esclave essentialisé est désormais « le noir » ; la seconde, sociale et politique, consiste à situer la condition sociale du « noir » dans la lignée directe et naturalisée de son histoire, à laquelle il ne pourra jamais échapper, et placée comme à l'opposé des valeurs de la République.

La logique raciale qui prend son essor explicite avec l'abolition de l'esclavage s'étend sur l'ensemble de l'Empire colonial français. Le développement du racisme colonial sur l'ensemble des territoires soumis à la souveraineté de la France est toutefois une réalité complexe, appuyée sur des rapports de pouvoir locaux, qui diffèrent d'une situation coloniale à une autre et dépendent de dynamiques historiques contextualisées : les hiérarchies et les différences de statut entre « nationaux » français sont

1. J.-L. Bonniol, « "Racialisation" ? », *op. cit.*, p. 42.

2. On ne fait pas ici de différence entre « racisation » et « racialisation » : les deux termes renvoient au processus de construction de groupes différenciés sur une base raciale.

3. Commission du régime du travail dans les colonies, *Rapport présenté au ministre de la Marine et des Colonies par M. le Vice-Amiral Fourichon*, p. 20, cité dans S. Larcher, « L'égalité divisée… », *op. cit.*, p. 156.

4. S. Larcher, « L'égalité divisée… », *op. cit.*, p. 157.

variables dans le temps et l'espace de l'Empire. La race est une construction sociale, à ce titre étroitement dépendante des pratiques et institutions locales qui mobilisent le discours racial pour asseoir leur légitimité. On ne saurait être trop clair sur ce point : il n'existe pas d'échelle des « races » unique, valide dans l'ensemble de l'Empire français, car les races, catégories contextuelles, « ne voyagent pas » [1].

Ce qu'une attention au racisme colonial révèle, plutôt qu'une unicité des fondements et des manifestations des discriminations raciales qui permettrait de postuler une continuité d'ordre causal entre l'esclavage racial et le racisme contemporain, c'est à quel point l'ambiguïté du rapport au critère racial, « les tensions entre le déni et l'affirmation de la pertinence du critère racial » [2], sont anciennes dans le discours républicain français. Si la catégorie d'indigène, ou celle de « nouveau libre », est si embarrassée, c'est qu'elles sont perçues comme renvoyant à une vérité « ethnique », signalant quelque chose de l'identité « réelle » des individus, dans un droit républicain qui s'interdit théoriquement de tenir compte de distinctions raciales mais qui fonctionne selon un régime de particularité et d'exceptionnalité dans les colonies. « L'examen des usages coloniaux de la notion de race », souligne E. Saada, révèle que « des affirmations explicites de la supériorité des "races européennes" qui, selon Jules Ferry et ses contemporains, aurait justifié la colonisation, ou bien l'usage généralisé de catégories raciales comme "Européen" ou "Blanc" côtoient en effet des formes de déni et de déplacement de la question raciale » [3]. Cet entrelacs de discours interdit de penser que le racisme colonial est simplement en contradiction avec la République – qu'il en est une aberration ou une donnée marginale que la logique républicaine elle-même ne pouvait que finir par évacuer : la nation républicaine s'est constituée avec ses colonies et les « solutions » juridico-politiques trouvées aux problèmes qui s'y posent résonnent sur le sens et la portée des principes républicains, allant jusqu'à peser sur la construction juridico-politique du concept, dont on ne peut sous-estimer le caractère central, de « citoyen » : loin d'être indifférencié, il est indissociable d'une représentation du monde en termes raciaux. Ce qui est commun à l'ensemble des territoires de la France coloniale, et qui se traduit politiquement dans la construction

1. R. Mallon, « Passing, Traveling and Reality : Social Constructionism and the Metaphysics of Race », *Noûs*, 38/4, 2004, p. 644-673.

2. E. Saada, « Un racisme de l'expansion. Les discriminations raciales au regard des situations coloniales », dans D. et E. Fassin, *De la question sociale à la question raciale ?*, Paris, La Découverte, 2006, p. 62-63.

3. *Ibid.*, p. 61.

de la catégorie de citoyen français – différenciée selon que lui est accordée une effectivité politique et une dignité morale racialement hiérarchisées, c'est la certitude largement partagée que le Blanc est toujours en haut de l'échelle de la nature.

La IIIe République est une « République raciale » [1], où la « race » désigne une réalité historique stable, une population associée à un territoire, productrice d'une civilisation (un ensemble d'institutions et de règles sociales) propre – et où la vocation de la race blanche est claire :

> Quant aux indigènes nous devons, sans nous leurrer de l'espoir de les amener à la civilisation impossible, nous appliquer à les faire entrer dans la voie du progrès, dans la direction, dans la logique de leurs caractères, de leurs mœurs et de leurs traditions et de les porter – c'est la définition la plus séduisante que je puisse trouver – à évoluer eux-mêmes non pas dans notre civilisation, mais dans la leur [2].

L'articulation entre race et civilisation fonctionne comme fondement justificatif du maintien des indigènes au simple statut de sujet français et du refus d'appliquer le droit commun, le droit de la métropole, dans les colonies. Elle fonde l'élaboration d'une citoyenneté différenciée, où l'accès à la pleine citoyenneté est indéfiniment différé, et la doctrine du refus de l'assimilation, doctrine qui devient dominante de la IIIe République pour tous les autres « racialisés » considérés comme des « peuples enfants » à civiliser – ce qui trahit en retour la construction de l'identité raciale du citoyen français [3].

L'embarras pour désigner la place et la portée exactes de la vision racialisée des populations dans la doctrine universaliste républicaine doit attirer notre attention sur le « problème » politique spécifique que constituent la traite et l'esclavage colonial pour le républicanisme aujourd'hui. L'esclavage est un système racial qui a produit une injustice structurelle qui s'est poursuivie après l'abolition formelle de 1848. Platz et Reidy [4] proposent de distinguer quatre grands types structurels d'injustices historiques : 1) celles qui correspondent à des violations de

1. C. Reynaud Paligot, *La République raciale. Paradigme racial et idéologie républicaine, 1860-1930*, Paris, P.U.F., 2006.

2. P. Waldeck-Rousseau, discours prononcé le 14 juin 1901, cité dans C. Reynaud Paligot, *ibid.*, p. 254, cité dans C.-R. Ageron, *France coloniale ou parti colonial ?*, Paris, P.U.F., 1978, p. 219.

3. E. Saada, « Une nationalité par degré, Civilité et citoyenneté en situation coloniale », dans P. Weil et S. Dufoix, *L'esclavage, la colonisation, et après…*, *op. cit.*

4. J. von Platz et David A. Reidy, « The Structural Diversity of Historical Injustices », *op. cit.*

droits (*entitlements*) ; 2) celles qui correspondent à l'exclusion injuste de certains d'un système de droits (*entitlements*) par ailleurs moralement acceptable ; 3) l'échec systémique de la part d'un système de droits (*entitlements*) à exprimer ou à correspondre à un fondement moral acceptable, que ce soit en termes de mérite ou de valeur ; 4) l'incarnation systémique dans un système de droits (*entitlements*) d'un fondement moral inacceptable, que ce soit en termes de mérite ou de valeur. Platz et Reidy estiment que « la pratique globale de l'esclavage, un peu partout sous des formes diverses, de l'Antiquité au XVIIe ou au XVIIIe siècle » [1] relève du type (4) car le système exprime ou reflète un fondement moral en lui-même problématique, « appauvri ou implausible ». L'injustice historique à laquelle les demandes de réparation qui nous intéressent ici veulent remédier semble bien relever du type (4) : il est moralement problématique de fonder la distinction entre le citoyen et le non-citoyen, autrement dit entre le membre du « nous » auquel va s'appliquer le système de droits et celui qui est exclu de ce système, sur la base de l'appartenance à une race, construite de façon à limiter de la sorte l'appartenance nationale au motif que les nationaux sont supérieurs en personnalité morale aux non-nationaux racialisés comme inférieurs. L'injustice ne porte pas seulement sur l'exclusion de certains d'un système de droits qui serait par ailleurs recommandable, mais bien, beaucoup plus fondamentalement, sur la logique de construction de ce système de telle sorte qu'il organise et légitime l'exclusion de certains individus ou certains groupes dont l'identification est loin d'être aisée puisque le critère d'exclusion est variable dans le temps et dans l'espace et la modalité d'exclusion parfois une question de droits et parfois une question d'administration. Le mal est systémique et ses conséquences sont encore sensibles dans l'organisation actuelle de nos structures sociales.

Selon Platz et Reidy, pour répondre à ce type structurel d'injustice dans lequel il est impossible d'identifier des parties victimes et des parties coupables puisque c'est le système entier qui est moralement mauvais, les arguments rétrospectifs ne sont d'aucun secours ou presque. Toutefois, « ce serait une erreur de considérer que des considérations rétrospectives peuvent être intégralement ignorées dans le cas de demandes de justice réparative, même lorsque le tort est de nature systémique » [2]. En effet, on ne peut se contenter de viser un avenir juste comme si les injustices n'avaient jamais été commises ou l'avaient été indépendamment de

1. *Ibid.*, p. 367.
2. *Ibid.*, p. 372.

toute action et décision humaine, comme si l'on pouvait (re)partir d'une situation initiale moralement neutre, d'une *tabula rasa*, pour formuler les principes devant organiser la société à venir. C'est pourquoi penser l'injustice de la traite et de l'esclavage colonial comme une injustice structurelle permet de saisir comment la réparation est tournée à la fois vers le passé – puisque le récit de la manière dont certaines injustices sont devenues structurelles est un récit inévitablement historique – et vers l'avenir – puisque les agents contemporains ont pour obligation de transformer la structure injuste des normes, valeurs, institutions et pratiques dans lesquels ils opèrent aujourd'hui [1].

Le préjugé racial à l'œuvre dans la société française aujourd'hui est une injustice structurelle, alors même que la notion de race demeure presque impossible à conceptualiser, même à énoncer, dans le droit français : sa pure et simple évacuation n'a pas produit de phénomène structurel de déracialisation, mais une simple mise sous le tapis [2]. Comme le remarque à juste titre S. Calixte à propos de la loi Taubira, « il semble dès lors y avoir un paradoxe à prétendre vouloir résoudre un problème, qui n'est même pas nommé dans le texte qui est justement censé le résoudre » [3]. La loi dénonce en effet la traite et l'esclavage perpétrés « à l'encontre des populations africaines, amérindiennes, malgaches et indiennes », occultant, à travers ce terme inhabituel de « population » en droit français, la structure raciale de l'esclavage et ses effets sociaux durables. Ainsi, ni loi pénale, ni loi de réparation, ni même loi déclarative ferme, la loi Taubira semble avoir renoncé à désigner le préjudice qu'a constitué l'esclavage, dont le fondement racial atteint la logique même de constitution de concepts centraux du droit républicain. Problématiser les demandes de réparations au titre de la traite et l'esclavage colonial permet de se rendre attentif à la manière dont les concepts et outils juridiques qui structurent toujours notre présent ont été construits par des processus de traduction et de réification de relations de pouvoir inégalitaires à fondement racial, multiples et variables, dans l'Empire colonial français, et, par suite, dans la métropole. Les demandes de réparation pourraient ainsi avoir pour

1. C. Lu, *Justice and Reconciliation in World Politics*, Cambridge, Cambridge University Press, 2017.

2. Jusqu'à la volonté d'en faire disparaître la lettre même dans la législation, portée par la proposition de loi adoptée à l'Assemblée nationale le 16 mai 2013 (http://www.assemblee-nationale.fr/14/ta/ta0139.asp), puis dans la Constitution, portée par la proposition de loi adoptée à l'Assemblée nationale à l'unanimité le 12 juillet 2018.

3. S. Calixte, « La loi reconnaissant… », *op. cit.*, p. 231.

fonction de visibiliser la persistance du passé colonial dans la structure républicaine sous forme de privilège racial pour certains groupes et de désavantage pour d'autres, en dépit du changement fondamental qui a désormais substitué au discours ségrégationniste l'affirmation de l'égalité de tous devant la loi. Parvenir à qualifier l'esclavage comme fait générateur d'un préjudice structurel persistant, à fondement racial, pourrait être l'un des enjeux importants des demandes de réparations – toutefois, il faut convenir qu'il s'agit d'un enjeu de justice politique plutôt que d'un enjeu strictement judiciaire.

CHAPITRE III

LES RÉPARATIONS DANS LA LOGIQUE DE LA JUSTICE CORRECTIVE : UN CADRE NORMATIF INADAPTÉ

Ce chapitre a pour objet de répondre au deuxième grand malentendu qui grève l'interprétation des demandes de réparation au titre de la traite et l'esclavage colonial en les considérant comme des demandes d'indemnisation financière, individuelle ou collective, que des descendants d'esclaves, auto-proclamés victimes, exigeraient des descendants des maîtres, désignés comme coupables, dans une logique corrective accusatoire incarnée dans le cadre judiciaire du droit de la responsabilité civile. Or ce cadre est inadapté pour appréhender le préjudice au titre duquel il est demandé réparation : la logique judiciaire mobilise un raisonnement individualiste, causal et contrefactuel, difficilement applicable dans le cas d'injustices historiques structurelles, où les agents sont peu identifiables et les torts reposent sur un système complexe d'interrelations dans lequel les structures – les normes et les pratiques – elles-mêmes sont injustes. En outre, la logique civiliste semble reposer sur la conviction qu'une compensation financière pourrait régler la question des réparations, matériellement et symboliquement, ce qui traduit et entretient une confusion sur la nature même de l'exigence de réparer. Avant de nous pencher sur les difficultés de l'approche juridico-légale, non pas dans l'abstrait, mais en étudiant les catégories, procédures et raisonnements mis en œuvre dans le traitement du seul cas de demande de réparations au titre de la traite et de l'esclavage colonial qui ait à ce jour été jugé en France, il nous faut préciser deux points : premièrement, analyser la raison pour laquelle, alors que les demandes de réparation ont peu emprunté la voie judiciaire, c'est pourtant d'abord comme demandes judiciaires qu'elles sont perçues dans l'espace public – les catégories et attentes de justice des agents moraux et politiques sont pétries de représentations juridiques et si nous souhaitons proposer une théorisation de la justice, il est impossible d'évacuer les effets du droit sur ce que Rawls nomme nos « convictions bien pesées » – ces jugements moraux et politiques que nous considérons comme des points fixes dans notre réflexion sur la justice. Deuxièmement, il nous faut préciser la raison pour laquelle les demandes de réparation semblent relever du droit de la responsabilité civile et non pas du droit pénal, alors même que la qualification des crimes est celle de « crime contre l'humanité », qualification pénale, et qu'on a pu diagnostiquer une évolution récente du droit pénal dans le sens d'une justice « restaurative » plutôt que strictement punitive.

THÉORIE DE LA JUSTICE ET THÉORIE CRITIQUE DU DROIT

Demander réparation s'entend usuellement comme une demande judiciaire et indemnitaire : les victimes d'un tort exigent d'être indemnisées pour le préjudice subi. Dans la mesure où l'on se propose ici de réfléchir en termes de justice à la formulation et à la justification des demandes de réparation au titre d'injustices historiques, et dans la mesure où l'on se propose de les appréhender dans leur caractère situé, on est tenu de s'interroger sur le *sens* de cette « judiciarisation » des demandes. Que dit cette manière de conceptualiser les injustices historiques quant à la construction normative, dans nos conceptions de justice, du lien entre le juridique, le politique et le moral ? L'une des difficultés d'une théorie non idéale de la justice consiste à tenir compte de la manière dont catégories, procédures et jugements moraux, juridiques et politiques s'informent réciproquement. Pour saisir ce que signifie la représentation des demandes de réparations comme phénomène judiciaire, on doit s'employer à penser en même temps la question *morale* liée à la formulation des principes fondant nos attentes quant à ce qui est juste, la question *socio-politique* de la production institutionnelle et culturelle des agents légitimés à exprimer des demandes de justice et à énoncer les normes de justice, enfin la question *juridico-légale* des catégories et des procédures qui donnent forme à ces demandes devant une Cour de justice. Les catégories et les arguments moraux mobilisés pour évaluer la légitimité de ces demandes sont très largement travaillés par les catégories et arguments juridiques qui « traduisent une expérience du pâtir et permettent l'agir » [1], eux-mêmes pris dans le cadre socio-politique particulier où ces arguments sont

1. I. Delpla « Catégories juridiques et cartographie des jugements moraux », dans I. Delpla et M. Bessone (dir.), *Peines de guerre*, Paris, Éditions de l'EHESS, 2010, p. 268.

énoncés, prennent sens et sont débattus. Réciproquement, les jugements moraux correspondant à notre culture publique s'incarnent dans les jugements juridiques.

La méthode de l'équilibre réfléchi rawlsien, selon laquelle les principes de justice doivent non seulement correspondre aux circonstances de la situation originelle qui garantissent qu'ils soient « justes au sens normatif » [1], mais également être justifiés au regard de nos intuitions morales bien pesées et des résultats pertinents fournis par les sciences sociales sur notre société lorsque le voile d'ignorance est levé, ne fournit pas dans notre cas une aide suffisante. Il y a deux raisons à cela : l'une porte sur le rapport (présupposé) entre sens moral et justice politique, l'autre sur le rapport (absent) entre théorie de la justice et théorie du droit. D'abord, l'équilibre réfléchi repose sur l'hypothèse d'un sens moral minimal partagé par tous les membres d'une communauté politique et qui fonde la possibilité même d'envisager une théorie de la justice politique. Selon l'ambition justificative de la méthode de l'équilibre réfléchi, l'ensemble constitué par les principes de la justice comme équité et leurs conséquences est celui qui doit correspondre le mieux aux convictions morales les plus fiables, les plus stables, les « mieux pesées » – après délibération –, d'un agent moral « normal », et qui permet le mieux de résoudre les problèmes éthiques concrets auxquels nous sommes confrontés – ce qui suppose que ces convictions aient été passées au crible de leur généralisation. De la sorte, même dans la version élargie de l'équilibre réfléchi, la cohérence repose sur l'hypothèse implicite qu'il existe un « sens de l'équité » commun à tous les membres de la communauté politique appelés à s'accorder sur les principes de justice. Ce sens commun les engage à rechercher les termes d'une coopération équitable et stable susceptibles d'être partagés par tous – même s'ils admettent ne pas nécessairement partager la même doctrine morale « compréhensive », comme le précise Rawls dans *Libéralisme politique* [2]. Or même dans sa version politique, le processus suppose que chacun soit désireux de s'engager dans une démarche délibérative qui le conduise à endosser depuis sa propre perspective morale les injonctions des principes de justice politique. En ce sens, le sens de l'équité comme idée centrale de la justice est bien ce à quoi nous croyons tous déjà tacitement : il n'est

1. J. Habermas, *Droit et Démocratie, Entre faits et normes*, trad. fr. R. Rochlitz et Ch. Bouchindhomme, Paris, Gallimard, 1997, p. 72.

2. J. Rawls, *Libéralisme politique*, trad. fr. C. Audard, Paris, P.U.F., 1995, en part. p. 194 *sq.* Voir aussi J. Rawls, *Justice et critique*, L. Foisneau et V. Munoz-Dardé (éd.), Paris, Éditions de l'EHESS, 2014, p. 44 *sq.*

ni fondé ni démontré, il est seulement confirmé de manière cohérentiste par l'édifice constructiviste (il s'insère en cohérence dans le système de justification des principes de justice).

Mais ce que les demandes de réparation, et les débats féroces qui les accompagnent, mettent en lumière, c'est précisément qu'il n'existe pas de précompréhension morale substantielle, correspondant à une culture publique commune, partagée par tous les membres de la communauté, y compris dans la version minimale de « vertus supérieures » comme « les vertus de tolérance, le fait d'être prêt à rejoindre les autres à mi-chemin, la vertu de modération et le sens de l'équité » [1] indispensables pour sous-tendre la conception politique de la justice, lorsqu'il s'agit de se demander si, et comment, répondre d'injustices passées. Il n'y a pas de point fixe moral commun auquel nous pourrions fournir un poids justificatif initial. Nos convictions morales, même bien pesées, sont, sur ce point du moins, irréductiblement en désaccord : sommes-nous responsables du passé ? qui est ce « nous » ? Le désaccord porte sur les contraintes qui devraient peser sur le choix des principes et atteint ainsi la construction elle-même. D'une certaine manière, les demandes de réparation portent sur l'exigence de construire un tel point de vue moral véritablement commun.

Ensuite, à strictement parler, et quoique dans ses écrits de jeunesse Rawls ait davantage été influencé par des juristes (notamment H. L. A. Hart) que par des économistes pour élaborer la théorie de la justice comme équité [2], il n'existe pas de théorie du droit chez Rawls. Lorsqu'au second niveau de justification, Rawls se préoccupe de savoir comment les principes de justice pourraient être situés et reçus dans le contexte d'une culture politique existante, les sciences sociales qu'il est, selon lui, pertinent de mobiliser, n'incluent pas la sociologie juridique, ni même une théorie du droit qui s'interroge sur l'implication de ce dernier dans l'institutionnalisation des principes : c'est en grande partie le sens de la critique de Habermas à l'égard de la philosophie de la justice rawlsienne.

> [L]e rapport entre droit positif et justice politique n'est pas élucidé. Rawls se concentre sur les questions de la légitimité du droit, sans thématiser la

1. J. Rawls, *Libéralisme politique*, *op. cit.*, p. 197.

2. J. Rawls, « Justice as Fairness », *The Philosophical Review*, 67/2, 1958, p. 164-194. Il discute Herbert Hart, « Existe-t-il des droits naturels ? », trad. fr. C. Girard, *Klesis*, 21, 2011, p. 239-254 (*Philosophical Review*, 64/2, 1955, p. 175-191). Sur ce point, voir C. Spector, « Du *fair play* au sens de la justice. Généalogie de la morale rawlsienne », dans S. Guérard de Latour, G. Radica et C. Spector (dir.), *Le sens de la justice. Une « utopie réaliste » ?*, Paris, Classiques Garnier, 2015.

> forme juridique en tant que telle et par là la dimension institutionnelle du droit. […] [I]l ne perçoit pas non plus, sans réduction, la tension externe existant entre la prétention du droit à la légitimité et la factualité sociale [1].

Rawls néglige de la sorte de s'interroger sur la construction effective d'une culture politique informée par les effets sociaux « du développement historique de l'État de droit » [2], sous la forme, contextualisée, que ce développement revêt dans une structure institutionnelle particulière. Une telle interrogation requiert une sociologie du droit qui interroge sa prétention normative, tant du point de vue des acteurs (juges et parties) que des citoyens. C'est pourquoi on ne trouve pas chez Rawls de réflexion critique sur le *Common Law*, sa configuration caractéristique, son *épistémè* propre, la tradition historique dont il hérite, l'expérience juridique et les attentes qu'il suscite, ni sur l'importance que peut par exemple revêtir l'idée d'une continuité constitutionnelle des États-Unis depuis 1787 sur la représentation collective de la stabilité sociale. Or ce sont des données fondatrices de la culture publique américaine laquelle constitue pour lui la toile de fond du « sens de justice » comme conviction préthéorique à partir de laquelle sa théorie de justice peut être construite.

Pour saisir quelles intuitions ou conceptions soutiennent notre « sens de la justice », il est nécessaire de compléter l'approche normative par une approche critique du droit, dans la lignée des *Critical Legal Studies*. La position théorique de Habermas, qui accorde une place centrale au droit dans la formulation des normes de justice, mérite en effet d'être prolongée par une attention réellement portée aux processus empiriques par lesquels le droit participe à la production du social. La perspective critique que Habermas permet de formuler ne s'actualise pas véritablement chez lui dans une critique juridique interne. C'est bien là au contraire l'ambition des *Critical Legal Studies*, dont la mouvance s'ancre dans le réalisme juridique américain [3]. Le réalisme juridique (*Legal realism*) [4] est apparu en réaction au formalisme et au positivisme juridiques qui

1. J. Habermas, *Droit et Démocratie*, *op. cit.*, p. 79.

2. *Ibid.*, p. 79.

3. Alors même que l'importation de ce dernier est loin d'être totalement avérée dans la doctrine et les pratiques juridiques françaises : voir Christophe Jamin, « Le rendez-vous manqué des civilistes français avec le réalisme juridique : un exercice de lecture comparée », *Droits* 51, 2010, p. 137-160.

4. Dans une littérature abondante, voir l'anthologie de textes fondamentaux de William W. Fisher III, Morton J. Horwitz et Thomas A. Reed (éd.), *American Legal Realism*, Oxford, Oxford University Press, 1993 ; B. Leiter, « American Legal Realism », dans Martin P. Golding et William A. Edmundson, (éd.), *The Blackwell Guide to the Philosophy of Law and Legal Theory*, Malden, Blackwell Publishing, 2005, p. 50-67.

abordaient l'étude du droit uniquement par celle de sa doctrine et des textes (Constitution, Codes, jurisprudence) le mettant en forme ; il récuse l'idée selon laquelle le droit constituerait un domaine indépendant des faits socio-culturels [1]. Au contraire, le réalisme juridique, dans ses multiples variantes, propose de prendre au sérieux l'inscription du droit dans une réalité sociale saisie empiriquement et herméneutiquement par les sciences sociales, dans la perspective critique d'une contestation de l'autonomie de la sphère juridique et de sa normativité. Les concepts au moyen desquels les juges appréhendent les cas et justifient leurs décisions ne sont donc ni axiologiquement ni politiquement neutres et le droit est avant tout une pratique sociale prise dans un système de valeurs dominant et un système institutionnel contingent [2].

Le mouvement des *Critical Legal Studies* [3], dans le sillage du réalisme juridique, fait un pas de plus, constituant une « critique de la critique » : il dénonce l'évolution du réalisme juridique qui finit par rechercher une « vérité » du droit qui serait désormais fondée, non plus sur le formalisme des textes, mais sur les données des sciences sociales érigées en faits objectifs. Selon les *Critical Legal Studies*, le droit est d'emblée un instrument politique *constitutif* de nos rapports sociaux. Ainsi produisent-elles une critique explicitement politique du droit en vue d'intégrer dans le discours juridique les revendications des groupes minorisés et marginalisés. Dans la démarche poursuivie ici, les demandes de réparations sont l'une des formes prises par ces revendications : l'étude de leur légitimité ne peut faire l'économie de celle de leur discursivité juridique d'une part et de celle de la réalité des rapports socio-politiques qui les sous-tendent et au sein desquels elles prennent sens d'autre part. L'hypothèse est que les demandes de réparations au titre de l'esclavage, ainsi que leur réception dans la sphère publique, traduisent une évolution dans notre culture publique quant à notre conception de la justice, la

1. P. Bourdieu, « La force du droit. Éléments pour une sociologie du champ juridique », *Actes de la recherche en sciences sociales* 64, 1986, p. 3-19. Voir aussi J. Saada et M. Xifaras, « La critique du droit – quelle critique ? » dans *Jurisprudence – Revue critique*, « Le droit, entre théorie et critique », 2016.

2. C'est ce qu'on verra à l'œuvre *infra*, p. 116 *sq*.

3. Pas plus que le réalisme juridique il ne constitue un mouvement homogène. Dans une vaste littérature, voir Roberto M. Unger, *The Critical Legal Studies Movement*, Cambridge, Harvard University Press, 1983 et l'anthologie de J. Boyle (éd.), *Critical Legal Studies Selected Readings*, New York, New York University Press, 1992. Voir Mark V. Tushnet, « Critical Legal Theory », dans M. P. Golding et W. A. Edmundson (éd.), *The Blackwell Guide to the Philosophy of Law and Legal Theory*, *op. cit.*, p. 80-89.

représentation de notre identité nationale et de nos idéaux républicains et démocratiques, évolution qui affecte le droit et à son tour modifie les conditions de formation de notre sens de la justice.

Elazar Barkan [1] nous semble ainsi proposer une hypothèse convaincante lorsqu'il estime que l'apparition des questions de réparations dans les sociétés démocratiques « installées » (par contraste avec les situations de transition entre régimes autoritaires ou guerres civiles et régimes démocratiques réconciliés) est bien la marque d'une évolution *normative* desdites sociétés. Les sociétés libérales, sous l'effet de l'importation de catégories, concepts et procédures du droit international, sont désormais plus susceptibles de reconnaître à la fois l'existence d'injustices passées et le hiatus entre des principes de justice présentés comme universels (qui régulent, au nom des droits de l'homme, les pratiques de la justice internationale) et certaines pratiques politiques de leur propre passé. Cette reconnaissance engendre selon lui dans les populations un sentiment de responsabilité à l'égard de potentielles victimes actuelles (directes ou indirectes) de telles injustices (sentiment mêlé, qui s'accompagne aussi de résistance). C'est pourquoi les demandes de réparations sont moralement signifiantes et de plus en plus présentes dans les espaces publics de nos démocraties. Les crimes du passé et l'absence de réponse à ces crimes minent la légitimité des États démocratiques : les réparations se présentent comme une manière de répondre au défaut de légitimité. Considérer que les demandes sont justifiées implique en effet de procéder à un certain nombre de modifications dans les principes qui gouvernent et soutiennent l'exercice du pouvoir. C'est la relation entre les membres du corps social d'une part et entre les membres du corps social et le pouvoir étatique d'autre part qu'il s'agit de réparer, en suscitant l'expression publique de la transformation des normes de justification de l'exercice du pouvoir d'État. Saisir les Cours civiles pour attaquer l'État au titre de son rôle dans la traite et l'esclavage, alors même que théoriquement seules les juridictions administratives sont compétentes pour juger l'État en droit français, signe l'espoir de la part des associations et personnes physiques requérantes que l'État français est prêt à s'engager sur la voie d'une modification de ses propres normes de légitimité : c'est mobiliser une logique reconstitutive [2] pour réaffirmer que les réparations au titre

1. E. Barkan, « Reparation : A Moral and Political Dilemma », dans J. Miller et R. Kumar (éd.), *Reparations : Interdisciplinary Inquiries*, *op. cit.*, p. 1-19.

2. Voir le chapitre premier, p. 50 *sq*.

de l'esclavage ne sauraient être le résultat d'une procédure ordinaire de justice.

L'ATTRAIT ET L'IMPUISSANCE DU DROIT PÉNAL

L'ambition de traiter juridiquement les injustices historiques et les crimes de masse, motivée par le souci de moraliser les relations internationales, a relevé d'abord du droit pénal international : juger les criminels nazis et leurs alliés au nom d'un « plus jamais ça » a constitué tout l'enjeu des Tribunaux militaires de Nuremberg et de Tokyo. C'est également dans ce cadre qu'a été créée la catégorie de « crime contre l'humanité » qui qualifie juridiquement désormais la traite et l'esclavage colonial en France ; enfin les récentes évolutions du droit pénal ont accordé une place croissante à la question des réparations, qui s'est imposée, notamment dans les procédures transitionnelles, comme un complément indispensable de la peine. Pourtant, le droit pénal, pour des raisons de principes et de procédure que nous nous proposons de présenter dans cette section, se révèle impuissant pour répondre aux injustices historiques en question ; c'est la raison pour laquelle les demandes, lorsqu'elles ont emprunté la voie judiciaire, se sont tournées vers les Cours civiles.

La justice pénale présente deux caractéristiques fondamentales : elle s'intéresse à l'accusé plutôt qu'aux victimes et son objectif est d'abord punitif, et non pas réparatif [1]. Les motivations de la peine ne sont pas de « compenser » un tort subi par une victime, mais de prendre acte d'un délit ou d'un crime accompli contre la société, ses lois ou ses normes (nationales ou internationales) et de punir le coupable, seulement lui et seulement pour les crimes ou délits qu'il a effectivement commis, dont les preuves sont indiscutables. Conformément à cette logique, aucune des justifications classiques de la peine, qu'elles soient rétributivistes ou conséquentialistes (restaurer la dignité du criminel, réaffirmer la transcendance de la loi, prévenir la récidive, dissuader de commettre des crimes semblables, protéger la société), ne porte sur l'exigence d'indemniser les victimes [2].

1. Voir A. Garapon, *Des crimes qu'on ne peut ni punir ni pardonner*, *op. cit.* ; B. Guillarme, *Penser la peine*, Paris, P.U.F., 2003 ; A. Garapon, F. Gros et Th. Pech, *Et ce sera justice : punir en démocratie*, Paris, Odile Jacob, 2001 ; P. Ricœur, *Le Juste*, tome 1, Paris, Esprit, 1995, en particulier « L'acte de juger » et « Sanction, réhabilitation, pardon », p. 185-192 et p. 193-208.

2. Rodney C. Roberts (éd.), *Injustice and Rectification*, New York, Peter Lang, 2002.

Les principes de la justice pénale sont individualistes. C'est bien un individu qui est accusé, pour des actes délimités, selon un principe de culpabilité personnelle. L'accusé ne peut être tenu pour responsable de crimes commis par un autre hors de sa vue ou de son contrôle, de son commandement ou de son autorité [1]. C'est l'une des raisons pour lesquelles la justice pénale est souvent, lors de procès pour crimes de masse, perçue comme une justice symbolique qui cible quelques responsables sans épuiser la réalité des exactions vécues. Le principe de l'individualisation de la responsabilité, censé éviter la stigmatisation de groupes nationaux comme coupables collectifs, est souvent perçu comme un instrument politique, utilisé en réalité pour empêcher l'assignation d'une responsabilité étatique pour ces crimes [2]. Il faut toutefois nuancer : les enquêtes préalables et les procès eux-mêmes cherchent souvent à reconstituer l'organisation des groupes criminels et à établir les degrés de responsabilité des individus en leur sein (y compris selon leurs fonctions politiques, administratives ou policières); c'est tout le sens des qualifications de « responsabilité dans la chaîne de commande » ou d'« entreprise criminelle commune » [3]. Pour le dire selon les termes de Catherine Lu [4], la justice pénale, interactionnelle, peut prendre en charge des injustices « structurées », *i. e.* des injustices commises par des individus dans le cadre de leurs fonctions au sein d'un système ou d'une structure institutionnelle. L'institution (police, armée…) est alors indirectement visée par l'accusation, en tant que cadre dans lequel l'acte criminel a été fomenté et favorisé et dont l'enquête et/ou les témoignages des experts s'emploient à décrire le fonctionnement. Mais elle est incapable de prendre en charge des injustices structurelles au sens où

1. George P. Fletcher, *Rethinking Criminal Law*, Oxford, Oxford University Press, 1978, p. 491 *sq*. La qualification de « responsabilité dans la chaîne de commandement » introduite au TPIY avait pour enjeu d'étendre la portée des actions jugées sans déroger au principe de l'individualisation des responsabilités et des peines constitutif du droit pénal. C'est une des raisons pour lesquelles, même si le crime contre l'humanité est imprescriptible, il faut que les accusés personnes physiques soient encore vivants pour que la plainte pénale ne soit pas éteinte. Voir aussi I. Delpla, *La Justice des gens*, Rennes, Presses Universitaires de Rennes, 2014, en part. p. 332 *sq*.

2. Le statut de la Cour Pénale Internationale est très clair sur ce point, même si la précision de l'article 25/4 « Aucune disposition du présent Statut relative à la responsabilité pénale des individus n'affecte la responsabilité des États en droit international » n'a pas suffi à rassurer un certain nombre d'États qui n'ont toujours pas signé ou ratifié le Traité de Rome.

3. I. Delpla, « Considérations anthropologiques et philosophiques sur l'entreprise criminelle commune », dans O. de Frouville (dir.), *Punir les crimes de masse : entreprise criminelle commune ou co-action ?*, Bruxelles, Bruylant, 2012, p. 23-54.

4. C. Lu, *Justice and Reconciliation in World Politics*, *op. cit.*

la traite et l'esclavage, comme cela a été établi au chapitre précédent, peuvent relever de cette catégorie, qui implique de penser l'ensemble du système de normes, pratiques sociales et conditions matérielles comme des injustices ayant elles-mêmes permis l'action criminelle.

L'apparition de la qualification de « crime contre l'humanité » a pu paraître ébranler la logique individualiste stricte de l'accusation. C'est lors de la conférence de Londres, réunie du 26 juin au 2 août 1945, où s'est décidée la création d'un Tribunal militaire international, qu'est apparue la nouvelle incrimination de « crime contre l'humanité », apparemment sur une proposition du procureur Robert Jackson conseillé par Hersch Lauterpacht, pour désigner des « atrocités et persécutions pour des motifs raciaux et religieux » [1]. Il n'existe pas de définition généralement admise du crime contre l'humanité en droit international, néanmoins plusieurs propositions peuvent être rappelées. La première, sous forme d'énumération d'actes prohibés, apparaît dans l'article 6c du Statut de Londres : « l'assassinat, l'extermination, la réduction en esclavage, la déportation, et tout acte inhumain commis contre toutes populations civiles, avant ou pendant la guerre, ou bien les persécutions pour des motifs politiques, raciaux ou religieux […] ». Deux autres « définitions » ont ensuite été proposées et procèdent de la même logique d'énumération non-exhaustive. En 1993, le Statut du Tribunal pénal international pour l'ex-Yougoslavie a défini dans son article 5 les crimes contre l'humanité comme des actes d'assassinat, extermination, réduction en esclavage, expulsion, emprisonnement, torture, viol, persécutions pour des raisons politiques, raciales et religieuses, « commis au cours d'un conflit armé, de caractère international ou interne, et dirigés contre une population civile quelle qu'elle soit ». Enfin en 1998, le Statut de Rome de la Cour Pénale Internationale a à son tour déclaré dans son article 7 que sont considérés comme des crimes contre l'humanité un certain nombre d'actes [2]

1. Y. Jurovics, « Sur les catégories juridiques de crime contre l'humanité et de génocide », dans I. Delpla et M. Bessone (éd.), *Peines de guerre*, Paris, Éditions de l'EHESS, 2010, p. 57. Voir aussi du même auteur *Réflexions sur la spécificité du crime contre l'humanité*, Paris, L.G.D.J., 2002.

2. Les actes de « meurtre ; extermination ; réduction en esclavage ; déportation ou transfert forcé de population ; emprisonnement ou autre forme de privation grave de liberté physique en violation des dispositions fondamentales du droit international ; torture ; viol, esclavage sexuel, prostitution forcée, grossesse forcée, stérilisation forcée ou toute autre forme de violence sexuelle de gravité comparable ; persécution de tout groupe ou de toute collectivité identifiable pour des motifs d'ordre politique, racial, national, ethnique, culturel, religieux ou sexiste au sens du paragraphe 3, ou en fonction d'autres critères universellement reconnus comme inadmissibles en droit international, en corrélation avec tout acte visé dans le présent

« commis dans le cadre d'une attaque généralisée ou systématique lancée contre toute population civile et en connaissance de cette attaque ».

Ces différentes propositions correspondent, comme le souligne Larry May [1], à un affaiblissement progressif de la condition de guerre comme toile de fond nécessaire à l'exécution d'un crime contre l'humanité. La question n'est plus de savoir si les « attaques » dans le cadre desquelles les crimes sont commis constituent une guerre (y compris civile) ou non; l'important est qu'ils visent des populations civiles. Selon la belle analyse d'Agnès Lejbowicz [2], les crimes contre l'humanité, à l'origine pensés comme sous-catégorie des crimes de guerre ou crimes contre la paix, s'en sont progressivement différenciés à mesure que la qualification s'est mise à avoir pour fonction (morale et politique) de désigner le caractère exceptionnel du crime : non plus instruments de lutte contre des ennemis au service d'une logique de conquête ou d'agression, mais « crimes des crimes » – contre l'humain. Sur un strict plan théorique, on a pu souligner à quel point l'emploi du concept d'humanité est à la fois moralement signifiant et juridiquement complexe : le crime contre l'humanité est un crime contre des individus, et non des groupes, commis au nom de caractéristiques réifiantes et essentialisantes attribuées aux individus. L'humanité est à la fois conçue en individualité ou en singularité (il suffit que l'acte ait atteint un seul individu, il n'existe pas de nombre « minimum requis » de victimes pour qu'on puisse attester de crime contre l'humanité, et l'individu est visé en raison d'un seul caractère, racial, national, politique, religieux… auquel est réduite son humanité) et en globalité (c'est l'appartenance à la communauté humaine, le statut d'être humain – et non celui de soldat ou de combattant, qui est visé dans les actes susdits) [3]. Le crime contre l'humanité témoigne *in fine* du terrifiant échec d'une relation intersubjective comme reconnaissance réciproque

paragraphe ou tout crime relevant de la compétence de la Cour; disparitions forcées de personnes; crime d'apartheid; autres actes inhumains de caractère analogue causant intentionnellement de grandes souffrances ou des atteintes graves à l'intégrité physique ou à la santé physique ou mentale » (Statut de Rome de la Cour Pénale Internationale, https://www.icc-cpi.int/NR/rdonlyres/ADD16852-AEE9-4757-ABE7-9CDC7CF02886/283948/RomeStatuteFra1.pdf).

1. L. May, *Crimes Against Humanity : A Normative Account*, Cambridge, Cambridge University Press, 2005, en particulier p. 119 *sq*.

2. A. Lejbowicz, *Philosophie du droit international, l'impossible capture de l'humanité*, Paris, P.U.F., 1999, p. 346 *sq*.

3. M. Delmas-Marty, « Le crime contre l'humanité, les droits de l'homme et l'irréductible humain », *Revue de Science Criminelle et de droit pénal comparé*, 1994, p. 477. Voir aussi M. Delmas-Marty, I. Fouchard, E. Fronza, L. Neyret, *Le Crime contre l'humanité*, *op. cit.*

d'une égale humanité. La portée morale et politique de la qualification n'a pas d'égale dans la justice internationale [1].

Sur un plan juridique, elle est plus difficile à cerner : la nature collective du crime doit être appréhendée à partir d'actes particuliers, de portée nécessairement limitée, perpétrés par des individus inculpés au nom de ce chef d'accusation. Pour que la qualification juridique puisse revêtir une cohérence minimale, il faut pouvoir démontrer que ces actions individuelles sont des éléments d'une action collective (« généralisée », « systématique », « concertée ») qui ne se réduit pas à la somme des premières. Le crime contre l'humanité est commis dans le cadre d'un plan intentionnel, explicite, émanant de responsables gouvernementaux ou d'un groupe criminel organisé à l'encontre d'une population civile définie par un certain nombre de critères, plan dans lequel s'insère l'acte particulier de chaque criminel individuel et qui lui donne sens. C'est pourquoi la catégorie de crime contre l'humanité peut désigner des actes singuliers, de gravités variables et de natures matérielles différentes : « l'homme déporté, l'homme torturé, l'homme assassiné et l'homme volé ne font plus qu'un » [2]. Un individu, si son crime s'inscrit dans un cadre collectif de persécution (dans le cadre d'un plan concerté et systématique), peut de la sorte être accusé de crime contre l'humanité pour un acte unique et délimité, commis en un temps et en un lieu précis ; et il peut être assigné devant un tribunal compétent pour ce crime. Comme le rappelle May, ce qui est déterminant est le caractère « généralisé ou systématique » de la mise en œuvre effective de l'attaque dans le contexte de laquelle s'inscrivent les actes particuliers ainsi que la connaissance de cette attaque. Ce caractère constitue une toile de fond interprétative permettant de poser la *mens rea*, l'élément moral, du crime ; il n'en reste pas moins que l'élément matériel ou *actus reus* demeure par définition individuel.

Une autre évolution de taille signe les développements récents du droit pénal international : la prise en charge croissante des victimes et de leur « droit à réparations ». Dans les Tribunaux jugeant des crimes liés à la Deuxième guerre mondiale, les victimes étaient essentiellement entendues en tant que témoins, à charge ou à décharge, y compris encore au TPIY et TPIR [3]. De ce fait, et quelle que soit l'importance de leur témoignage sur les plans affectif, moral, symbolique ou politique, elles ne

1. À l'exception sans doute de la qualification de génocide qui dans certains contextes et plus récemment porte une charge morale encore plus élevée et qui, elle, concerne des crimes commis contre des groupes. Voir sur ce point les travaux d'Isabelle Delpla.

2. H. Gouri, *Face à la cage de verre*, Paris, Albin Michel, 1964, p. 260.

3. A. Wieviorka, *L'Ère du témoin*, Paris, Plon, 1998.

pouvaient se constituer partie civile ni demander réparation du préjudice. Le procès pénal les constituait d'abord en « victimes », ce qui certes ne renvoie pas seulement à l'expérience existentielle d'un être humain souffrant, mais aussi et surtout au statut d'un être humain dont la parole est écoutée, prise en considération et qui atteste du crime. On a beaucoup écrit sur la catharsis qui se jouait ainsi à l'occasion du procès pénal – mais on a également pu en dénoncer l'utopie et les limites [1] : les victimes ne sont pas nécessairement « réparées », reconstruites psychologiquement et rendues à leur dignité, par leur parole, et la reconnaissance du statut de victime ne leur confère pas nécessairement par là même une reconnaissance sociale et politique. Le Statut de Rome de la CPI leur reconnaît en revanche désormais un droit à être entendues, protégées (article 68) et *à obtenir réparation* : la Cour peut ordonner des mesures de restitution, d'indemnisation et de réhabilitation en faveur des victimes et un fonds d'aide a été créé à cette fin par l'article 79.

L'évolution du droit pénal français s'inscrit dans ce mouvement de fond : des droits processuels particuliers (au moment de l'enquête judiciaire, de l'instruction, des audiences et notamment de l'audience de jugement) sont aujourd'hui acquis à la victime, qui, pouvant se constituer partie civile, peut intervenir directement dans le procès, devenant ainsi acteur à part entière de la procédure. Les victimes peuvent également obtenir des réparations : la Commission d'indemnisation des victimes d'infraction, juridiction civile qui statue sur les demandes des victimes d'infractions créée en 1977, a vu ses pouvoirs augmenter considérablement en 1990. Le fonds de garantie des victimes d'actes de terrorisme et d'autres infractions, alimenté par la solidarité nationale, règle les sommes allouées [2]. À cette indemnisation s'ajoute depuis 2007 une peine de « sanction-réparation » qui « consiste dans l'obligation pour le condamné de procéder, dans le délai et selon les modalités fixés par la juridiction, à l'indemnisation du préjudice de la victime » [3] et qui peut se substituer ou s'ajouter à la peine de prison ou l'amende encourue. La loi du 15 août 2014 « relative à l'individualisation des peines et renforçant l'efficacité des sanctions pénales » a modifié le Code de procédure pénale

1. D. Fassin et R. Rechtman, *L'empire du traumatisme. Enquête sur la condition de victime*, Paris, Flammarion, 2007.

2. R. Cario, « Le droit des victimes dans la procédure pénale française. Entre équité et effectivité », *Les cahiers de PV. Antenne sur la victimologie*, 2010-6, Pub. Association québécoise Plaidoyer-Victimes, Montréal, p. 69-82.

3. Article 131-8-1 du Code de procédure pénale créé par la Loi n° 2007-297 du 5 mars 2007 relative à la prévention de la délinquance.

qui formule désormais dans son article 10.1 qu'à « l'occasion de toute procédure pénale » « la victime et l'auteur d'une infraction » peuvent se voir proposer une « mesure de justice restaurative », ce qui comprend notamment « la réparation des préjudices » résultant de l'infraction.

Cette évolution a pu être interprétée comme une manière d'associer la logique réparatrice à la logique strictement punitive des juridictions répressives [1], en rééquilibrant les ambitions de la justice pénale vers une prise en charge de la réparation globale des victimes aux côtés des objectifs plus classiques de réintégration des condamnés et de rétablissement de relations sociales apaisées. Toutefois, les droits des victimes restent limités et souvent fictifs et la réparation presque exclusivement envisagée dans une dimension indemnitaire. En effet, les droits sont très strictement encadrés, notamment en ce qui concerne la possibilité de constitution en partie civile (en amont par un filtrage du législateur et de la jurisprudence et en aval par des sanctions éventuelles en cas d'abus) et les possibilités de recours au pourvoi en cassation [2]. En outre, ces droits sont généralement peu effectifs en pratique, ce qui se traduit par une tentative de contournement grâce au recours à des normes extra-pénales – celles du droit de la responsabilité civile lorsque c'est possible, ou *via* des mesures restauratrices extra-judiciaires perçues comme plus susceptibles de répondre à la souffrance et au préjudice moral, psychologique ou social des victimes, au-delà et indépendamment de l'indemnisation pécuniaire.

Si l'évolution du droit pénal, en dépit de ses difficultés procédurales, semble permettre la prise en compte croissante de la question des réparations, s'y pose toutefois, pour le cas de crimes historiques qui nous concernent ici, où les coupables individuels éventuellement identifiables sont morts depuis plusieurs générations, une difficulté majeure : la plainte pénale est prescrite par la disparition des personnes physiques. On ne juge au pénal que des individus vivants, ni des morts, ni des États [3]. C'est pourquoi, lorsque la voie judiciaire est empruntée par les associations et

1. R. Cario et D. Salas (dir.), *Œuvre de justice et victimes*, vol. 1, Paris, L'Harmattan, 2001. R. Cario, *Victimologie. De l'effraction du lien intersubjectif à la restauration sociale*, Paris, L'Harmattan, 2006 ; « La justice restaurative : vers un nouveau modèle de justice pénale ? », *AJPénal* vol. 9, 2007, p. 372-375 et « Justice restaurative : principes et promesses », *Les Cahiers dynamiques* 59, 2014/1, p. 24-31.

2. N. Pignoux, *La réparation des victimes d'infractions pénales*, Paris, L'Harmattan, 2008.

3. L'article 121-2 du Code pénal, après sa réforme de 1994, reconnaît la responsabilité pénale des personnes morales mais pose d'emblée la nature particulière de l'État par le principe selon lequel « les personnes morales, à l'exclusion de l'État, sont responsables pénalement ».

personnes physiques formulant des demandes de réparations au titre de la traite et l'esclavage colonial, c'est le droit civil qui se trouve sollicité, quoique le « crime contre l'humanité », au titre duquel est demandée réparation, soit une catégorie désignant une infraction pénale, ce qui suscite une hésitation, voire une confusion, dans les arguments pour justifier ou débouter les demandes.

Le droit civil semble à première vue offrir davantage de possibilités que le droit pénal – là aussi, l'incitation est venue du contexte international. Quelque quarante ans après la Conférence de Londres, à l'automne 1996, le contentieux sur l'Holocauste aux États-Unis « a inauguré l'idée d'utiliser toutes les ressources du *droit civil* pour obtenir une réparation des préjudices de l'histoire » [1]. « Après la criminalisation de l'histoire par les procès pénaux, vient l'espoir d'une "civilisation" du monde par les procès civils » constate Antoine Garapon analysant le nombre croissant d'actions en indemnisation pour préjudice historique liées à l'Holocauste et, dans le contexte états-unien, à la traite et l'esclavage [2]. Cette évolution internationale témoigne d'un changement de perspective qui n'est pas exempt d'ambiguïté. Selon Garapon, le (re)positionnement des questions de réparations en droit civil plutôt qu'en droit pénal international a eu pour corollaire, sinon pour véritable enjeu, de bousculer le fondement étatique de l'édifice des normes juridiques. L'État, qui demeure un acteur privilégié et protégé – en raison de son statut de souveraineté – du droit pénal international, a pu être désormais attaqué au civil comme personne privée au nom d'une créance détenue par les victimes. Garapon conclut : « [l]e choix du droit civil est lourd de sens : il traduit dans la technique juridique l'affaiblissement du pouvoir étatique. Au civil, les parties ne peuvent qu'être privées ; ce point est capital pour comprendre que l'action civile est un moyen de contourner les fourches caudines de la souveraineté. Sa promotion correspond en cela à une émancipation des clôtures étatiques. » [3]. Toutefois, si c'est peut-être là « l'espoir », le « pari » ou le « rêve » (trois termes que l'on trouve sous la plume de Garapon) porté par « l'utopie politique » du droit civil international,

1. A. Garapon, *Peut-on réparer l'histoire ?*, *op. cit.*, p. 25. Voir aussi P. De Greiff, *The Handbook of Reparations*, Oxford, Oxford University Press, 2006.

2. A. Garapon, *Peut-on réparer l'histoire ?*, *op. cit.*, p. 101-102. Voir aussi sur la tension entre réparations et souveraineté étatique en droit international Libby Adler, « California's Holocaust Victim Insurance Relief Act and American Preemption Doctrine », *German Law Journal*, 4(11), 2003, p. 1193-1205 et D. Richard Foos, « Civil Procedure : Righting Past Wrongs or Interfering with International Relations ? World War II-Era Slave Labor Victims Receive Legal Standing After Fifty Years », *McGeorge Law Review* 31, 2000, p. 221.

3. A. Garapon, *Peut-on réparer l'histoire ?*, *op. cit.*, p. 107.

le principe de réalité oblige à constater que la naissance d'un droit international de la responsabilité civile a été rendue difficile en raison des principes d'immunité qui accompagnent toujours la souveraineté des États et qui se déplacent dans le droit civil international [1].

De plus, comme le souligne aussi Garapon, l'idée de réparations civiles au titre de crimes historiques est à l'origine « une idée américaine » [2] en raison d'une culture juridique et politique spécifique. Concernant l'esclavage plus précisément, de nombreuses, et anciennes, revendications politiques et actions judiciaires ont été accompagnées aux États-Unis par la mise en place d'un appareil théorique important à partir des années 1970. Plusieurs entreprises (notamment des banques et des compagnies d'assurances) ont été assignées en justice et ont mis en place des programmes destinés à compenser leur rôle et les bénéfices acquis durant l'esclavage et la traite [3]. Mais il n'est pas évident que des leçons puissent être directement tirées des pratiques judiciaires états-uniennes pour le cas français. Si les chercheurs aux États-Unis s'accordent désormais globalement pour reconnaître que le « *tort law* » n'est pas des plus efficaces pour répondre aux demandes de réparations, ils estiment aussi qu'emprunter la voie civile demeure légitime, en particulier en raison des possibilités de « *settlement* », d'accord entre les parties, ouvertes par la perspective d'un procès, ainsi que de la visibilité politique que procure le jugement. Étudiant toutes deux le paradigmatique procès Farmer-Paellman v. FleetBoston qui s'est ouvert en 2002 contre FleetBoston Financial Corporation (une banque), Aetna (une compagnie d'assurances), CSX (une compagnie de chemin de fer) et d'autres entreprises qui n'étaient pas nommées mais désignées comme « Corporate Does Numbers 1-1000 », la juriste Keith N. Hylton, écrivant avant la fin de la procédure et la sociologue Alondra Nelson, écrivant après que le juge Norgle eut classé l'affaire sans suite en 2005, parviennent à la même conclusion [4] : dans ce procès en particulier, et dans les procédures civiles

1. La responsabilité civile des États ne peut être engagée pour « faute » mais seulement pour « faits illicites » : il faut éviter d'engager la responsabilité pénale des États ; de nombreuses causes d'exonération à la responsabilité étatique existent ; enfin, le droit international, y compris civil, demeure contractuel puisque les États doivent avoir consenti aux règles auxquelles ils sont soumis.

2. A. Garapon, *Peut-on réparer l'histoire ?*, *op. cit.*, p. 27.

3. L'organisation à but non lucratif *Restitution Study Group* a par exemple conduit en 2005 la banque J.P. Morgan Chase à consacrer 5 millions de dollars à des bourses d'étude pour des étudiants afro-américains de Louisiane.

4. Keith N. Hylton, « Slavery and Tort Law », *Boston University Law Review* 84, 2004, p. 1209-1255 et Alondra Nelson, *The Social Life of DNA. Race, Reparations, and Reconciliation after the Genome*, Boston, Beacon Press, 2016.

en général, quoiqu'il soit inévitable que les demandes d'indemnisation des descendants d'esclaves soient déboutées, l'intérêt de la démarche réside dans le fait qu'elle contribue à visibiliser l'injustice raciale structurelle qui s'enracine dans la traite et l'esclavage et à nourrir la conversation sur la légitimité des réparations. « Farmer-Paellman et ses alliés ont réussi à maintenir les réparations sur le devant de la scène » [1], conclut Nelson.

Or il existe une différence massive de culture juridique entre les États-Unis et la France : les jugements sont immédiatement publiés, largement commentés hors de l'arène experte, et accessibles à l'ensemble de la population ; enfin, les juges appuient explicitement leurs décisions sur des principes moraux et des convictions politiques. Ainsi, ce qui peut soutenir la justification du positionnement des demandes dans le domaine judiciaire aux États-Unis – entretenir une conversation publique rationnelle et apaisée sur leur légitimité, leur portée, leurs limites, est un objectif illusoire en France, où les relations entre morale, juridique et politique demeurent largement implicites. C'est toutefois précisément l'espoir de modifier les représentations publiques qui a soutenu le positionnement judiciaire du cas sur lequel je fonderai maintenant mon analyse.

LÉGALISME STRATÉGIQUE : L'ÉTAT FRANÇAIS SUR LE BANC DES ACCUSÉS [2]

Le choix du judiciaire pour l'action en réparation a semblé être favorisé, on l'a mentionné, par la possibilité de qualification ouverte par la « loi Taubira », tendant à la reconnaissance des traites et des esclavages comme un crime contre l'humanité [3], qui dispose dans son article 1er :

> La République française reconnaît que la traite négrière transatlantique ainsi que la traite dans l'océan Indien d'une part, et l'esclavage d'autre part, perpétrés à partir du XVe siècle, aux Amériques et aux Caraïbes,

1. A. Nelson, *The Social Life of DNA. Race, Reparations, and Reconciliation after the Genome*, Boston, Beacon Press, 2016, p. 139.

2. La description et l'analyse du cas présenté dans cette section approfondissent et précisent Magali Bessone, « Les réparations au titre de l'esclavage colonial : l'impossible paradigme judiciaire », *Droit et société*, 102, 2019, p. 359-378 et « Colonial Slave Trade and Slavery and Structural Racial Injustice in France : Using Iris Young's Social Connection Model of Responsibility », *Critical Horizons*, 20(2), 2019, p. 161-177.

3. Précisons que l'article 212-1 du Code Pénal faisait déjà de l'esclavage un crime contre l'humanité lorsqu'il était commis « en exécution d'un plan concerté à l'encontre d'un groupe de population civile dans le cadre d'une attaque généralisée ou systématique » : la reformulation a pour objet de dégager la réduction en esclavage et autres actes cités du contexte d'une « attaque généralisée et systématique ».

> dans l'océan Indien et en Europe contre les populations africaines, amérindiennes, malgaches et indiennes constituent un crime contre l'humanité.

Il faut noter que son article 4 définitif, qui modifie la loi 83-550 du 30 juin 1983 et instaure un « comité de personnalités qualifiées » « chargé de proposer, sur l'ensemble du territoire national, des lieux et des actions qui garantissent la pérennité de la mémoire de ce crime à travers les générations », remplace la formulation initiale qui proposait l'instauration d'« un comité de personnalités qualifiées chargées de déterminer le préjudice subi et d'examiner les conditions de réparation due au titre de ce crime ». Cette formule a été supprimée lorsque la loi a été examinée par la Commission des lois du 10 février 1999, avant même que le texte ne soit discuté en Assemblée. Dans son rapport présenté au nom de la Commission des Lois, Christiane Taubira précisait que les réparations envisagées étaient « d'ordre purement moral » et qu'il ne s'agissait « en aucun cas d'envisager des indemnisations financières ». Elle citait un certain nombre de telles mesures « morales » :

> La reconnaissance du crime, l'incitation à la Recherche, la diffusion des connaissances, l'accès égal aux savoirs, la réhabilitation de lieux de mémoire, l'encouragement aux rencontres et à la coopération, le respect et la valorisation des langues et cultures, la correction des inégalités dans la répartition des terres, l'accès équitable aux moyens, la rationalisation des économies, sont quelques-unes des réparations principales. [1]

Une telle ambition ayant suscité des réticences, la rapporteure a proposé de restreindre le rôle du comité et c'est la formulation mémorielle consensuelle qui a été adoptée. De la sorte, la question des réparations a été finalement passée sous silence dans le texte de loi, alors même qu'elle motivait en partie la proposition de loi initiale.

Notons également que les articles 6 et 7 de la version initiale proposaient de modifier la loi sur la liberté de la presse et avaient une ambition pénale. L'article 6 précisait les conditions et les conséquences d'une incrimination en cas de contestation de l'esclavage : « Seront punis des peines prévues à l'article 24*bis* ceux qui auront contesté par un moyen énoncé à l'article 23 l'existence du crime contre l'humanité défini à l'article premier de la présente proposition de loi ». L'article 7 visait à permettre aux associations de se constituer partie civile dans le cas de procès pénaux en reconnaissant que « [t]oute association régulièrement

1. http://www.assemblee-nationale.fr/11/dossiers/esclavage.asp.

déclarée depuis au moins deux ans à la date des faits dont les statuts stipulent la défense des intérêts moraux, la mémoire des esclaves et l'honneur de leurs descendants peut exercer les droits reconnus à la partie civile en ce qui concerne l'apologie des crimes contre l'humanité tels qu'ils sont établis par l'article 24*ter.* » [1]. Or ces deux articles qui prévoyaient d'étendre, en les adaptant, les dispositions de la loi Gayssot, afin que l'apologie ou la contestation de l'esclavage puissent connaître une traduction pénale, ont été jugés potentiellement contraires à la Constitution. Lors de la discussion de la loi au Sénat, il a été remarqué que des dispositions législatives existaient déjà, qui couvraient l'objet de la loi, et qu'il était inutile de les rappeler dans ce contexte. Dans sa version définitive, la loi Taubira perdait ainsi toute force répressive.

La loi Taubira est strictement déclarative. Elle se contente d'édicter une incrimination en reconnaissant des faits historiques comme des crimes, sans qu'une telle reconnaissance comporte en elle-même de disposition normative, encore moins répressive. Un arrêt de la Cour de cassation criminelle du 5 février 2013 a cassé la décision de condamnation pour apologie de crime contre l'humanité qui avait été émise par le Tribunal de Fort de France le 30 juin 2011 à l'encontre d'une personne qui avait tenu des propos soulignant les « aspects positifs » de l'esclavage à la télévision, au motif que : « si la loi du 21 mai 2001 tend à la reconnaissance de la traite et de l'esclavage en tant que crime contre l'humanité, une telle disposition législative, ayant pour seul objet de reconnaître une infraction de cette nature, ne saurait être revêtue de la portée normative attachée à la loi » [2]. Cette limite dans la portée de la loi avait parfaitement été diagnostiquée par la Commission des lois du Sénat qui s'en était émue – non pas pourtant afin de donner plus de portée à la loi Taubira, mais plutôt pour souligner son inutilité – lors de la discussion de la loi en 1999. On peut lire dans un rapport qu'elle avait rendu alors :

1. Loi n° 2001-434 du 21 mai 2001 tendant à la reconnaissance de la traite et de l'esclavage en tant que crime contre l'humanité. Voir aussi l'article 48-1 modifié de la Loi 1881-07-29. Rappelons que l'article 4 et l'article 5 de la loi étaient cités dans le jugement d'avril 2014 : d'une part, le fait que la loi ait instauré un comité d'experts était présenté comme rendant inutile la création d'un comité d'évaluation du préjudice demandé par les requérants, ce qui a permis au juge de débouter la requête ; d'autre part, les exigences administratives liées à l'existence des associations pour se constituer partie civile ont été considérées comme relevant de la procédure pénale et non pertinentes dans le cas d'un procès civil, ce qui a permis au juge de considérer comme recevables les plaintes des parties.

2. Cour de cassation criminelle, Chambre criminelle, 5 février 2013, 11-85.909, publié au bulletin.

> "*La loi ordonne, permet ou interdit*" peut-on lire sous la plume de Sieyès, l'un des pères du Code civil. La plupart des dispositions de la présente proposition de loi ne correspond[ent] pas à cette prescription. Rappelons également qu'aux termes de l'article 34 de la Constitution, la loi "*fixe les règles*" ou "*détermine les principes fondamentaux*". En 1991, le Conseil d'État s'est inquiété de l'évolution préoccupante des lois : "[...] *comme chaque année, le Conseil d'État a vu passer un nombre non négligeable de lois et décrets, dont l'article premier est dépourvu de tout contenu normatif; encore se résigne-t-on lorsqu'il ne s'agit que de l'article premier, car de plus en plus, le discours philosophique, l'exposé de bonnes intentions, s'étend aux articles suivants, quand il n'envahit pas le texte tout entier, réduit à une simple formulation d'objectifs*". En fait, cette situation résulte probablement du fait que le Parlement français est l'un des seuls au monde à ne pouvoir prendre publiquement position qu'en votant les lois, en censurant le Gouvernement ou en approuvant une déclaration de politique générale. La plupart des parlements votent en effet des motions ou des résolutions, qui leur permettent d'exprimer des positions n'ayant pas de portée normative. En France, le vote de résolutions a été limité par le Conseil constitutionnel en 1959, aux cas prévus par la Constitution. [...] Il serait souhaitable de rechercher un moyen pour le Parlement de pouvoir s'exprimer solennellement sur certains sujets sans avoir à recourir à la loi, qui devrait demeurer normative [1].

Dépourvue de portée normative, la loi Taubira ne saurait donc, en elle-même, justifier (ni même faciliter) l'insertion des demandes de réparation dans le droit de la responsabilité civile : elle fonctionne comme référence symbolique mais n'a pas de portée juridique réelle. La plainte en a été réduite à s'appuyer sur les deux articles du Code civil qui fondent le droit de la responsabilité civile, peu adaptés à la réalité des injustices structurelles et persistantes au titre desquelles elle a été déposée.

Le 23 mai 2005, Le Mouvement International pour les Réparations (MIR) Martinique et le Conseil Mondial de la Diaspora Panafricaine, deux associations régies par la loi 1901, ainsi que le collectif de Réalisation de l'Encyclopédie Africaine et du Monde Noir, assignaient en justice l'État français, représenté par l'Agent judiciaire du Trésor, devant le Tribunal de grande instance de Fort de France. Les requérants affirmaient dans l'acte d'assignation :

1. Rapport rédigé par le Sénateur Jean-Pierre Schosteck, N° 262, en Annexe au procès-verbal de la séance du 8 mars 2000, disponible sur le site du Sénat http://www.senat.fr/rap/l99-262/l99-2623.html.

DÉCLARER l'État français qui a reconnu avoir commis les crimes contre l'humanité qu'ont été la traite négrière et l'esclavage des noirs, responsable du préjudice matériel et immatériel que subit actuellement le peuple martiniquais descendant d'Africains déportés et mis en esclavage sur le sol martiniquais.
DIRE que l'État français devra réparer intégralement le préjudice subi par le peuple martiniquais. [1]

Afin d'évaluer ledit préjudice, les demanderesses proposent que soit désigné un collège d'experts dont les travaux seront financés par l'État français et qui devra rendre son rapport cinq ans après sa nomination. Elles demandent également deux cents milliards d'euros « de provision due sur le préjudice », somme qui serait gérée par une Fondation pour la réparation en Martinique, à créer.

L'État commence par objecter à ces demandes deux points de procédure : il leur oppose l'incompétence du Tribunal de grande instance au profit du Tribunal administratif, ainsi que l'irrecevabilité des demandes formulées par les associations. En droit français, les litiges entre une personne privée (physique ou morale) et une personne publique (administration de l'État, entreprises publiques, etc.) relèvent en effet de l'ordre administratif et non de l'ordre judiciaire. Mais par ordonnance du 8 janvier 2008, le Juge de la mise en état se déclarait compétent au nom de l'article 136 du Code de procédure pénale selon lequel « dans tous les cas d'atteinte à la liberté individuelle, le conflit ne peut jamais être élevé par l'autorité administrative et les tribunaux de l'ordre judiciaire sont toujours exclusivement compétents ». Le Juge observait qu'« il apparaît difficile de soutenir que la capture, l'asservissement puis le maintien en esclavage [...] de millions d'individus africains déportés aux Antilles n'ont pas eu pour conséquence une atteinte à la liberté individuelle des individus concernés. En réalité il existe par nature un lien consubstantiel entre l'esclavage et l'atteinte à la liberté individuelle » [2]. Le Préfet de la région Martinique, après avoir saisi le Tribunal des Conflits, renonçait le 12 février 2008 à contester la décision. En revanche, le doute subsistait sur la recevabilité des actions des associations : entre le 19 mai 2008 et le 11 octobre 2011, soixante-cinq personnes physiques demandaient à être reçues en « intervention volontaire », s'associant ainsi individuellement à

1. Selon les termes de l'acte d'assignation que l'on peut trouver en intégralité sur le site http://devoir2memoiresreparation.blogspot.fr/2009_11_01_archive.html, consulté le 21 novembre 2018.
2. Cité sur le site mentionné dans la note ci-dessus.

la plainte afin de répondre à l'éventuel défaut de qualité des associations [1]. Le 4 juin 2013, par « conclusions récapitulatives », le MIR, le CMDPA et les personnes physiques réitéraient leurs demandes : la constitution d'un collège d'experts et la condamnation de l'État français à verser une somme ramenée à « vingt millions d'euros sur un compte ouvert au nom de la Fondation à constituer, dite "Fondation pour la Réparation" » ainsi que sa condamnation à payer cinquante mille euros à chacune des personnes physiques intervenantes en réparation des « préjudices moraux et matériels » commis. L'État de son côté réclamait à nouveau l'irrecevabilité des associations et des personnes physiques intervenantes volontaires.

Le jugement a été rendu le 29 avril 2014. Le juge commence par reconnaître recevables en leur action les deux associations. Premièrement il invoque le motif que leur action en justice est en rapport direct avec les objectifs qu'elles se sont fixés tels qu'ils sont mentionnés dans leurs statuts [2] et avec l'intérêt légitime de leurs membres, ainsi qu'il est exigé selon l'article 31 du code de procédure civile : « L'action est ouverte à tous ceux qui ont un intérêt légitime au succès ou au rejet d'une prétention ». Ainsi, qu'elles poursuivent aussi éventuellement des intérêts qu'elles ne seraient pas habilitées à représenter est non pertinent. Elles ont bien un *intérêt* légitime à agir. Deuxièmement, le juge dénonce l'usage par l'État d'arguments tirés d'une logique pénale et non civile, en particulier certaines exigences pesant sur le nombre d'années d'existence des associations pour pouvoir bénéficier du droit d'agir, au titre de l'article 2-4 du code de procédure pénale, pour contester la *qualité* des associations à agir. L'État avait argué qu'en invoquant la loi Taubira et la qualification de crime contre l'humanité, les associations, par là même,

1. Informations qui figurent sur le Jugement rendu le 29 avril 2014 au TGI de Fort de France en audience publique, N° R.G : 05/01955. Je remercie Antoine Garapon de m'avoir transmis le texte de ce jugement. Tous les extraits cités proviennent de ce document.

2. Pour le MIR : « la défense de l'honneur et du droit aux réparations d[des] descendants [des Africains déportés puis mis en esclavage ainsi que tous les peuples victimes dans l'histoire et actuellement des crimes contre l'humanité et la colonisation] par la mise en œuvre des procédures appropriées de toutes natures tendant à réparer les dégâts d'ordre politique, écologique, juridique, économique, financier, moral, social, culturel et spirituel résultant de ces crimes (traite négrière, esclavage ; génocide, colonisation, spoliation, etc.) […] ; les actions en justice contre toute atteinte aux intérêts collectifs de ses membres ». Pour le CMDP : « 4. Devoir de mémoire : reconstitution du patrimoine détruit, pillé et spolié et leur récupération des mains des pilleurs colonisateurs esclavagistes. […] 8. Exiger la condamnation à réparation effective des dégâts causés à l'Afrique par les États esclavagistes de l'Occident euro-américain, de l'Orient ou du Moyen Orient arabe. ».

se plaçaient dans un cadre pénal [1], ce que le juge rejette : la loi dans sa version définitive a perdu toute prétention à s'inscrire dans un cadre pénal. Le Code de procédure civile est bien le seul valide ici. Enfin, le juge affirme que « l'existence du préjudice invoqué ou la possibilité de le réparer dans le cadre d'une action en responsabilité n'est pas une condition de la recevabilité de l'action des demandeurs mais seulement du succès éventuel de celle-ci » : ainsi, quelle que soit la difficulté à évaluer la nature et l'étendue du préjudice, ou le montant proportionnel d'indemnisation qui serait due, cela ne peut peser sur la légitimité de l'action elle-même. Dénonçant l'argument comme reposant sur une erreur de catégorie, le juge estime qu'on ne peut réfuter la légitimité de la demande au nom de considérations empiriques liées aux conséquences des procédures civiles, à la nature complexe du crime ou à sa situation historique. La plainte des associations est donc recevable.

Le juge déclare ensuite recevables les plaintes des personnes physiques qui ont fourni la preuve d'une filiation généalogique individuelle les rattachant « à un ancêtre pour lequel elles produisent la copie de l'acte d'individualité par lequel il lui était attribué un nom et un prénom – établi dans les mois postérieurs au décret d'abolition, acte d'individualité rappelant le numéro, sur le registre matricule des esclaves, sous lequel leur ancêtre était inscrit précédemment à cet acte ». Deux données sont donc indispensables : l'acte d'émancipation de leur ancêtre, témoignant de son statut d'esclave avant l'émancipation, et la généalogie précise témoignant que les personnes requérantes sont bien les descendantes de cet ancêtre. Ces deux données suffisent à établir, selon le juge, « l'intérêt à agir » des individus, sous réserve que ces généalogies soient vérifiées par un comité d'experts. En revanche, la simple attestation d'une naissance en Martinique est insuffisante : la notion d'un « peuple martiniquais » collectivement victime du crime et demandant réparation au titre de cette appartenance est invalidée. C'est donc bien au nom d'une filiation individuelle et de l'établissement d'un lien de parenté direct entre la victime du tort de l'esclavage et le requérant que des réparations peuvent être accordées à ce dernier.

Si, sur la forme, les demandes sont recevables, en ce qui concerne leur fond, le jugement déboute les parties de l'ensemble de leurs demandes. L'essentiel de l'argumentation des requérants repose sur une interprétation de la loi Taubira selon laquelle il ne s'agit pas seulement

1. Extrait du jugement : « l'État soutient [...] que [les associations et les personnes civiles demanderesses] ne peuvent à la fois soutenir exercer une action purement civile et raisonner par rapport à la notion de crime contre l'humanité » (p. 19).

d'une loi mémorielle, mais bien aussi d'une loi de réparation. En effet selon eux la loi, ainsi que le décret d'abolition de 1848, constituent une reconnaissance explicite de la responsabilité morale de l'État en matière de traite et d'esclavage, ce qui, si le préjudice est établi aujourd'hui, justifie la légitimité de réparations civiles [1]. Ils admettent que l'idée de réparation elle-même demeure *implicite* dans la loi, mais ils en appellent au rôle d'interprète du juge : « le travail d'interprétation de la norme de droit par le juge doit se faire en prenant en compte "l'idée qu'une norme juridique fait partie d'un tout complexe qui comprend non seulement l'ensemble des normes explicitement adoptées mais encore toutes celles qu'il est possible d'inférer logiquement à partir de celles-ci" » au nom d'une « raison juridique » qui impose ici la corrélation entre crime reconnu et réparation [2]. Notons que les demandeurs n'adoptent pas, et ne demandent pas au juge d'adopter, la thèse du réalisme juridique mentionnée dans la première section de ce chapitre, selon laquelle une décision judiciaire est inévitablement motivée par des raisons extra-juridiques politiques ou morales qui ont à charge de dessiner l'espace de la décision : c'est bien au nom d'une logique interne au droit, quoique non épuisée dans la lettre du texte de loi, et telle que la norme du droit excède la simple référence au code ou à la jurisprudence établie, que les requérants demandent au juge de trancher en faveur de l'interprétation de la loi comme loi de réparation.

En réponse, le juge reconnaît « qu'il est incontestable que l'État a eu sa part de responsabilité dans le développement de la traite et de l'esclavage » et que la loi Taubira « en est une reconnaissance implicite ». Toutefois, il conteste que la loi Taubira ait de la sorte créé, même implicitement, un droit à réparation. En effet, la loi Taubira ne reconnaît pas *explicitement* la responsabilité de l'État dans la traite et l'esclavage, mais simplement *que* la traite et l'esclavage coloniaux (commis dès le XVe siècle selon les termes de la loi, donc avant même que la France ne devienne une puissance coloniale ou ne se lance dans la conquête outre-Atlantique) *sont des crimes contre l'humanité*, ce qui restreint la possibilité de l'interpréter comme une loi de réparation au sens strict. La justification de cette interprétation repose sur une démarche « intentionnaliste », selon laquelle c'est l'*intention* du législateur, telle qu'on peut la connaître par

1. Extrait du jugement : « Les demandeurs soutiennent pour l'essentiel que la responsabilité de l'État français dans la commission des deux crimes, indiscutable selon eux, résulte tant de l'esprit que des termes mêmes de la loi du 21 mai 2001, dite Loi Taubira, qui ne peut pas être réduite à une loi mémorielle mais constitue également selon eux une loi de réparation, quand bien même la loi n'aurait assumé explicitement que l'aspect moral de la réparation des deux crimes » (p. 23).

2. *Ibid.*, p. 24.

les travaux préparatoires et les discussions qui entourent la promulgation d'une loi, qui détient la clef de sa signification. Évidemment, une telle approche, très discutée en théorie du droit, suppose que le législateur, ici un corps collectif délibérant, ait bien eu une intention unique, cohérente, susceptible d'être reconstituée sans contradiction interne. Le concept d'intention, polysémique, recouvre à la fois le but de la loi (les objectifs politiques, sociaux, économiques, qu'elle était censée assurer dans l'esprit du législateur) et le sens de la loi (la signification que les termes employés par le législateur peuvent avoir revêtue pour le législateur) : il faudrait donc se donner au préalable un critère qui permette de déterminer quel est le « bon » concept d'intention en jeu [1] ; enfin dans tous les cas, on suppose que le sens d'une loi est réduit au sens normatif que l'auteur de la loi a consciemment imposé à son énoncé. Le juge mobilise ici cette approche pour affirmer que la loi n'a pas créé de nouveau droit à réparation.

Conformément à ce que requiert une telle approche, le jugement recourt à une analyse des débats en séance qui ont présidé à l'adoption et à la formulation définitive de la loi. Or les débats font effectivement apparaître que tout a été fait pour empêcher que la loi Taubira puisse être mobilisée dans le cadre de procédures judiciaires. Le juge cite le garde des Sceaux, Mme Guigou, selon laquelle l'article premier « n'a pas de conséquence juridique, notamment en droit pénal. Mais sa dimension symbolique est essentielle ». Il rappelle que l'Assemblée Nationale a rejeté un amendement qui proposait de compléter ce même article premier par les phrases suivantes : « par ce geste elle reconnaît sa responsabilité à l'égard des peuples qui ont souffert de ce crime et à l'égard des descendants de ces peuples. Elle s'engage également à déterminer le préjudice subi et à examiner les conditions de réparation due au titre de ce crime ». Le juge rappelle que « l'amendement fut rejeté après que le rapporteur de la loi avait expliqué l'ambiguïté du terme “réparation” et le caractère très marqué de ce vocabulaire en législation civile » [2]. Il en déduit qu'il n'a jamais été dans l'intention du législateur que cette loi soit

1. Voir M. Carpentier, « Autorité, intention, innovation, Joseph Raz et la théorie de l'interprétation », *Klesis* 21, 2011, p. 157-191. Sur ce thème qui a suscité une immense littérature en théorie du droit américain, voir R. Dworkin, « The Forum of Principle », dans *A Matter of Principle*, Cambridge, Harvard University Press, 1985 ; R. Posner, *Law and Literature*, Cambridge, Harvard University Press, 1988, chap. 5 ; L. Alexander, « All or Nothing at All ? The Intentions of Authorities and the Authority of Intentions », dans A. Marmor (éd.), *Law and Interpretation*, Oxford, Clarendon Press, 1995 ; C. Sunstein, *Legal Reasoning and Political Conflict*, Oxford, Oxford University Press, 1996, chap. 8 ; J. Raz, *Between Authority and Interpretation*, Oxford, Oxford University Press, 2009.

2. Extrait du jugement, p. 26.

une loi de réparation susceptible d'être directement mobilisée, ni dans une procédure pénale, ni dans une procédure civile. Ainsi, lorsque le juge estime qu'une interprétation intentionnaliste indique clairement que la loi Taubira n'est pas une loi de réparation, son argument est-il correct : si le sens de la loi doit être inféré des discussions qui président à son adoption dans l'enceinte législative, la loi Taubira n'est pas une loi de réparation et n'a pas créé de nouveau droit à réparation.

En conséquence, la loi n'a pas « ouvert un nouveau délai pour une action en responsabilité contre l'État ». Cette conclusion est fondamentale et décide du cas : les requérants arguaient qu'opposer la prescription à leur action reviendrait à « vider le droit à réparation de tout sens et le principe de l'imprescriptibilité [lié à l'imputation de crime contre l'humanité] de tout contenu » ; ils ajoutent que l'action ne pouvait être engagée avant la proclamation de la loi Taubira : ainsi tout délai de prescription qui pourrait être mobilisé ne pourrait de toute façon s'entendre qu'à partir de la date de cette proclamation, soit le 21 mai 2001. L'État de son côté « ne discut[ait] pas tant le principe de sa responsabilité que son étendue » et opposait essentiellement aux demandeurs « la prescription de leur action ». Or selon le juge, étant donnée la nature strictement déclarative de la loi Taubira, elle ne modifie pas la prescription quadriennale telle qu'énoncée dans la loi de 1968, qui s'applique donc ici :

> Sont prescrites, au profit de l'État, des départements et des communes, sans préjudice des déchéances particulières édictées par la loi, et sous réserve des dispositions de la présente loi, toutes créances qui n'ont pas été payées dans un délai de quatre ans à partir du premier jour de l'année suivant celle au cours de laquelle les droits ont été acquis. [1]

Selon cette loi, toute créance contre une personne publique s'éteint au bout de quatre ans. Dans la mesure où la responsabilité, « incontestable », de l'État, porte sur des faits ayant eu lieu il y a plus d'une centaine d'années, les demandes d'indemnisation des personnes physiques en tant qu'ayant-droits des victimes doivent être rejetées. L'argument principal de l'argumentation des juges repose donc sur une interprétation de la loi Taubira comme loi déclarative et sur la justification de la réparation comme « créance ».

Toutefois, un autre point doit être souligné. Si les personnes physiques ne peuvent être compensées financièrement dans le raisonnement mis en place, c'est pour deux motifs, selon le type d'argument mobilisé : soit

1. Loi n° 68-1250 du 31 décembre 1968 relative à la prescription des créances sur l'État, les départements, les communes et les établissements publics, Version consolidée au 18 novembre 2011.

elles devraient être compensées au nom du fait qu'elles sont les ayant-droits des victimes du crime commis il y a plusieurs dizaines d'années (argument que la littérature philosophique traite sous le nom d'« argument de l'héritage » – *inheritance argument* –, voir les sections suivantes) – mais dans ce cas, selon le juge, la prescription s'applique. Soit elles devraient être compensées au nom du fait qu'elles souffrent d'« un préjudice personnel et actuel » (argument que la littérature philosophique nomme « argument du préjudice » – *harm argument* –, voir également les sections suivantes [1]). Dans ce cas, selon le juge, un tel préjudice continué est impossible à caractériser « de façon certaine et individuelle » et repose sur une mauvaise appréciation du concept d'imprescriptibilité appliqué à une injustice historique :

> [L]es requérants, près de deux siècles après l'abolition définitive de l'esclavage, ne sauraient justifier d'un préjudice suffisamment rattachable aux crimes subis par ceux de leurs ancêtres qui ont été victimes de la traite ou de l'esclavage ; [...] l'expertise demandée serait nécessairement impuissante à caractériser [leur action] de façon certaine et individuelle ; qu'on doit observer d'ailleurs [...] que la reconnaissance d'un tel droit, qui renaîtrait par définition à chaque génération, aurait pour effet d'assurer non pas l'imprescriptibilité du crime mais l'imprescriptibilité de ses effets préjudiciables dans le temps [2].

En raison de l'impuissance du raisonnement causal à déterminer l'origine et les effets certains du préjudice individuel et intergénérationnel lié à l'esclavage, le juge de droit civil estime que la réparation est impossible à établir pour les personnes physiques dont les demandes sont donc déboutées au terme de ce jugement en première instance.

Enfin, si le juge étudie séparément la recevabilité des associations et celle des personnes physiques, il insiste pour considérer la demande de réparations de manière globale. Il refuse de dissocier la demande « indemnitaire » qui bénéficierait exclusivement aux personnes physiques et la demande que le juge nomme « mémorielle », qui émane des associations et qui vise, au-delà de la reconnaissance symbolique, la mise en place d'une politique de connaissance, de recherche et d'enseignement. Le juge déclare qu'il ne s'agit que de deux modalités d'une même réparation :

> il ne convient pas de distinguer [...] entre d'une part une demande indemnitaire, dont seuls les demandeurs personnes physiques auraient le

1. Pour une présentation synthétique de ces deux arguments et de leur logique respective, voir B. Boxill, « Black Reparations », *Stanford Encyclopedia of Philosophy*, version révisée le 18 novembre 2015 https://stanford.library.sydney.edu.au/entries/black-reparations.
2. Extrait du jugement, p. 26-27.

> bénéfice, et d'autre part une demande plus spécifique, liée au devoir de mémoire, consistant en la mise en place d'une expertise ayant pour objet, au-delà de la reconnaissance symbolique, la connaissance scientifique de l'étendue des deux crimes, la traite et l'esclavage [1].

C'est donc de manière globale que les demandes seront acceptées ou – en l'occurrence déboutées. Dans la mesure où le juge refuse de voir une différence de sens et de nature entre la réparation indemnitaire et la réparation « mémorielle » (ici comme condition de production d'une connaissance renouvelée sur le récit national commun), l'impossibilité de réparer atteint également les demandes des associations. Le juge argue qu'il n'est pas de son ressort de se substituer à l'État pour la mise en place d'une *politique publique* : il réaffirme le principe de la séparation du juge et du législateur et sa propre incompétence pour les secondes.

> Il n'appartient pas à l'autorité judiciaire de se substituer à l'État en fixant les conditions de mise en œuvre d'une politique, même voulue par la loi, outre que la loi du 21 mai 2001 a confié elle-même à un comité de personnalités qualifiées la charge de faire des propositions destinées à rendre effectif le devoir de mémoire [2].

Le juge déboute donc les demandes des associations comme il avait débouté les demandes des personnes physiques : ces dernières parce qu'il est impossible d'établir le préjudice ; les premières au nom de la séparation des pouvoirs. La responsabilité de l'État dans les crimes est « indiscutable » mais la légitimité morale des réparations s'efface devant la procédure : les réparations sont peut-être un enjeu de justice, mais elles ne sont pas un enjeu judiciaire. L'État, « qui a eu une part de responsabilité », ne peut être tenu pour responsable légalement. Que valent les arguments sur lesquels les juges appuient leur conclusion ?

ARGUMENT DU PRÉJUDICE : L'INCOHÉRENCE DU RAISONNEMENT CONTREFACTUEL

L'argument du préjudice repose sur l'idée selon laquelle les requérants aujourd'hui souffrent des effets de l'injustice passée du fait d'un tort initialement commis contre les esclaves, qui a entraîné une chaîne de causes et d'effets qui perdure encore aujourd'hui et les atteint

1. Jugement, p. 24.
2. *Ibid.*

donc directement [1]. La justice exigerait donc qu'ils soient indemnisés en raison directe du tort, cause à la fois du préjudice subi par leurs ancêtres et du leur propre. Le droit actuel à réparation repose sur l'établissement d'un lien causal solide entre le crime originel, l'esclavage, et le préjudice actuel des descendants d'esclaves, lien souvent mis en relief à l'aide d'un argument contrefactuel : les descendants des victimes souffrent aujourd'hui du manque de ressources ou d'opportunités qu'ils auraient vraisemblablement eues si l'injustice n'avait pas affecté leurs ancêtres ou constitué un obstacle. Cette interprétation repose sur une notion diachronique du tort qui exige de mettre en place un raisonnement au conditionnel, comparant la situation réelle actuelle t1 à une situation hypothétique t'1 conçue comme l'aboutissement d'une chaîne de conséquences depuis une situation « idéale » où l'injustice n'aurait pas été commise à l'instant t, où les ancêtres des requérants n'auraient subi aucun préjudice.

La réparation a pour fonction dans cette perspective de modifier le présent pour qu'il soit plus conforme à la vision contrefactuelle t'1 de ce qu'il aurait été en l'absence de l'injustice passée. Certes, l'événement s'est produit; il est désormais immuable et indéniable, mais on peut transformer le présent pour qu'il ressemble à un monde dans lequel l'injustice n'aurait pas eu lieu, en restaurant les victimes actuelles au niveau de bien-être qui aurait été le leur dans ce monde contrefactuel. Il ne s'agit pas, bien évidemment, de revenir à une situation similaire à la situation initiale contrefactuelle, puisqu'il est impossible d'établir exactement la nature de la situation initiale idéalement juste. Toutefois, l'impossibilité de déterminer l'idéal n'implique pas que nous n'ayons pas de devoir d'indemnisation : nous devons faire en sorte que la rectification produise un résultat juste, quoique différent de l'idéal initial. Si par exemple je blesse quelqu'un, volontairement ou par inadvertance, de telle sorte qu'il ne puisse plus jamais se servir de sa main droite, le fait qu'une somme d'argent ne puisse pas intégralement réparer le mal qui lui a été fait n'implique pas que je ne doive rien à la victime de mon acte. Je suis tenue de rectifier la situation; certes, lorsque la victime aura été indemnisée, sa situation sera loin d'être idéale et toujours moins satisfaisante qu'avant

1. Voir par exemple L.-G. Tin, *Esclavage et réparations, Comment faire face aux crimes de l'histoire...*, Paris, Stock, 2013 : « on sait que les populations victimes d'un crime contre l'humanité risquent d'en subir les conséquences sur plusieurs générations, et souvent même sur plusieurs siècles. [...] Cinq siècles plus tard, aucun des peuples natifs d'Amérique n'a pu vraiment se remettre de ce traumatisme inaugural, qui s'est prolongé jusqu'à ce jour sous des formes diverses ».

la perpétration du tort ; toutefois, je n'aurai plus de devoir de justice à l'égard de la victime.

Mais dans le cas d'injustices historiques, le raisonnement se heurte à deux difficultés massives. La première difficulté est dirimante selon Jeremy Waldron [1], et c'est aussi celle qui est mentionnée par le juge dans l'affaire étudiée : elle correspond à ce que Janna Thompson a nommé la « thèse de l'indétermination » [2]. L'ensemble de la chaîne de causalité entre le tort initial et le tort vécu aujourd'hui par les requérants est impossible à reconstituer avec suffisamment de certitude pour que l'on puisse établir que leur situation actuelle est directement liée au tort commis contre leurs ancêtres et qu'à ce titre ils mériteraient d'être indemnisés. La situation initiale est à la fois difficile à établir puisqu'elle repose sur un raisonnement contrefactuel et peu contraignante sur le plan normatif, puisque nous manquons d'informations sur les transferts de biens qui auraient eu lieu à chaque génération si les personnes mises en esclavage avaient pu bénéficier du salaire qu'elles n'ont pas reçu pour leur travail ; nous ne pouvons donc en inférer avec certitude la situation de coût ou de gain qui en aurait résulté pour les générations successives. Nous pourrions par exemple, dit Waldron, assez aisément imaginer ce que serait le présent contrefactuel dans lequel l'injustice qui consiste, pour un groupe, à s'approprier une source d'eau potable au détriment d'autres groupes n'avait pas été commise et la source partagée. On procéderait alors en remontant une chaîne d'événements plausibles selon les lois générales de la nature : E (appropriation injuste), F, G, H (présent actuel) ou bien E + (partage de la source), F +, G +, H + (présent contrefactuel). Et on en déduirait les modifications à apporter à H pour qu'il ressemble à H +. Mais il est en réalité impossible de déterminer avec certitude si les événements successifs sont uniquement liés par une causalité *naturelle* les uns aux autres, ou bien si une partie importante de leur enchaînement et de leur succession temporelle est due à des choix humains et par conséquent à l'exercice même de la liberté humaine : on se retrouve donc avec une multiplicité presque infinie de contrefactuels possibles, et ce d'autant plus que la chaîne des générations s'étend plus avant dans le temps. Les salaires perçus en échange du travail effectué auraient pu être investis et fructifier, ou être intégralement dépensés dans des biens de

1. J. Waldron, « Superseding Historic Injustices », *op. cit.*

2. J. Thompson, *Taking Responsibility for the Past. Reparation and Historical Injustice*, Cambridge, Polity Press, 2002, chap. 7 « The Rights of Descendants », p. 110 *sq*.

consommation immédiats, perdus dans des catastrophes naturelles, joués au jeu, etc.

Waldron concède que les choix humains recouvrent eux aussi une part de prédictibilité (notamment statistique); mais notre réflexion sur ce qu'aurait été le choix plausible le plus rationnel étant données les circonstances politiques, économiques et culturelles des groupes et les données de la psychologie humaine ne produit aucune certitude : il est toujours possible que les individus concernés aient réagi de manière irrationnelle. Ainsi n'y a-t-il selon lui aucune force normative dans l'idée selon laquelle, pour savoir comment, et dans quelle mesure ou proportion, réparer une injustice du passé, nous pouvons nous fonder sur des suppositions rationnelles et informées concernant la manière dont des individus ou des groupes auraient exercé leur liberté de choix dans un monde hypothétique. La difficulté n'est pas seulement épistémologique mais ontologique : l'indétermination est totale parce qu'elle fait partie de la liberté de choix humaine. Les raisonnements contrefactuels reposent sur des croyances quant à la rationalité des comportements individuels mais ne nous fournissent aucune ligne normative crédible pour savoir en quoi consiste exactement l'injustice à réparer, à quoi elle est due et le montant qu'il faudrait allouer pour son indemnisation.

La seconde difficulté souligne que cet argument est sensible au « paradoxe de la non-identité » [1]. Ce paradoxe fait valoir que si l'on parvient à montrer que le lien causal n'est pas rompu entre t et t1, alors l'injustice n'affecte pas seulement les possibilités ou les opportunités des descendants, mais aussi, purement et simplement, leur existence. Dans la mesure où ne pas commettre l'injustice à l'instant t aurait abouti à une situation t'1 où n'existe pas le groupe actuel des requérants, ce groupe ne peut pas se plaindre d'avoir été affecté par l'injustice commise. Ils ne sont pas les victimes du tort mais ses bénéficiaires, dans la mesure où le tort était la condition même de leur existence : il semble donc moralement difficile de justifier que leur soit due une compensation. La légitimité d'une demande de réparation pour un préjudice exige que le dommage n'ait pas eu d'influence causale directe sur l'identité psycho-physique du requérant : l'identité doit demeurer la même dans le monde tel qu'il est et dans le monde contrefactuel auquel il est comparé. « Lorsqu'un prétendu dommage est aussi la condition de possibilité de l'existence de

1. Pour une présentation de ce paradoxe, voir D. Parfit, *Reasons and Persons*, Oxford, Clarendon Press, 1984, p. 351-379; J. Woodward, « The Non-Identity Problem », *Ethics*, 96(4), 1986, p. 804-831.

sa victime », résume Axel Gösseries, « le concept de dommage devient inopérant puisqu'il est impossible de comparer deux états de la même personne » (un état actuel et un autre contrefactuel) » [1]. Sans la traite et l'esclavage, les descendants d'esclaves n'existeraient pas aujourd'hui, donc il leur est impossible d'exiger réparation pour un fait qui est cause de leur existence [2].

En réponse à ces difficultés, Janna Thompson propose deux arguments. D'une part, la thèse d'indétermination de Waldron peut aussi s'interpréter, c'est la suggestion de Thompson, de la manière suivante : le poids de la preuve de l'indétermination repose sur ceux qui s'opposent aux demandes de réparation et non pas sur ceux qui expriment les demandes. C'est à ceux qui résistent à la légitimité d'une indemnisation de prouver, au delà de tout doute raisonnable, que les individus qui auraient perçu un salaire au lieu de se voir imposer un travail servile l'auraient intégralement perdu, ou que les générations successives auraient dépensé leurs biens dans des activités irrationnelles au lieu de les utiliser pour donner du sens à leur vie et à leurs activités orientées vers l'avenir et vers la transmission à leurs descendants. Ce fait s'avère d'autant plus difficile à prouver que nous vivons dans des sociétés par ailleurs organisées autour de la protection de l'héritage et de l'importante signification sociale qui lui est accordée.

D'autre part, selon Thompson, cette structure de transmission a une valeur même entre des générations éloignées, indépendamment de toute relation personnelle directe entre un ascendant et son descendant, en raison de la manière dont la transmission fait partie de la structure familiale élargie. Le véritable sujet de la réparation est alors la lignée familiale, définie par un ensemble de relations qu'il s'agit de protéger (relations non pas entre des individus et des biens, mais entre des individus liés par un récit familial sur la signification des biens pour la famille) et pas uniquement les descendants, qui ne sont que les représentants actuels de la lignée familiale. Cette seconde réponse permet ainsi de contourner l'argument de la non-identité : c'est la famille, comme sujet de représentations communes, et non pas l'individu avec une identité psycho-physique particulière, qui a été lésée.

Une autre réponse à cet argument a été proposée par Bernard Boxill : l'injustice qui a causé les torts des générations actuelles n'était pas

1. A. Gösseries, *Penser la justice entre les générations*, Paris, Flammarion, 2004, p. 68.

2. R. Kumar, « Who Can Be Wronged? », *Philosophy and Public Affairs*, 31(2), 2003, p. 99-118 et R. Kumar et D. Silver, « The Legacy of Injustice. Wronging the Future, Responsibility for the Past », dans L. Meyer (éd.), *Justice in Time. Responding to Historical Injustice*, *op. cit.*, p. 145-158.

l'esclavage, mais l'absence d'indemnisation des émancipés au moment de l'abolition, à la fois signe et première étape de la non-transformation de la structure sociale raciale, qui a pesé constamment de manière négative sur les circonstances et conditions de vie des générations successives jusqu'à aujourd'hui. Ainsi le contrefactuel pertinent pour concevoir le dommage n'est-il pas un contrefactuel sans esclavage entraînant potentiellement l'inexistence même du groupe de descendants d'esclaves, mais un contrefactuel dans lequel les circonstances de vie des esclaves émancipés puis des générations successives de leurs descendants jusqu'aux requérants actuels auraient été plus avantageuses ou plus justes.

Les deux réponses de Thompson et Boxill quant à l'argument de la non-identité nous semblent très convaincantes ; mais précisément cet argument, très discuté dans la littérature, et qui a été sollicité par ailleurs en droit civil français, n'a pas été ici mobilisé par le juge. Quant à la réponse à l'argument d'indétermination, qui consiste à retourner la charge de la preuve, il nous semble lui aussi non seulement plausible, mais conforme à la logique de dissensus réglé qui est celle du procès ; que le juge ait embrassé la thèse de l'incertitude dans la chaîne des contrefactuels, qui rend impossible « de caractériser [le préjudice] de façon certaine et individuelle », est toutefois cohérent avec un certain nombre d'autres convictions morales qui forment la culture publique sur le fond de laquelle est rendu le jugement – en particulier ici, la conviction que la position juste par défaut, celle qui demande un surcroît de preuve pour être discutable, est celle de la répartition actuelle des propriétés. Cette conviction morale bien pesée est aussi en jeu dans leur réponse au second grand type d'argument.

ARGUMENT DE L'HÉRITAGE : L'IMPOSSIBLE INDEMNISATION

L'argument dit de l'héritage renouvelle la manière d'envisager l'injustice au titre de laquelle il est demandé réparation. Les injustices du passé auxquelles on se propose de remédier, dans cette perspective, ne sont pas des actes isolés et finis, que l'on peut circonscrire dans le temps, mais des injustices persistantes et perpétuées par le système légal. L'injustice relève des arrangements structurels (règles, lois, régimes, etc.) qui opèrent injustement jour après jour. Ce raisonnement n'est pas sensible aux difficultés des contrefactuels : un bien a été dénié ou extorqué à son légitime propriétaire, qui a donc droit à restitution ou indemnisation – et ce droit est transmis à ses descendants qui auraient dû hériter du bien. Cet argument repose fondamentalement sur une condition de protection du *droit*, telle que la situation injuste est définie par une norme juridique comme une situation protégée où l'action dommageable (la privation de l'héritage) est préjudiciable : pour qu'il y ait préjudice, il faut alors que le dommage porte atteinte à des droits (ici le droit de propriété, le droit patrimonial, etc.). De la sorte, le préjudice est reconnu comme tel selon la norme de droit en vigueur et selon le statut juridique qualifiant la situation dans laquelle le tort est intervenu. Le préjudice n'est plus une simple conséquence causale, mais aussi une conséquence juridique du dommage [1].

En l'occurrence, le préjudice des requérants actuels est lié à l'absence de compensation offerte aux esclaves émancipés pour les dédommager du crime de l'esclavage commis contre eux, dans un contexte d'absence de protection de leurs droits (civils, politiques, économiques, sociaux et culturels) après l'abolition. Le raisonnement se fait ensuite en descendant de génération en génération : la deuxième génération, les enfants des esclaves émancipés, a hérité du droit qu'avaient leurs parents à être indemnisés, etc. jusqu'aux requérants d'aujourd'hui. Il ne s'agit pas ici de justifier la réparation directement par une chaîne causale remontant jusqu'au crime ; il s'agit de fonder le droit à réparation des requérants actuels sur le principe de la transmission par héritage du droit à réparation des victimes directes en vertu du fait qu'il est un droit de créance de nature patrimoniale – principe largement admis par la jurisprudence en droit civil : « En droit civil, le patrimoine de la victime se transmet à son héritier et, par l'effet de cette transmission, l'héritier se trouve en position d'exercer les droits qu'il y trouve. » [2]. L'argument de l'héritage soutient que les descendants d'esclaves pourraient être les héritiers de propriétés qui auraient été les leurs si une double injustice n'avait pas été commise : d'une part, les individus mis en esclavage ont été privés de l'exercice du droit de propriété, y compris de la propriété de leur force de travail ; d'autre part, les esclaves émancipés auraient dû recevoir réparation pour cette injustice commise contre eux. Le préjudice dont sont victimes les plaignants aujourd'hui est d'avoir été privés de leur

1. Pour cette distinction entre conséquence causale et conséquence juridique, voir H.-B. Pouillaude, *Le lien de causalité dans le droit de la responsabilité administrative*, Thèse de droit public, Paris II, 2011, p. 243 *sq*.

2. Avis de M. Boccon-Gibod, avocat général à la Cour de cassation, sur les arrêts n°566 (05-87.379) et n°567 (06-85.751), rendus le 9 mai 2008, Cour de cassation – Assemblée plénière, disponible sur le site de la Cour de Cassation (http://www.courdecassation.fr/jurisprudence_2/assemblee_pleniere_22/boccon_gibod_11518.html). Cette possibilité de l'action civile ne s'étend pas à la possibilité d'engager une action publique (devant une juridiction pénale) lorsque celle-ci n'a pas été engagée du vivant de la victime.

héritage, et ce simplement en vertu du fait qu'ils sont les héritiers de leurs ancêtres, indépendamment de tout autre caractéristique psycho-physique. Ils pourraient donc, à ce titre, être fondés à demander des réparations.

En revanche, se pose alors un autre problème dans cette interprétation : les injustices commises contre des générations passées peuvent ne pas donner lieu à une demande légitime de réparation si ces demandes reposent sur une interprétation indéfendable du droit de propriété. C'est l'argument clé de Jeremy Waldron [1]. Selon lui, le droit qui a été violé il y a plusieurs générations n'est peut-être plus aujourd'hui un droit au sens strict, ou le même droit, qui aurait survécu inchangé au fil du temps. Waldron commence par reconnaître certains motifs pragmatiques et procéduraux, pour lesquels il importe de reconnaître le caractère prescriptible de certains droits : les règles de preuve et de procédure ont du mal à traiter les souvenirs et les témoignages d'événements qui ont eu lieu il y a plusieurs décennies et les décisions de justice sont alors susceptibles d'être arbitraires, ou insuffisamment fondées sur des sources indiscutables. Mais il y a surtout selon lui des raisons de principe à considérer que certains droits, en particulier le droit de propriété, sont sensibles au passage du temps et aux changements de circonstances.

Dans une perspective lockéenne, Waldron définit la propriété par une caractéristique essentielle, son usage. C'est la base elle-même du droit de propriété que d'être lié à une relation d'intimité entre une personne et une ressource : si la ressource est ôtée à la personne pour une longue période de temps, alors cette relation elle-même s'évanouit. Le droit de propriété n'est donc pas inaliénable ou fondamental : son existence dépend de la force du lien et de la signification de la chose pour l'identité et le bien-être des individus. Ainsi, en raison même du passage du temps, les héritiers de la possession qui n'ont pas entretenu de relation avec la possession ont perdu leur droit à prétendre récupérer la possession, et ceux qui possèdent actuellement le bien ont gagné un droit à le posséder. Waldron estime toutefois que la relation entre travail et objet sur un strict modèle lockéen est incohérente et lui préfère une conception nozickienne. Dans la perspective de Locke, un objet devient propriété privée lorsqu'un individu, mêlant son travail à l'objet, le transforme en une sorte de prolongement de lui-même [2]. L'objet devient ainsi la propriété exclusive

1. J. Waldron, « Superseding Historic Injustice », *op. cit.*

2. J. Locke, *Second Traité du Gouvernement Civil*, dans *Deux Traités du Gouvernement*, trad. fr. B. Gilson, Paris, Vrin, 1997, § 27 p. 153 : « [...] chacun garde la *propriété* de sa propre *personne*. Sur celle-ci, nul n'a de droit que lui-même. Le *travail* de son corps et l'*ouvrage* de ses mains, pouvons-nous dire, sont vraiment à lui. Toutes les fois qu'il fait sortir

de celui qui lui a conféré sa valeur spécifique par l'ajout de son travail. Mais selon Waldron, cette interprétation n'est pas satisfaisante car elle conduit à concevoir un droit de propriété trop robuste ou trop faible : soit toute vente ou transmission de l'objet correspondrait systématiquement à la violation de la relation initiale de mélange travail/objet : aucune transmission ou système d'échange n'est alors légitime ; soit on admet qu'il peut exister des acquéreurs ou héritiers légitimes, ceux qui mêlent leur propre travail à l'objet de manière tout aussi moralement signifiante que le possesseur initial et en font ainsi leur propriété ; mais dans ce cas alors, même une acquisition injuste pourrait conduire à une possession légitime du moment que l'acquéreur travaille.

C'est pourquoi Waldron préfère une interprétation nozickienne de l'appropriation : prendre possession d'une chose, c'est en faire usage de telle sorte que la chose devienne un élément central de notre projet de vie et de nos activités. Mais selon Waldron, dans ce cas, le droit de propriété demeure tout aussi vulnérable à l'argument de la prescription et d'autant plus que la dépossession a persisté dans le temps. Si quelque chose m'a été pris il y a des années, j'ai vraisemblablement développé une structure de subsistance telle que cette chose n'est plus essentielle à ma vie : je peux vouloir la posséder à nouveau et consacrer beaucoup de temps et de ressources à la récupérer, mais je mobilise alors un autre argument que celui qui consiste à dire que cette chose est indispensable à ma vie qui est organisée dans et par la possession de cet objet. En outre, l'objet est sans doute devenu central dans les projets et plans de vie d'autres personnes, qu'il serait injuste de priver de l'usage de l'objet. Et l'argument est d'autant plus puissant lorsqu'il s'agit de biens qui ont été déniés ou extorqués il y a plusieurs générations : les descendants ont vraisemblablement trouvé les moyens de réaliser des projets de vie indépendants du bien. Le droit de propriété ne résiste pas au passage du temps. Quand le temps a passé, un bien n'est plus indispensable à la personne qui ne peut donc plus prétendre avoir le droit de le récupérer pour cette raison. La nature même du droit de propriété est ainsi étroitement liée à la possession physique de la propriété en question.

un objet de l'état où la Nature l'a mis et l'a laissé, il y mêle son *travail*, il y joint quelque chose qui lui appartient, et, par là, il fait de lui sa *propriété*. Cet objet, soustrait par lui de l'état commun dans lequel la Nature l'avait placé, se voit adjoindre par ce *travail* quelque chose qui exclut le droit commun des autres hommes. Sans aucun doute, ce *travail* appartient à l'ouvrier ; nul autre que l'ouvrier ne saurait avoir de droit sur ce à quoi le travail s'attache, dès lors que ce qui reste en commun suffit aux autres, en quantité et en qualité ».

Enfin, affirme Waldron, le droit de propriété est sensible aux changements de circonstances qui fournissent la toile de fond pour l'évaluation des demandes de réparations. Il est possible que, les circonstances ayant changé, une acquisition illégitime ou une violation de droits aient produit des effets qui sont désormais susceptibles d'être légitimes, ou que le sens de la légitimité ait changé. S'approprier une ressource particulière est une injustice ou non, selon qu'on se trouve en période de rareté ou d'abondance des ressources, ce qui en laissera, ou non, en quantité suffisante pour les autres. De même, s'approprier une chose à un instant t, où les ressources sont abondantes, prend une tout autre signification si, les circonstances ayant changé, à t1 les ressources sont rares de telle sorte que si la prise de possession avait lieu à t1, les modalités d'évaluation pertinentes à t ne pourraient s'appliquer. Les obligations de justice liées à la possession de cette ressource sont modifiées. Le droit de propriété n'est donc pas un droit dont l'application est continue, persistante et non modifiable. Par exemple, si un groupe s'est illégitimement approprié une source aux dépens d'un autre groupe; si entre-temps une catastrophe écologique s'est produite de sorte que cette source est désormais la seule pour assurer la survie des deux groupes, la justice requiert que les deux groupes partagent la source, mais pas que le groupe qui se l'est illégitimement appropriée la rende à ses propriétaires originels. C'est ce que Waldron nomme « *superseding* », modifier ou remplacer les injustices historiques : ce qui a pu être illégitime à un moment donné de l'histoire ne l'est plus nécessairement aujourd'hui. La traite et l'esclavage qui ont privé les individus mis en esclavage de justes prétentions à la rémunération de leur travail et à la propriété de leurs biens, étaient injustes; la non indemnisation des émancipés était injuste; mais cela ne signifie pas que la dette réclamée aujourd'hui soit légitime. L'argument de la prescription quadriennale invoqué par le juge repose précisément sur cette notion de modification des circonstances au moment où la dette est réclamée.

Cependant, cet argument repose sur une mauvaise appréciation de la réalité des demandes de réparations. Les analyses sur les réparations menées du point de vue de la logique civiliste se concentrent sur l'enrichissement injustifié, sur les bénéfices acquis de manière illicite : dans cette perspective, une compensation monétaire est due aux descendants d'esclaves en raison de l'appropriation moralement répréhensible des terres et de la force de travail par les propriétaires d'esclaves et du bénéfice que l'État ou des institutions publiques (banques notamment) ont pu en retirer, puis en raison de l'indemnisation financière que les propriétaires ont reçue au moment de l'émancipation, bénéfices étendus durablement, en raison du système multidimensionnel économique esclavagiste, à des compagnies privées, aux banques (les premières banques coloniales d'émission ont été créées par le décret d'abolition) [1] et à l'État. Un tel argument repose sur le constat selon lequel, pour citer Frantz Fanon, « [l'] opulence européenne est littéralement scandaleuse car elle a été bâtie sur le dos des esclaves, elle s'est nourrie du sang des esclaves, elle vient en droite ligne du sol et du sous-sol de ce monde sous-développé » [2]. Les réparations, comme compensations économiques pour des gains acquis illégitimement, sont dues en remboursement d'une dette détenue auprès des compagnies privées (compagnies d'assurances, banques, etc.) et de l'État esclavagiste enrichis injustement par la traite et l'esclavage, et même par l'émancipation.

Toutefois, calculer la compensation qui serait due uniquement à partir de la mesure *matérielle* de l'exploitation de la force de travail et de l'appropriation de terres reviendrait à tenir pour négligeables les autres dimensions du crime : le travail sexuel et reproductif, les violences physiques, les dénis d'identité et de famille, la violation de droits civils et politiques, l'aliénation culturelle et psychique [3], etc. Traiter les réparations en droit de la responsabilité civile, qui se concentre sur la proportion que l'on peut établir entre des biens à valeur marchande et leur équivalent financier, dans l'espoir d'une arithmétique « objective » rétablissant la justice, plutôt que sur la mesure de la violence politique ou de la privation de relations affectives, revient à méconnaître la nature systématique et structurelle du préjudice – outre que cela oblige à un calcul moralement douteux pour établir le bénéfice net que des personnes physiques ou morales ont pu retirer du système.

Janna Thompson propose de dépasser le modèle du droit de la responsabilité civile au nom du fait que les réparations doivent viser la réconciliation, et non l'indemnisation, qui est à la fois impossible et inutile. Dans un argument qu'elle nomme « argument de la lignée familiale »,

1. Selon l'article 7 de la loi du 30 avril 1849, « sur la rente de 6 millions, [...], le huitième de la portion afférente aux colonies de la Guadeloupe, de la Martinique et de la Réunion sera prélevé pour servir à l'établissement d'une banque de prêt et d'escompte dans chacune de ces colonies » : l'intention était « d'assainir et de moderniser le système financier des colonies », voir A. Festré et A. Raybaut, « Banques coloniales, crédit et circulation : l'exemple de la Martinique 1848-1871 », *Œconomia-History/Methodology/ Philosophy*, 2009, 43(7-8), p. 1177-1199.

2. F. Fanon, *Les Damnés de la Terre*, Paris, La Découverte, 2002 [1961], p. 94-98.

3. Selon les termes de Janna Thompson, *op. cit.*

elle dénonce dans la logique du droit civil l'accent mis sur les objets, les biens de propriété, comme si le crime commis pouvait être effectivement indemnisé uniquement par l'octroi de richesses matérielles. Selon elle, non seulement l'ambition de concevoir de la sorte l'argent comme un « équivalent universel » [1] est illusoire, mais en outre la matérialité de la demande civile manque une dimension importante, extra-patrimoniale, du préjudice. Elle propose donc de placer la justification de la réparation plutôt sur la relation spéciale qu'entretiennent les descendants avec les victimes de l'injustice que sur la relation entre les individus et leurs biens.

Selon elle, la notion de « lignée familiale » ne saurait être appréhendée uniquement par l'idée de succession des générations; elle correspond plutôt à un ensemble unifié, notamment par un récit collectif qui relie les membres présents à ceux du passé et qui leur confère un sens de leur identité, de leur dignité et de leur appartenance commune. Cette histoire appartient au legs transmis de génération en génération et elle importe aux représentants des lignées. Ainsi les injustices commises contre les lignées familiales (les injustices faites à la mémoire, à l'estime de soi, mais également le maintien de familles particulières dans des positions subordonnées et la continuité de leur oppression dans le temps par des structures sociales durables) ont-elles des effets dans le présent, non pas à cause du caractère direct d'une relation causale qu'on pourrait remonter point par point, non pas non plus en raison d'une dette matérielle qui aurait privé les héritiers de certains biens, mais en raison de la continuité structurelle de l'injustice et de la *signification* de l'injustice pour le récit familial. À travers cette signification, c'est la manière dont les descendants, les membres actuels de la lignée, se représentent discursivement leur place dans l'ensemble ainsi constitué par la famille qui a été atteinte, se répercutant sur la façon dont les descendants construisent leur propre respect d'eux-mêmes et leur sens de la justice. C'est à ce titre, selon Thompson, que des réparations leur sont dues aujourd'hui.

Afin de répondre à une objection possible, selon laquelle cette exigence pourrait concerner de nombreux cas de « lignées familiales » affectées dans le passé par des injustices d'ordres très variés, il importe de saisir l'argument comme complément à celui de Catherine Lu : les injustices contre les lignées familiales *qu'il importe de réparer* doivent être identifiées à partir d'une approche structurelle et non pas interactionnelle. Dans une perspective structurelle, les générations actuelles sont dans l'obligation de réparer les injustices qui affectent les structures sociales

1. A. Garapon, *Peut-on réparer l'histoire ?*, *op. cit.*, p. 81.

et institutionnelles, que Lu définit comme « les ressources normatives, institutionnelles et matérielles qui composent les règles institutionnelles et les conditions de fond qui rendent possible et contraignent l'agentivité » [1]. Certaines injustices commises contre les lignées familiales s'inscrivent dans des schémas persistants d'exclusion ou d'exploitation systématiques et c'est à ce titre qu'elles doivent être réparées. Mais l'identification d'une continuité entre des agents du passé et des agents du présent n'est plus alors en jeu de manière déterminante. En raison de la nature structurelle de l'injustice, il nous faut renoncer à établir le lien entre les agents contemporains et les victimes du passé sur un modèle individualiste, ou entre les injustices du passé et les injustices du présent selon une logique causale, enfin entre les agents contemporains et la dette ou les bénéfices hérités des injustices passées – les trois dimensions qui sont à l'œuvre dans la logique judiciaire prise comme paradigmatique de ce qu'elle nomme « justice interactionnelle ». Cette logique judiciaire repose sur une confusion quant à la réalité de l'injustice et sur des calculs douteux pour établir l'indemnisation. La traite et l'esclavage sont des injustices du passé qui nous concernent aujourd'hui parce qu'elles ont contribué à la « production et à la reproduction d'injustices structurelles qui affectent les relations sociales contemporaines » [2]. Il faut donc plutôt recourir à une démarche qui s'interroge sur la relation entre les agents contemporains et les structures dans lesquelles ils vivent : leur responsabilité porte sur la transformation de ces structures actuelles et la logique judiciaire est bien mal placée pour opérer cette transformation – c'est l'ensemble des catégories et des procédures qui doit lui-même être transformé.

Ainsi, selon ce que nous avons établi dans la première section de ce chapitre (les arguments des juges reposent sur une norme juridiquement indéterminée mais normativement dépendante des structures morales, sociales et culturelles dans le système desquelles elle se dit) et ce que nous avons établi dans la deuxième section (la loi Taubira n'est pas une loi normative mais simplement déclarative), les arguments des juges sont imparables. Mais ils sont aussi profondément inadaptés à la réalité de l'injustice – la nature structurelle de la traite et l'esclavage démontrée dans le premier chapitre. Si la logique corrective n'est pas appropriée, la logique distributive l'est-elle davantage ? C'est l'enjeu du chapitre suivant.

1. C. Lu, *Justice and Reconciliation in World Politics*, *op. cit.*, p. 147.

2. *Ibid.*, p. 148.

CHAPITRE IV

LES RÉPARATIONS, NI REDISTRIBUTION NI RECONNAISSANCE IDENTITAIRE : UNE DEMANDE POLITIQUE D'EXPRESSION DE RESPECT

Certains expliquent l'échec de la justice corrective constaté au chapitre précédent par la raison que les demandes de réparations relèvent en réalité de la logique normative de la justice distributive. Selon cet argument, ce qui fait défaut à la logique corrective, au-delà des difficultés pratiques associées à l'applicabilité des réparations dans le droit de la responsabilité civile, c'est le fondement normatif qui permettrait de justifier leur légitimité. Comme le souligne Margaret Urban Walker [1], le problème de la justice corrective est que quelles que soient ses formes, elle présuppose un « fondement moral » ou une ligne de référence de l'évaluation morale, qui permette d'apprécier par comparaison si et dans quelle mesure certaines actions sont des fautes ou des manquements exigeant d'être « corrigés ». Ainsi la justice corrective n'est-elle moralement légitime qu'autant que l'est le fondement moral à partir duquel elle raisonne : les normes qui fournissent la ligne de référence sont admises, elles ne sont elles-mêmes ni définies ni discutées. La justice corrective consiste simplement à répondre aux déviations ponctuelles par rapport à une situation donnée, considérée comme ligne de référence morale à laquelle la correction de l'injustice doit permettre de revenir; mais la justice corrective ne se préoccupe pas d'identifier les défauts de cette situation elle-même. Le caractère moralement correct ou non de cette situation doit être évalué par ailleurs; selon Leif Wenar [2], c'est précisément la fonction de la justice

1. M. Urban Walker, « Restorative Justice and Reparations », *Journal of Social Philosophy*, 37/3, 2006, p. 377-395.

2. L. Wenar, « Reparations for the Future », *Journal of Social Philosophy*, 37/3, 2006, p. 396-405.

distributive et puisqu'il est impossible aux demandes de réparations de contredire les principes de la juste distribution d'un point de vue normatif, c'est qu'elles sont fondamentalement distributives.

Ainsi, si des réparations sont dues à l'heure actuelle, c'est en raison de la *situation désavantagée* actuelle des descendants d'esclaves et des territoires ou des pays anciennement colonisés par la France où l'esclavage avait cours [1]. L'objectif des réparations apparaîtrait plus clairement et correspondrait mieux à nos intuitions morales si l'on admettait qu'elles visent à réaliser l'égalité, à résorber les inégalités de ressources et de statuts actuels contrevenant à des principes distributifs égalitaristes, et non pas fondamentalement à indemniser certains individus ou groupes pour une injustice passée. C'est aussi la conviction de Jeremy Waldron : « les réparations pour injustice historique sont en réalité redistributives : elles consistent à déplacer des ressources d'une personne à une autre » [2]. C'est dans ce processus de redistribution que réside selon lui tout l'enjeu, et toute la difficulté, des demandes de réparations : elles exigent que soient réparties autrement des ressources dont la répartition actuelle est insatisfaisante, pour réaliser une nouvelle organisation de la distribution qui respecte mieux les principes de justice impliqués.

Dans cette perspective, l'enjeu de la redistribution sous-tendrait indirectement le positionnement des demandes dans la logique judiciaire civile, quoique de manière ambiguë et maladroite. D'un côté, c'est bien parce qu'il s'agirait de remédier à des *écarts de richesse* que les demandes de réparations feraient usage des procédures civiles : contrairement à la justice pénale, la justice civile ne se préoccupe pas de punir le crime ou de sanctionner des coupables mais cherche à compenser financièrement un préjudice constaté. Ce serait bien l'indication qu'au fond, la reconnaissance d'une injustice historique (le « crime contre l'humanité ») est secondaire : ce qui est réclamé, c'est une compensation financière pour un désavantage socio-économique actuel. La démarche civile chercherait à remédier à une inégalité dans la répartition des ressources. Mais d'un autre côté, elle suscite, ce faisant, l'indignation morale au motif que le processus prétend chercher à indemniser par une compensation financière (le « prix du sang ») un crime dont la valeur est incommensurable. Cette indignation serait au contraire atténuée, voire éteinte, si l'on admettait explicitement

1. Selon l'index du développement humain publié en 2013, parmi les 46 pays classés avec un « développement humain bas », tous sauf 3 sont des pays anciennement colonisés, et presque les trois-quarts sont en Afrique. http://hdr.undp.org/en/content/human-development-report-2013.

2. J. Waldron, « Superseding Historic Injustices », *op. cit.*, p. 13.

que la réparation n'est pas tournée vers le passé, mais vers l'avenir : non pas centrée sur l'établissement du montant approprié pour compenser une injustice du passé, mais sur la redistribution plus équitable de ressources inégalement distribuées, quelle que soit la cause de cette inégalité. La véritable raison du positionnement des demandes de réparations dans un contexte de justice corrective serait un motif de stratégie politique : d'une part, elles prétendraient attirer de la sorte « notre » attention sur une injustice passée liée à la construction de notre identité nationale – touchant ainsi un enjeu qui affecte directement notre représentation de nous-mêmes ; d'autre part, elles feraient appel au principe moral selon lequel il faut remédier à des torts – nous plaçant dans une position diffuse de culpabilité qui nous inciterait plus directement à agir [1]. Mais cette stratégie politique serait un mauvais calcul, non seulement parce qu'elle est inefficace, comme on l'a vu au chapitre précédent, mais en outre parce qu'elle est contre-productive, suscitant le malentendu et le rejet de la légitimité des demandes. Il faudrait au contraire débarrasser les réparations de leur « habillage » correctif et intégralement les conceptualiser sous l'angle de la justice distributive.

Or, si, en effet, le mécanisme correctif apparaît mal adapté aux objectifs des demandes de réparation et à la réalité structurelle de l'injustice, l'enjeu du présent chapitre est de démontrer que le fondement distributif ne permet pas de les appréhender plus clairement, ni d'en mieux justifier la légitimité morale et politique. Premièrement, associer réparations et redistribution suggère qu'on peut remédier aux inégalités de distribution grâce à la mobilisation d'un paradigme compensatoire, autrement dit que la redistribution peut être justifiée au nom de la compensation d'une injustice passée. Nous verrons qu'en réalité, la chose est malaisée : d'une part, l'équivalence entre les plus désavantagés et ceux qui souffrent d'une injustice raciale structurelle persistante n'est pas une évidence ; d'autre part, l'objectif transformatif de la réparation, fondé sur l'identification de la continuité historique de l'inégalité actuelle, oblige à réformer les structures institutionnelles en charge de la redistribution sans se contenter de les adapter à la marge. Deuxièmement, la redistribution met l'accent

1. Kok-Chor Tan estime par exemple, dans le contexte de la justice internationale, que les arguments formulés en termes de réparations fournissent davantage d'incitation à s'engager en faveur de l'égalité que les arguments qui portent simplement sur notre devoir d'assistance : « Les arguments en faveur des réparations peuvent compléter les arguments sur l'égalité globale en fournissant une motivation supplémentaire d'obéir aux principes de la justice égalitariste » (« Colonialism, Reparations and Global Justice », *Reparations : Interdisciplinary inquiries*, *op. cit.*, p. 285.)

sur les désavantages socio-économiques, les écarts de richesse entre des individus ou des groupes dans la communauté politique ; mais les demandes de réparation excèdent la seule logique socio-économique. On verra toutefois qu'elles ne s'inscrivent pas mieux dans un paradigme de reconnaissance, si on entend par là l'exigence de voir reconnues des identités particulières. En revanche, si la reconnaissance est statutaire et s'entend en termes politiques, relationnels et expressivistes, alors le paradigme peut nous permettre d'appréhender le sens des demandes.

DISTRIBUER, COMPENSER, RECTIFIER

Réparer : une pré-condition de la redistribution ?

Prenons au sérieux l'hypothèse selon laquelle les réparations relèvent de la justice distributive. Rappelons l'argument de Larry Alexander [1] : dans la mesure où l'opposition entre logique corrective et logique distributive est principielle, et dans la mesure où la distribution repose sur un idéal de justice, *est par définition injuste* tout effort en vue d'une correction des inégalités qui ne serait pas déjà mené grâce à l'effort pour réaliser une plus juste répartition (selon des principes préalablement établis), qui lui ferait obstacle, l'outrepasserait, le contournerait ou le différerait. Admettons ici le caractère intrinsèque du conflit entre correction et distribution et plaçons intégralement les réparations dans une logique distributive : dans cette perspective, la dimension corrective est au mieux simplement *instrumentale* dans les demandes de réparations.

Leif Wenar estime que la dimension correctrice demeure puissante dans les enjeux de *restitution*, que cette dernière soit en nature ou sous forme de compensation monétaire – c'est-à-dire lorsqu'il existe un *statu quo ante* identifiable qu'il s'agit de restaurer, et que la situation initiale servant de point de comparaison à la compensation est exclusivement *descriptive* et non pas normative. Sur le plan normatif, la justification de la restitution ne pose aucune difficulté particulière : si des œuvres d'art ont été injustement dérobées, elles doivent être rendues. Mais dans les situations où « l'injustice est l'état par défaut de personnes ou de groupes », quand il n'y a pas de « ligne de référence (*baseline*) descriptive » à laquelle ils pourraient se rapporter, il n'y a littéralement rien à « réparer » puisque la situation a toujours déjà été « brisée ». Or les demandes de réparations au titre de la traite et l'esclavage excèdent le

1. Voir *supra*, chap. I, p. 47 *sq*.

principe limité de la restitution, puisqu'elles font appel à un fondement moral normatif et non pas strictement descriptif. Il est impossible de concevoir une situation d'avant l'esclavage comme point de référence de la réparation.

Pourtant Wenar n'en conclut pas qu'il faut renoncer aux réparations au-delà des cas limités à la restitution. Il en conclut plutôt qu'elles sont fondées normativement sur la distribution et non pas sur la correction, ce qui pour lui, signifie qu'elles ne peuvent être justifiées que sur une base prospective : « les considérations rétrospectives (*backward-looking*) n'ajoutent aucun poids aux demandes de réparation. Seuls des facteurs prospectifs (*forward-looking*) nous fournissent des raisons de réparer les injustices historiques. [...] Les réparations, lorsqu'elles sont dues, ne le sont pas au nom du passé, mais au nom de l'avenir » [1]. Une telle considération présente selon lui l'avantage de permettre de discriminer entre les demandes légitimes et celles qui ne le sont pas. Quoique sans l'ombre d'un doute « les bombardements alliés sur Dresde, l'attaque japonaise surprise à Pearl Harbour ou l'incendie de la Maison Blanche par les Britanniques en 1814 » [2] aient constitué des injustices historiques, la raison pour laquelle elles ne donnent pas lieu à des demandes de réparations, est « qu'il est peu plausible que ceux qui pourraient en demander réparation au nom de principes rétrospectifs souffrent *à présent* d'une distribution injuste de droits ou de ressources » [3]. Les principes réparatifs n'ont aucune force normative indépendante des principes distributifs. C'est bien l'ambition de remédier à la distribution injuste actuelle qui légitime les demandes de réparation, qui doivent donc recourir à des raisons qui ne soient pas « tournées vers le passé » : « les demandes de réparations au-delà du principe limité n'ont pour ainsi dire aucune force indépendamment de considérations distributives tournées vers l'avenir. Car si les principes de réparation avaient une force indépendante, non seulement ils seraient capables de soutenir les principes d'une juste distribution, mais également de s'y opposer » [4]. Or selon Wenar, si l'on se donne une situation dans laquelle la distribution serait parfaitement réalisée, alors la raison d'être des réparations disparaît purement et simplement : si tout est distribué de manière conforme à un principe de distribution idéal, il n'y a rien à corriger. Mobilisant un argument contrefactuel, Wenar estime qu'aucune

1. « Colonialism, Reparations and Global Justice », *Reparations : Interdisciplinary inquiries*, *op. cit.*, p. 396.
2. *Ibid.*, p. 402.
3. *Ibid.*, p. 402.
4. *Ibid.*, p. 402.

demande de réparation qui viserait un objectif plus ambitieux que celui de la restitution ne pourrait légitimement être émise dans un monde où un principe distributif aurait effectivement réalisé l'égalité des ressources pour tous.

> Prenez un principe de distribution (comme le dit Nozick dans l'argument de Wilt Chamberlain, "celui que vous préférez"). Imaginez que votre principe distributif préféré soit effectivement réalisé dans le monde d'aujourd'hui. Maintenant imaginez que les réparations [...] exigent que nous modifiions cette distribution de justice parfaite, de telle sorte que le monde deviendrait distributivement moins juste. Je doute que beaucoup de théoriciens soient désireux de promouvoir un tel changement. Si aux États-Unis les Noirs et les Blancs étaient parfaitement égaux en termes de richesse, de pouvoir et de perspectives, personne n'insisterait sur les réparations liées à l'injustice de l'esclavage [1].

Comment les principes réparatifs sont-ils alors justifiés en termes distributifs et quelle est la fonction de la réparation dans la distribution ? Selon Wenar, les réparations constituent une « précondition » de la justice distributive ; leur enjeu est de « préparer le sol sur lequel la justice à venir pourrait fleurir » [2]. Dans le cas de l'esclavage en particulier, étant donnée la nature de l'injustice commise, ce qui a été détruit dans le passé était « la possibilité de relations morales à venir avec les individus ou les groupes dominants » [3]. Le déni de respect qui a accompagné le système esclavagiste pèse sur les identités actuelles et constitue un obstacle à la mise en place de schémas de coopération aujourd'hui au sein de la collectivité politique. La distribution repose sur la confiance partagée et le sens de la solidarité, impossibles à obtenir aujourd'hui parce que l'inégalité de distribution prolonge l'injustice historique qui a produit des relations de méfiance et d'irrespect mutuel. Pour Wenar, les réparations ont pour objet d'améliorer ces relations afin qu'elles fournissent un socle solide pour la coopération sociale dans l'avenir ; elles peuvent ainsi prendre des formes variées selon le contexte et selon ce qui, dans le contexte, est requis pour reconstruire la confiance partagée et le respect mutuel : excuses publiques, construction de musées, indemnisations financières, etc.

1. « Colonialism, Reparations and Global Justice », *Reparations : Interdisciplinary inquiries*, *op. cit.*, p. 402.

2. *Ibid.*, p. 403.

3. *Ibid.*

Cette position est séduisante, mais elle nous semble poser deux problèmes, l'un qui porte sur la construction même de l'hypothèse distributive tournée vers l'avenir ; l'autre qui porte sur la confusion entre distribution et reconnaissance. Premièrement, le raisonnement de Wenar repose sur une simplification abusive des enjeux prospectifs et rétrospectifs des réparations en mobilisant un raisonnement contrefactuel qui en questionne la légitimité à partir d'une situation de distribution idéale, pour ensuite en faire une « pré-condition » de cet idéal. Or les demandes de réparations existent précisément parce que la situation actuelle n'est pas idéale *en raison d'une injustice passée structurellement reproduite*. Comme le remarque Roland Pierik [1], le caractère an-historique de la situation de distribution idéale n'est pas établi par l'argument contrefactuel : *mon* « principe de distribution préféré » est un principe pour le choix duquel il y a préalablement eu enquête sur la manière dont les injustices actuelles sont apparues et se sont maintenues jusqu'à ce que le principe de distribution les répare – de telle sorte que la situation idéale signifierait que les injustices structurelles ont déjà été réparées. La réalisation effective de « ma » situation de distribution « parfaite » est conditionnée par le fait historique qu'il y a déjà eu réparation. Deuxièmement, Wenar semble rapporter les réparations, plutôt qu'à un paradigme strictement distributif, à un paradigme de la reconnaissance, en tant que celle-ci constituerait une pré-condition du fonctionnement même de la distribution, *i.e.* de notre engagement commun en faveur de la stabilité des principes consensuels de la justice distributive, socle de nos pratiques coopératives partagées. Mais dans ce cas la réparation n'est pas normativement prise en charge par la distribution : au contraire, elle est une exigence normative préalable de la distribution et relève d'un paradigme alternatif, celui de la reconnaissance (ce que nous explorerons dans la seconde section de ce chapitre).

Identifier les plus désavantagés

Si la réparation peut être justifiée de manière satisfaisante, au-delà du principe limité de la restitution, dans une logique distributive, il lui faut prendre en charge la justification d'un traitement préférentiel accordé à certains individus ou certains groupes dans la redistribution en raison d'une identité historique particulière – et cette justification ne peut pas

1. R. Pierik, « Reparations for Luck Egalitarians », *Journal of Social Philosophy*, 37/3, 2006, p. 436.

être intégralement menée de manière prospective. L'égalitarisme qui fonde les théories de la justice distributive « *colorblind* » repose sur ce que Glenn Loury [1] a nommé un axiome d'anonymat, selon lequel il n'est pas légitime de distinguer, pour des objectifs de justice sociale, entre deux états sociaux A et B qui diffèrent seulement en raison des identités, mais pas du nombre, des individus situés à des positions différentes de l'ordre social. L'identité particulière des personnes n'est pas un critère recevable pour départager ces deux états sociaux : seul importe le nombre de personnes appartenant au groupe le plus désavantagé, éventuellement le déséquilibre entre les différents groupes, le seuil établi pour le groupe des plus désavantagés et le rapport de désavantage entre les mieux et les moins bien lotis. Donc, même si dans l'état social A, des groupes racialement dominés dans l'histoire se retrouvent de manière disproportionnée parmi les plus désavantagés par la distribution actuelle, alors que dans l'état B les membres de ces groupes historiquement dominés se retrouvent également répartis à tous les niveaux de l'échelle sociale, il faut, selon l'axiome d'anonymat, considérer les états A et B comme équivalents. Or, estime Loury, pour établir un principe équitable de répartition des ressources, on ne peut considérer comme donnée négligeable qu'en raison d'une injustice persistante qui a sa source dans le passé, tel groupe de personnes plutôt que tel autre se trouve disproportionnellement au bas de la stratification sociale. Une telle disproportion dans la représentation des victimes de l'injustice persistante au sein du groupe des plus désavantagés révèle l'influence et la continuité de l'injustice passée sur la situation actuelle. Pour Glenn Loury, l'axiome d'anonymat révèle la « naïveté sociologique » de l'idéal d'indifférence aux différences. Du moins semble-t-il possible de retourner la charge de la preuve et de demander aux universalistes qui louent l'abstraction inhérente à la répartition dans le libéralisme ou le républicanisme *colorblind* de démontrer en quoi leur position normative n'est pas une position de protection des inégalités actuelles, visant à conserver pour certains les privilèges acquis au cours de l'histoire. Dans un monde idéal, il y aurait eu enquête historique et sociologique pour établir un principe qui ne soit pas aveugle à la stratification raciale. L'approche idéale et contrefactuelle est inadaptée pour penser les réparations qui sont fondamentalement liées à l'histoire réelle de l'apparition des injustices présentes.

1. G. Loury, « Transgenerational Justice – Compensatory versus Interpretative Approaches », dans J. Miller et R. Kumar (éd.), *Reparations : Interdisciplinary Inquiries*, *op. cit.*

Mais, même dans une perspective non aveugle aux différences raciales prolongées depuis le passé, on peut estimer que les arguments en faveur de la réparation ne doivent pas être prioritaires sur d'autres, eux aussi voués à redistribuer plus équitablement des ressources matérielles et symboliques. On peut en effet soutenir que la logique des demandes de réparations consiste en réalité à mettre l'accent sur certains critères de redistribution mobilisant l'appel au passé, qui vont à l'encontre d'autres critères ou de valeurs plus fondamentales pour réaliser au présent l'égalité dans la distribution des ressources. Les arguments en faveur d'une redistribution des ressources au nom des réparations devraient donc démontrer qu'ils sont supérieurs à (plus efficaces que) ceux qui mobilisent d'autres valeurs, pour réaliser l'égalité dans la répartition, y compris pour les groupes visés. Or selon Richard Epstein par exemple [1], les demandes de réparations au titre de l'esclavage prétendent vouloir rectifier une situation inéquitable pour certains, réactiver et prolonger le combat mené lors des luttes pour les droits civiques, et inciter les États-Unis à réaliser une union plus solide autour d'un projet démocratique plus inclusif; mais ce faisant, elles détournent des vrais combats en faveur de l'égalité et divisent profondément l'opinion, le peuple américain perdant ainsi toute incitation à s'engager pour soutenir les principes de la justice distributive égalitariste.

> Ce serait une tragédie de dimension nationale si les demandes de réparations pour tous les noirs – ou seulement pour certains – finissaient par interférer avec d'autres programmes qui vont dans le même sens mais qui n'ont pas ce caractère de division sociale. [...] L'effort pour placer les réparations sur le devant de la scène équivaut à ignorer que le passage du temps a déplacé nos inquiétudes actuelles vers un nouvel ensemble de problèmes qui ne sera pas résolu en revivant les horreurs d'une génération passée à titre collectif ou officiel. Nous devons vivre notre vie en regardant devant nous. Nous ne pouvons pas dédommager collectivement tous les préjudices du passé. Mais nous pouvons créer des souffrances nouvelles et inutiles en essayant de remédier à des torts passés. [2]

Si l'objectif des réparations est redistributif, les demandes de réparations *per se* (par quoi Epstein entend les demandes d'indemnisation individuelles ou collectives à l'égard des Afro-Américains) sont moins bien placées, selon Epstein, que d'autres types de mesures qui réfutent

1. Richard A. Epstein, « The Case against Black Reparations », *Boston University Law Review* 84, 2004, p. 1177-1192.

2. *Ibid.*, p. 1189, 1192.

également l'axiome d'anonymat pour réaliser l'équité dans la distribution. La situation du groupe des personnes qui seraient censées bénéficier de la réparation serait en réalité bien mieux améliorée grâce à d'autres mesures redistributives. Epstein désigne par là « les ressources réparatrices en faveur de programmes de discrimination positive (*affirmative action*) et de programmes généraux d'aide sociale » [1] que les États-Unis ont investies depuis les années 1970. Cet argument soulève deux questions : la première est celle de l'équivalence entre le groupe de personnes les plus désavantagées et les victimes de l'injustice structurelle persistante qui a sa source dans l'esclavage – équivalence postulée dans l'analyse de Glenn Loury pour démontrer l'inanité de l'axiome d'anonymat. Est-il faisable et stratégiquement souhaitable d'*établir* cette équivalence dans des situations non abstraites et de la mobiliser explicitement pour mettre en place des politiques redistributives (aides sociales spécifiques, allègement de taxes, etc.)? La seconde question est celle de l'efficacité *réparatrice* du type de mesures « qui vont dans le même sens » que les demandes de réparations dans l'analyse d'Epstein. Ces mesures de redistribution correspondent aux demandes de réparation, selon lui, sans présenter le même caractère de division sociale (du moins aux États-Unis en 2004). Mais les politiques de discrimination positive sont-elles réellement prometteuses pour « réparer » ?

La première question porte sur le critère au nom duquel il s'agit de réparer dans une théorie de la justice distributive, à supposer celle-ci capable de prendre en charge les réparations au nom de son ambition égalitariste. L'argument compensatoire repose sur un postulat problématique : celui de l'équivalence entre descendant d'esclave et démuni, ou privé de ressources et d'opportunités. Or, pour être peut-être statistiquement valide, cette équivalence ne l'est pas nécessairement, ni pour un individu donné, ni même pour un groupe donné. La reconnaître officiellement et la traduire dans des politiques publiques de redistribution risquerait de créer des tensions au sein de groupes de solidarité politique et, ce faisant, de miner tout espoir de réaliser l'ambition égalitariste sur laquelle pourtant elle repose.

Deux difficultés ont été soulevées. Cette tension pourrait tout d'abord constituer un facteur de division au sein des groupes de solidarité raciaux eux-mêmes. C'est l'argument d'Adoph Reed [2] : cibler les plus

1. Richard A. Epstein, *op. cit.*, p. 1189.

2. Adoph L. Reed, « Class notes : the Case against Reparations », *The Progressive*, Décembre 2000, repris dans *Class Notes, Posing as Politics and Other Thoughts on the American Scene*, New York, The New Press, 2000.

désavantagés au nom de réparations au titre de l'esclavage présuppose en effet qu'il existerait un clivage, au sein du même groupe racial (ici les Africains-Américains) entre ceux qui souffriraient, en raison des torts liés à l'esclavage, de traumatisme ou de dommages psychologiques tels qu'ils se positionneraient en bas de la stratification sociale, et une élite qui, elle, aurait réussi à surmonter le traumatisme, ou qui, d'une certaine manière, se serait trouvée bénéficiaire de retombées indirectes de l'esclavage et à laquelle ne seraient donc pas nécessairement dues des réparations. De fait, il est difficile de désigner des groupes aux frontières sociales bien délimitées comme victimes collectives et homogènes de l'esclavage. L'injustice étant de nature structurelle, elle a impliqué de nombreux groupes et catégories de personnes, dont certaines étaient soumises à un processus social systématique de domination et d'aliénation, alors que d'autres étaient partiellement bénéficiaires de la domination, pouvant bénéficier de potentielles opportunités de développement ou exercer certaines capacités liées à la structure inégalitaire, tout en souffrant d'obstacles affectant leurs projets de vie ou la réalisation de ceux-ci. Comme le souligne Catherine Lu dans le cas du colonialisme, « [ê]tre la victime de domination coloniale ne signifie pas qu'il y ait eu égalité de domination entre tous les membres de la société colonisée » [1] : il faut donc se garder des équivalences trop simples entre victimes de la domination esclavagiste et désavantagés d'un côté et coupables (maîtres ou alliés) et privilégiés d'un autre côté, qui permettrait de substituer un facteur à l'autre dans la recherche de critères pertinents pour la redistribution des ressources rares, mais au prix d'une confusion totale sur la nature même du problème. En particulier, l'aliénation existentielle (la relation à soi déformée), dont Lu souligne à la suite de Frantz Fanon qu'elle a constitué un élément fondamental du colonialisme, a pesé sur l'ensemble des personnes mises en esclavage. Mais les ressorts psychiques, physiologiques, de réaction et de résistance à cette aliénation ont pris des voies différentes selon les individus, déterminées par un ensemble de facteurs (subjectifs, objectifs et intersubjectifs) partiellement contingents : il serait contraire à la justice d'accorder à cette donnée partiellement arbitraire une valeur morale et politique telle que seuls les plus désavantagés économiques aujourd'hui se verraient légitimés à demander réparation, tandis que ceux qui auraient pu développer ou utiliser des ressources de résistance et « s'en

1. C. Lu « Colonialism as Structural Injustice : Historical Responsibility and Contemporary Redress », *Journal of Political Philosophy*, 19/3, 2011, p. 269 ; voir aussi I. M. Young, « Responsibility and Global Labor Justice », *Journal of Political Philosophy* 12, 2004, p. 365-388.

sortiraient » aujourd'hui devraient par là même se satisfaire de la structure de distribution actuelle. Le désavantage socio-économique actuel n'est pas le signe unique et suffisant de l'aliénation et de l'oppression au titre desquelles des réparations pourraient être justifiées.

L'autre argument a constitué à soutenir que cette équivalence rendrait difficile, voire impossible, la construction de larges coalitions trans-raciales susceptibles de soutenir la mise en place de politiques publiques égalitaristes. En effet, si l'on admet que les demandes de réparations au titre de l'esclavage sont bien émises pour dénoncer une structure d'inégalité raciale, elles ont pour conséquence de diviser la classe sociale des « désavantagés » selon une ligne raciale [1], ce qui, selon certains, renforce les effets de concurrence et rend presque impossible de mobiliser une base politique multi-raciale suffisamment large pour réaliser ce qui est pourtant leur objectif politique, l'égalité de tous. Au contraire, faire appel à un idéal *universaliste* d'égalité rendrait cet objectif plus réalisable : pour Epstein, comme pour d'autres, ces considérations stratégiques doivent nous conduire à abandonner les demandes de réparations dans un cadre redistributif (au moins dans leur formulation explicite) [2].

La discrimination positive, forme distributive de la réparation ?

Toutefois, situer la question des réparations sur fond de distribution ne conduit pas nécessairement à rejeter leur légitimité. Boris Bittker par exemple, dans son ouvrage célèbre, défend les réparations pour l'esclavage des Afro-américains au nom d'une logique distributive [3] : selon son analyse, ce qui nuit fondamentalement aujourd'hui au groupe des Afro-américains, ce sont les obstacles liés à la discrimination, dont les manifestations proviennent non seulement de l'esclavage (comme « institution particulière » aux États-Unis) mais aussi, et surtout, de la ségrégation puis de l'absence de déségrégation réelle qui continue à peser sur l'inégalité de l'accès aux ressources et la hiérarchisation raciale des statuts sociaux. C'est aussi la perspective de Ta-Nehisi

1. Voir G. Loury, « Trans-generational justice », *op. cit.* Cet argument est analogue à celui au nom duquel, pour des raisons stratégiques, William Julius Wilson remet en cause l'efficacité des politiques de discrimination positive explicites dans *The Bridge Over the Racial Divide*, Berkeley, University of California Press, 1999.

2. Voir pour une analyse de cet argument et de ses limites A. Valls, « Reconsidering the Case for Black Reparations », dans J. Miller et R. Kumar (éd.), *Reparations*, *op. cit.*, p. 114-129. C'est la position défendue par C. Swain, *The New White Nationalism in America : Its Challenge to Integration*, Cambridge, Cambridge University Press, 2002, p. 181 ou Adoph L. Reed, « Class notes : the Case against Reparations », *op. cit.*

3. B. Bittker, *The Case for Black Reparations*, New York, Beacon Press, 1973.

Coates, dans son article « The Case for Reparations » [1], où il souligne les effets de la ségrégation urbaine sur le maintien et la concentration des désavantages socio-économiques pour les Afro-Américains. Dans une perspective voisine, selon Glenn Loury, c'est la stigmatisation raciale, plus encore que la discrimination raciale, qui pèse à l'heure actuelle sur les perspectives des Afro-Américains. Un égalitarisme libéral renouvelé (non aveugle à la couleur) permettrait de corriger les inégalités en cause [2]. Dans ces perspectives, l'une des manières efficaces de mettre en place les réparations dans une logique distributive consisterait à mobiliser les outils fournis par les politiques de discrimination positive (*affirmative action*).

On rejoint alors la seconde question soulevée par l'argument de Epstein. La discrimination positive, dans la mesure où elle fait partie de l'ensemble des programmes de politiques publiques qui visent l'égalisation des groupes ethno-raciaux, au nom d'une perspective distributive égalitariste non aveugle à la couleur, correspond-elle à la forme que peuvent revêtir les réparations dans une logique de redistribution ? On appelle ici discrimination positive l'ensemble des mesures, en vigueur dans un grand nombre de pays – pour la plupart d'anciennes colonies britanniques (Inde, États-Unis, Canada, Malaisie, Afrique du Sud, Irlande du Nord…), qui allouent des biens rares (emplois, marchés publics, offres d'admission dans des établissements d'enseignement supérieur prestigieux…) selon une procédure prenant en compte l'appartenance des candidats à des groupes particuliers de la population. Le terme est utilisé ici en un sens large, qui comprend à la fois le traitement préférentiel au moment de la prise de décision de l'allocation du bien recherché (admission, embauche) et les démarches visant à cibler certains groupes sociaux en amont afin d'augmenter leur présence et leur participation parmi les candidatures à l'obtention du bien. L'objectif est d'augmenter la proportion de membres de ces groupes dans les institutions concernées (éducation, marché du travail), où ils se trouvent sous-représentés au moins en partie du fait d'une stigmatisation et d'une discrimination passée ou présente exercée par les pouvoirs publics ou par des acteurs non-étatiques. Le traitement préférentiel entre en conflit avec le principe méritocratique, indifférent aux caractéristiques identitaires ou aux histoires personnelles particulières des individus, selon lequel c'est toujours le candidat le plus qualifié pour

1. T.-N. Coates, « The Case for Reparations », *The Atlantic*, Juin 2014, p. 1-61 (disponible en ligne http://www.theatlantic.com/magazine/archive/2014/06/the-case-for-reparations/361631, consulté le 22 novembre 2018).

2. G. Loury, « Trans-generational Justice : Compensatory versus Interpretative Approaches », dans J. Miller et R. Kumar (éd.), *Reparations : Interdisciplinary Inquiries*, *op. cit.*, p. 87-113.

un poste qui devrait être retenu [1]; la discrimination positive au sens large entre en conflit avec le principe de non-prise en compte de certains critères tenus pour spécialement problématiques dans la distribution de ressources (indifférence aux différences ou *colorblindness*). C'est pourquoi on s'accorde généralement à considérer que la discrimination positive requiert une justification spécifique. Le paradigme de la compensation a parfois été mobilisé à cette fin. Or ce paradigme, que la compensation soit centrée sur l'individu ou sur le groupe, soulève des difficultés lorsqu'il s'agit de justifier la discrimination positive comme pratique d'égalisation [2].

Dans la version individualiste de l'argument, on se heurte aux mêmes problèmes que ceux qui ont été identifiés dans la logique corrective au chapitre précédent, puisque la notion même de compensation est importée du droit privé et est parfois mobilisée en anglais comme synonyme de « justice corrective » [3] : ces problèmes portent sur un « défaut de symétrie » rendant délicate l'identification des agents concernés, et un « défaut de proportionnalité », portant sur l'établissement d'une correspondance correcte entre le tort subi et la réparation proposée. Les individus qui subissent le coût de la politique de discrimination positive – soit ceux dont la candidature a été rejetée alors qu'elle aurait été retenue s'ils avaient appartenu à l'un des groupes visés par le traitement préférentiel – ne sont pas les auteurs de l'injustice à compenser, tandis que les bénéficiaires de la discrimination positive n'ont pas nécessairement été victimes d'un préjudice antérieur dont l'existence aurait été dûment établie causalement. *A fortiori*, il n'y a pas de proportionnalité entre l'ampleur du préjudice subi et celle du bénéfice compensatoire éventuellement obtenu *via* la discrimination positive. La discrimination positive, comme la réparation-indemnisation individuelle, est donc inadéquate en tant qu'instrument de compensation individualisée d'une inégalité touchant un groupe aux contours mal définis.

1. Parmi les critiques plus ou moins radicales de ce principe, voir N. Daniels, « Merit and Meritocracy », *Philosophy and Public Affairs*, 7(3), 1978, p. 206-223 ; Chr. McCrudden, « Merit Principles », *Oxford Journal of Legal Studies*, 18(4), 1998, p. 543-579 ; A. Mason, *Levelling the Playing Field*, Oxford, Oxford University Press, 2006, p. 39-67 ; pour une défense, voir D. Miller, *Principles of Social Justice*, Cambridge (Mass.), Harvard University Press, 1999, p. 131-202.

2. Voir E. Anderson, *The Imperative of Integration*, *op. cit.*, en particulier le chapitre 7, « Mieux comprendre la discrimination positive », traduit dans M. Bessone et D. Sabbagh (éd.), *Race, racisme, discriminations : anthologie de textes fondamentaux*, Paris, Hermann, 2015, p. 327-362.

3. D. Sabbagh, *L'égalité par le droit. Les paradoxes de la discrimination positive aux États-Unis*, Paris, Economica, 2003, p. 204. Voir plus généralement dans cet ouvrage la première partie du chapitre III, « Le paradigme de la compensation », p. 202-226.

Supposons alors que l'on applique le paradigme de la compensation aux *groupes* identifiés à raison du critère discriminatoire plutôt qu'aux *individus* qui en sont membres : en effet, « la notion de compensation ne comporte en elle-même aucune indication quant à la nature individuelle ou collective des entités de référence entre lesquelles la relation visée est susceptible de s'établir » [1]. Même dans ce cas, le dispositif présenterait toujours un caractère inéquitable, dans la mesure où la redistribution de ressources qu'il opère intervient uniquement pour ceux qui se situent au-dessus d'un seuil minimal de qualification (ceux qui peuvent prétendre à la candidature à des établissements universitaires prestigieux ou qui ont déjà la formation requise pour se présenter à une offre d'emploi). Il laisse ainsi de côté de larges pans de la population au nom de laquelle pourtant les processus ont été mis en place : une population identifiée par un critère inadapté, mêlant considérations de désavantage socio-économique et de discrimination ou de stigmatisation raciale, mais qui n'accède pas aux critères minimaux de considération du traitement préférentiel.

Elizabeth Anderson estime que l'on peut défendre la discrimination positive « en tant qu'instrument de réalisation approximative de la justice compensatoire », contre un certain nombre d'arguments émis à son encontre (confusion entre obligation et permission de réparer, difficulté à estimer le coût de la discrimination passée, argument du « Blanc innocent »), si on la comprend comme une sorte de « justice rudimentaire » [2] : « Quand les torts subis par un groupe ont été si massifs et le mal infligé si grand que les réparations ne risquent guère de dépasser l'ampleur des préjudices cumulés, et quand en même temps il est trop coûteux ou impossible de calculer les torts subis par chacun, alors la compensation offerte à l'ensemble du groupe est plus proche de l'idéal de justice réparatrice qu'un refus motivé par l'absence de preuves d'un dommage personnel » [3].

Mais elle souligne que le paradigme compensatoire demeure néanmoins inapproprié car il ne permet pas de répondre à un certain nombre d'autres difficultés : conçue comme justice réparatrice, la discrimination positive prétend réparer des injustices du passé mais ne remet pas en cause les structures injustes persistantes, qu'elle se contente de « compenser » à la marge et pour les franges les mieux loties de la population concernée, en portant le risque d'une représentation stigmatisante des bénéficiaires

1. *Ibid.*, p. 202.

2. Elle emprunte l'expression à Adrian Vermeule, « Reparations as rough justice », dans M. S. Williams, R. Nagy et J. Elster (dir.), *Transitional Justice*, *Nomos* LI, New York, New York University Press, 2012, p. 151-165.

3. E. Anderson, « Mieux comprendre la discrimination positive », dans M. Bessone et D. Sabbagh (éd.), *Race, racisme, discriminations*, *op. cit.*, p. 337-338.

comme « victimes passives d'une injustice que l'on s'efforce de réparer et non comme des participants actifs ayant quelque chose d'utile à apporter à ces institutions » [1]. En tant que politique de réparation, la discrimination positive est en réalité peu convaincante [2]. Elle est mieux conçue, selon Anderson, dans un modèle qu'elle nomme « intégrationniste », qui résiste aux objections du modèle compensatoire et dans lequel notamment « le rôle fondamental de la race n'est pas celui d'un indicateur de substitution » mais « l'objet direct des considérations morales et instrumentales à l'origine de la discrimination positive » [3]. La discrimination positive est bien un principe de redistribution non aveugle à la couleur, qui part de l'identification des *désavantages manifestes actuels* qui affectent spécifiquement les groupes visés et vise une meilleure distribution de ressources matérielles ou symboliques entre les membres de la société. Elle est indispensable pour compenser les effets d'inégalité produits par les structures de distribution et peut progressivement détruire les causes actuelles de l'injustice raciale. Mais elle ne permet pas de saisir ni de traiter la continuité des structures injustes dans leur rapport avec le passé.

De manière symptomatique, dans la perspective égalitariste de Ronald Dworkin, la discrimination positive, dont il défend le bien-fondé, est bien une politique ou une pratique de redistribution, fondamentalement an-historique et loin de toute considération réparatrice, qui n'atteint pas les principes même de la distribution. La théorie égalitariste de Dworkin [4] repose sur la distinction entre d'un côté, les choix, et d'un autre côté, les données naturelles et sociales avec lesquelles un individu, quels que soient ses choix, doit composer pour élaborer son propre plan de vie. Une théorie égalitariste libérale doit s'efforcer de limiter le poids des secondes afin de distribuer les ressources de manière juste, c'est-à-dire d'une manière qui atténue l'impact de la pure chance sur la capacité de chacun à mener sa vie comme il l'a choisi. La race est une donnée sociale et non pas naturelle : la couleur de la peau et autres attributs physiques naturels qui fonctionnent comme « étiquette visible » prennent un sens particulier, qui affecte l'accès aux ressources et les statuts des individus, selon la structure sociale et les processus sociaux dans lesquels ils s'inscrivent.

1. E. Anderson, « Mieux comprendre la discrimination positive », *op. cit.*, p. 339.

2. Ce passage s'inspire des analyses conduites dans M. Bessone et D. Sabbagh (éd.), *Race, racisme, discriminations, une anthologie de textes fondamentaux*, *op. cit.*, « Introduction – Les discriminations raciales, un objet philosophique ».

3. *Ibid.*, p. 356.

4. R. Dworkin, *Sovereign Virtue : The Theory and Practice of Equality*, Cambridge, Harvard University Press, 2000.

Des effets d'inégalité structurelle peuvent être de la sorte produits par les actions et interactions qui découlent de cette donnée sociale, quelles que soient par ailleurs les intentions conscientes des individus. Selon Dworkin, les inégalités dues à des données sociales peuvent être corrigées de manière relativement simple grâce à des lois prohibant, en l'occurrence, les stéréotypes et la discrimination raciale, au nom de la norme universaliste de l'égalité de traitement (*treatment as equal*), qui correspond à la variable pertinente grâce à laquelle sa théorie de l'égalité évalue la justice des arrangements sociaux. Dworkin distingue en effet une norme d'*identité* de traitement (*equal treatment*), qui prescrirait que chacun ait « le droit de se voir allouer un même volume d'opportunités, de ressources ou de désavantages » [1] que n'importe quel autre membre de la société, et une norme d'*égalité* de traitement selon laquelle chacun a le droit de prétendre « au même degré de respect et de sollicitude [de la part des pouvoirs publics] que n'importe qui d'autre » [2].

En application de cette norme, les lois peuvent être justifiées en faisant appel à des considérations politiques (*policies*) ou à des principes (*principles*) [3]. Les *politiques*, relevant d'une approche conséquentialiste et stratégique, dépendent d'un critère déterminé par la visée du bien commun et sont d'autant plus appropriées qu'elles remplissent mieux l'objectif fixé (par exemple mettre fin aux discriminations). Elles se distinguent des *principes* à proprement parler, qui posent des exigences de justice, d'équité « ou toute autre dimension de la morale » [4]. Ainsi Dworkin justifie-t-il les programmes de discrimination positive sur la base de politiques mais pas de principes : s'il est admis que l'accès des Noirs à l'enseignement supérieur représente un gain pour l'ensemble de la société, parce qu'il participe à la réalisation d'un bien commun (la déracialisation de la société), les droits des Blancs à l'égalité de traitement ne sont pas violés par les programmes de discrimination positive qui peuvent néanmoins les affecter négativement – puisque leurs intérêts sont pris en compte de manière aussi respectueuse et attentive que ceux de n'importe quel autre membre de la société en vue de réaliser l'objectif. La légitimité de la discrimination positive se mesure uniquement à son efficacité à réaliser cet objectif prédéfini, conçu comme un bien commun,

1. R. Dworkin, *Taking Rights Seriously*, Cambridge, Harvard University Press (1977), 1997 [16]), p. 227.
2. *Ibid.*
3. *Ibid.*, p. 22 *sq.*
4. *Ibid.*

mais n'est pas une question de droits : les Noirs, de leur côté, n'ont pas le droit d'obliger les gouvernements à appliquer de tels programmes en arguant de l'égalité de traitement qui leur serait due, car une telle égalité de droit n'est pas violée en l'absence de discrimination positive [1].

Les lois relèvent d'une application non idéale des principes d'égalité des ressources conçus idéalement et n'ont pas pour objectif de transformer structurellement la matrice de répartition des ressources. La légitimité des programmes de discrimination positive est subordonnée à la conception et à la promotion du bien commun qu'ils réalisent effectivement. Roland Pierik [2] s'efforce de montrer que la théorie ressourciste de Dworkin peut admettre un principe réparatif si l'on accepte d'élargir légèrement ses contraintes de distribution. Les réparations pourraient certes être justifiées sur la base d'une *politique* tâchant de répondre à la stratification raciale actuelle de la société ; toutefois, contrairement à ce que propose Pierik, on ne voit pas bien sur quel fondement dworkinien de telles mesures pourraient être justifiées *en principe*. En outre, comme en convient Pierik, de telles mesures de réparation, tout comme la discrimination positive, ne seraient dues qu'au nom de la structure raciale inégalitaire actuelle, aux Afro-Américains en tant que membres d'une catégorie sociale minorisée et non pas en tant que descendants d'esclaves : au fond l'injustice passée devient très secondaire dans l'édifice argumentatif. Comme l'écrit Daniel Sabbagh, « l'ampleur de l'injustice subie antérieurement n'a de pertinence que dans la mesure où elle possède à cet égard une valeur *explicative* permettant de déchiffrer la signification sociale de la sous-représentation actuelle des Noirs parmi les détenteurs de positions génératrices de rémunérations matérielles et symboliques » ; mais « l'exigence morale » qui sous-tend alors les réparations « n'est pas *immédiatement* issue d'une évaluation historique qui aurait pour objet l'étendue relative de l'injustice en question » [3]. La notion même de réparation revêt alors une portée normative très limitée : dans le système dworkinien, il convient d'œuvrer pour l'avenir par des politiques appropriées à la décorrélation entre appartenance raciale et inégalités de ressources, mais l'enjeu n'est pas de compenser une injustice passée ni de modifier les principes ressourcistes de la distribution.

1. R. Dworkin, *A Matter of Principles*, *op. cit.*

2. R. Pierik, « Reparations for Luck Egalitarians », *Journal of Social Philosophy*, 37/3, 2006, p. 423-440.

3. D. Sabbagh, *L'égalité par le droit*, *op. cit.*, p. 280.

Le principe de rectification et ses limites

La théorie de « l'habilitation des possessions », proposée par Robert Nozick comme théorie alternative aux théories « fondées en modèle » (celles de Rawls ou de Dworkin), soutient au contraire une théorie *rétrospective* de la distribution et des principes « historiques » de la justice, parmi lesquels figure explicitement un « principe de rectification » dans la théorie. Selon lui, pour juger de la justice d'une configuration distributive, il faut observer si les processus qui ont historiquement donné lieu à la distribution actuelle ont satisfait aux deux seuls principes appropriés pour qu'elle puisse être caractérisée comme juste : le principe de juste acquisition et le principe de juste transfert. D'une part, l'acquisition originelle doit avoir été juste, ce qui s'entend selon les termes d'une réinterprétation de la « clause lockéenne » évoquée plus haut : l'appropriation individuelle d'une ressource ne doit pas avoir empiré la situation dans laquelle les autres individus se seraient trouvés si elle avait été laissée vacante. D'autre part, la chaîne des transactions ou transferts de propriété doit avoir été juste : les transferts doivent avoir été effectués sans coercition. La question de la justice distributive n'est donc pas intra-générationnelle : elle implique une réflexion historique. Lorsque la répartition des possessions actuelles n'a pas été correctement engendrée par une application continue des principes de la justice distributive, principes de juste acquisition et de juste transfert, entre en jeu un troisième principe, le principe de rectification [1].

Ce principe de rectification se présente comme un principe de correction des injustices : selon Nozick, « En idéalisant beaucoup, supposons que la recherche théorique produise un principe de rectification. Ce principe utiliserait d'une part une information historique sur les situations antérieures et les injustices accomplies alors (telles qu'elles sont définies par les deux premiers principes de justice et le droit contre les interférences) et d'autre part une information sur l'évolution réelle des événements qui ont découlé de ces injustices jusqu'au moment présent ; ce principe présenterait ainsi une description (ou des descriptions) des possessions dans la société. Le principe de réparation utiliserait sans doute les meilleures estimations d'une information conditionnelle [*subjunctive*

1. R. Nozick, *Anarchie, État et Utopie*, *op. cit.*, p. 187 *sq*. Le concept de « rectification » de Nozick diffère de celui proposé par Naomi Zack, selon lequel la rectification est un projet que nous héritons des Lumières selon lequel nous sommes tenus de laisser le monde meilleur que nous ne l'avons trouvé (N. Zack, « Reparations and the rectification of race », *The Journal of Ethics* 7, 2003, p. 139-151).

information] sur ce qui se serait produit [...] si l'injustice n'avait pas eu lieu. S'il se trouve, au bout du compte, que la description effective des avoirs n'est pas l'une des descriptions présentées par le principe, alors une des descriptions présentées doit être réalisée » [1].

La réalisation de la description juste est mise en place par une procédure de redistribution, et si plusieurs descriptions des avoirs sont fournies par le principe de rectification, le choix de la « juste » réalisation peut mobiliser les principes de la justice fondée en modèle. Rappelons que dans la perspective libertarienne de Nozick, toute exigence de redistribution est théoriquement injustifiable et correspond à une « violation des droits », puisqu'elle contribue à donner aux plus pauvres des droits sur les personnes les plus riches qui deviennent une sorte de ressource publique mise à disposition de la société; mais Nozick précise qu'on « peut faire une exception pour les objets que l'on prend et qui tombent sous le principe de la rectification des injustices » [2]. Le principe de rectification est donc la seule raison normative de mettre en place la redistribution : s'il n'y avait pas d'injustice avérée à réparer, aucun argument de justice distributive ne pourrait justifier l'existence d'un « État plus étendu » à qui reviendrait d'égaliser les possessions.

Pour que ce principe entre en jeu, il faut pouvoir procéder à une analyse minutieuse de l'intégralité de la chaîne de transferts en remontant jusqu'à l'appropriation initiale et déterminer qu'il y a eu violation d'au moins l'un des deux principes. Or la condition de justice pesant sur l'acquisition initiale est à la fois difficile à établir puisqu'elle repose sur un raisonnement contrefactuel et peu contraignante puisque la perte des non-acquéreurs peut avoir été compensée par un bien-être matériel supplémentaire. Concernant la violation du principe de juste transfert, deux possibilités s'ouvrent : soit l'on peut déterminer exactement, par une information historique, quand et comment la situation actuelle, injuste, a pu diverger de la situation idéale, soit on ne le peut pas. Dans le premier cas, le principe de rectification consiste à modifier la répartition actuelle des avoirs de telle sorte qu'elle corresponde à la description de la situation idéale. Mais même si l'on peut déterminer avec certitude le moment et les causes de la déviation dans la chaîne des acquisitions et transferts, il peut se révéler impossible de revenir au *statu quo ante*. Dans ce cas, on a encore un devoir de justice de rectification, qui ne consiste plus à revenir à la situation parfaitement juste (inatteignable) qui était celle d'avant la

1. R. Nozick, *Anarchie, État et Utopie*, *op. cit.*, p. 191 (traduction modifiée).
2. *Ibid.*, p. 210.

déviation : il faut faire en sorte que la rectification produise un résultat juste, quoique différent de l'idéal initial.

Dans le cas d'injustices historiques toutefois, le problème est celui de la détermination de la « déviation » : nous manquons d'informations historiques sur les biens, leurs circonstances d'acquisition et de transferts, le gain net issu de l'acquisition injuste pour son acquéreur, la perte nette pour le débiteur, enfin trop de possibles s'ouvrent à chaque génération [1]. Nous sommes donc réduits à des estimations : nous pouvons supposer que les injustices passées sont massives, trop massives pour que toute considération idéale de rectification puisse s'appliquer. De plus, nous pouvons également supposer qu'il n'y a pas de situation historique parfaitement juste (dans laquelle les deux principes d'acquisition et de transfert seraient parfaitement appliqués) qui fournirait la description des possessions à viser par la rectification : nous aurions alors besoin d'élaborer un argument supplémentaire pour justifier la rectification comme devoir de justice, qui permette d'affirmer que la situation actuelle, injuste, est plus injuste que la situation que le principe de rectification préconise de réaliser et que nous avons donc une bonne raison de chercher à rétablir. Il faudrait en effet prouver que c'est l'écart par rapport à cette situation contrefactuelle qui est contestable, et que, dans le monde non-idéal, les injustices à réparer sont venues perturber une répartition légitime qu'il est juste de chercher à restaurer.

Dans la mesure où il est donc extrêmement délicat de diagnostiquer l'injustice historique, Nozick préconise d'appliquer un principe de la justice distributive « étendue ». Ce principe est à considérer comme une approximation empiriquement nécessaire des résultats théoriques de la justice distributive libertarienne. Selon ces résultats, toute situation de possession est juste si elle découle de l'application des principes de juste acquisition et de juste transfert, *et* « la justice gouvernant les possessions est historique ; elle dépend de ce qui est arrivé véritablement » [2] – or, « toutes les situations véritables » ont été produites en violation de ces principes, d'une manière ou d'une autre. Ainsi, un principe de rectification, organisant la redistribution, est nécessaire mais il ne peut être que partiellement fondé en théorie ; il doit être pensé comme « une règle empirique opératoire » permettant de rectifier au mieux les injustices du passé.

1. Voir le chapitre précédent pour une discussion de cet argument.
2. *Ibid.*, p. 190.

> Si l'on manque d'informations historiques et en supposant 1) que les victimes de l'injustice sont généralement dans une position pire qu'elles ne le seraient autrement, et 2) que ceux qui appartiennent au groupe social le moins bien loti ont les plus grandes chances d'être les descendants des victimes de l'injustice la plus grave [...], on peut alors imaginer une règle empirique grossière pour rectifier les injustices : organiser la société de manière à maximiser la position de tout groupe qui se retrouve dans la position du plus mal loti dans la société [1].

Il est donc possible et légitime d'organiser la distribution afin de rectifier les injustices passées *de telle sorte que les bénéfices profitent aux plus désavantagés*. Mais cette version du principe de différence rawlsien repose sur un principe d'égalisation mal adapté (a « *rough rule of thumb* » – « une règle grossière »), qui pose un certain nombre de problèmes, dont certains ont déjà été soulignés. D'abord, une telle règle suppose que les descendants des victimes du passé soient aussi aujourd'hui les plus « mal lotis » et l'on est confronté à la difficulté traitée ci-dessus, caractéristique de la logique compensatoire, de poser une équivalence entre descendants de victimes et bénéficiaires de la réparation qui ne soit pas arbitraire. Ensuite, l'application de cette « règle grossière » se substitue à l'enquête historique (présumée incapable de nous fournir les connaissances requises) ; dès lors la prise en compte de l'histoire disparaît, de telle sorte qu'on justifie la redistribution aux moyens de principes de justice distributive « *forward-looking* » et non pas historiques.

Dans un monde non-idéal, la théorie de la justice historique de Nozick ne nous est pas d'un grand secours pour justifier la réparation et un principe de redistribution qui réinterprète le principe de différence endosse la charge normative de la « rectification ». Or comme on l'a vu au premier chapitre, Rawls n'est pas opposé à cette interprétation : « quels que soient les autres principes que nous défendons », écrit Rawls, « nous devons prendre en compte l'exigence de réparation. Elle représente, pense-t-on, l'un des éléments de notre conception de la justice » [2]. Mais si le principe de réparation affirme que « les inégalités non méritées doivent être corrigées », rien n'indique pourquoi tel type d'inégalité serait plus ou moins mérité que tel autre, et à ce titre, le principe, seulement plausible, « doit être mis en balance avec d'autres pour être jugé » [3]. Le principe de différence ne nous donne pas d'indication sur la légitimité de telle ou telle demande de réparation ou sur la raison pour laquelle un principe

1. R. Nozick, *Anarchie, État et Utopie*, *op. cit.*, p. 285 (traduction modifiée).
2. J. Rawls, *Théorie de la justice*, *op. cit.*, p. 131.
3. *Ibid.*

rétrospectif de justice devrait prévaloir sur un principe prospectif. Ainsi, les demandes de réparations au titre de l'esclavage se trouvent-elles en situation de concurrence directe avec d'autres programmes de distribution destinés à assurer une meilleure répartition des ressources matérielles et symboliques, sans aucune priorité normative. La théorie nozickienne, en dépit de la référence à un principe de rectification au cœur de la construction d'une théorie de justice historique, semble en dernière instance impuissante à fournir une justification normative suffisante pour la réparation au titre d'une injustice historique particulière dans un cadre distributif.

LES RÉPARATIONS, AU-DELÀ DES DEMANDES DE RECONNAISSANCE

Réparation, reconnaissance, parité de participation

Plus fondamentalement encore, les théories distributives étudiées ci-dessus, qu'elles soient « fondées en modèles » ou « historiques », celle de Dworkin ou celle de Nozick, se préoccupent uniquement de remédier à la dimension socio-économique de l'injustice : elles considèrent que la redistribution peut régler les demandes de réparation si elle parvient à fournir à chacun un panier de biens ou de ressources égal. Or, considérer que les demandes de réparations seront satisfaites si chacun obtient un « panier égal » revient à profondément méconnaître la réalité de ces demandes : dans un monde parfaitement juste sur le plan de la distribution des biens ou des ressources, il pourrait toujours exister des revendications de réparations, précisément parce que la question des réparations est structurellement différente de la question de la distribution et se justifie hors des arguments redistributifs. L'exigence de confiance et de respect mutuel dont Leif Wenar faisait une « pré-condition » de la distribution au motif que confiance et respect sont indispensables à un système de coopération sociale n'est pas absorbée dans la distribution de biens : elle se maintient en permanence et l'expression du respect est sans cesse requise.

La question des réparations au titre de l'esclavage ne saurait être résolue en s'acquittant d'une obole financière censée éteindre la dette, ajoutant l'injure à l'injustice. Notons d'emblée que cela ne signifie pas que les réparations devraient être uniquement symboliques et non pas matérielles : comme le soulignait déjà Nancy Fraser [1], les injustices liées au défaut de reconnaissance, et les réponses qui peuvent leur être apportées,

1. N. Fraser, « Heterosexism, Misrecognition, and Capitalism : A Response to Judith Butler », *Social Text* 52-53, 1997.

sont loin d'être « seulement culturelles », contrairement à l'interprétation de Judith Butler [1] qui voyait dans l'appréhension de certaines injustices sous l'angle de la reconnaissance et non de la distribution une manière de les trivialiser ou de les déréaliser en les sortant de la sphère socio-économique.

Mais il faut se méfier d'un autre malentendu : les demandes de réparation ne sont pas simplement des demandes de reconnaissance si on entend cette dernière selon les lignes d'un modèle identitaire. Nancy Fraser oppose à ce modèle identitaire, qu'elle repère en particulier dans la théorie de la reconnaissance de Axel Honneth [2], un modèle statutaire, selon lequel la non reconnaissance ne se traduit pas en déformation psychique ni ne constitue un obstacle à la réalisation éthique de soi ; elle est une relation institutionnalisée de subordination et une violation de justice : être non reconnu, c'est être constitué par des schémas institutionnalisés de valeur culturelle de telle sorte qu'on ne puisse participer en tant que pair à la vie sociale. La non reconnaissance est relayée par des institutions socio-culturelles via la mise en place de normes qui régulent les interactions. Le déni de reconnaissance désigne ainsi « une relation institutionnalisée de subordination sociale » [3]. Il est injuste que soit refusé à certains individus ou groupes le statut de partenaires égaux dans des interactions sociales simplement en conséquence de « hiérarchies institutionnalisées de valeur culturelle » à la construction desquelles ils n'ont pas participé également et qui les maintiennent dans des structures de subordination. Ainsi l'injustice se trouve-t-elle dans les relations sociales et institutionnelles, mais pas (prioritairement) dans les consciences individuelles ou la psychologie intersubjective. « Quand on identifie déni de reconnaissance et déformation de la structure de la conscience de soi de l'opprimé, il ne manque qu'un pas pour en arriver à blâmer la victime, et ajouter l'insulte à l'injure. Inversement, lorsque le déni de reconnaissance est donné pour l'équivalent d'un préjugé dans l'esprit des oppresseurs, la solution semble être de policer leurs croyances, une approche qui est autoritaire » [4]. Pour dépasser la subordination, ce sont les normes, institutions, pratiques sociales qui doivent être transformées, en remplaçant les schémas qui empêchent la parité de participation par des schémas qui la renforcent.

1. J. Butler, « Merely Cultural », *Social Text* 52-33, 1997.
2. N. Fraser et A. Honneth, *Redistribution or Recognition ?*, New York, Verso Books, 2003.
3. N. Fraser, *Qu'est-ce que la justice sociale ?*, Paris, La Découverte, 2005, p. 79.
4. *Ibid.*, p. 50-51.

L'injustice de reconnaissance s'entend donc d'abord comme injustice politique, injustice de représentation.

C'est pourquoi les réparations posent un problème politique, ce qui s'entend en deux sens : l'égalité qui est au cœur des demandes n'est pas une égalité distributive, mais relationnelle, et la demande porte sur l'égalité de participation aux normes et aux structures de la communauté politique. C'est pourquoi les théories de la justice distributive, quels que soient leurs « principes préférés », ne peuvent répondre aux demandes ; mais c'est pourquoi ces dernières relèvent bien pourtant d'une politique de justice et non pas de politiques d'identité.

Je mobilise ici le concept d'égalité relationnelle dans la perspective des analyses d'Elizabeth Anderson [1] : selon elle, contrairement à ce qui est le cas dans la plupart des débats sur la justice actuels, l'égalité ne saurait renvoyer seulement à l'exigence de redistribuer des biens (« *stuff* »). Les débats post-rawlsiens sur les théories de la justice consistent essentiellement à se demander en quoi devraient consister ces biens de sorte que l'égalité dans la distribution annule les effets du hasard sur nos vies et que la société soit ainsi « juste ». Or cela suppose d'une part qu'il existe un seul type de biens dont la distribution égale ou équitable assurerait le caractère juste de la société, d'autre part que l'état dans lequel tous les individus seraient également dotés serait bon indépendamment de toute relation sociale entre eux – même s'ils vivaient sur des planètes différentes. Pour saisir en quoi consiste l'égalité, il importe de ne pas considérer seulement les biens auxquels ont droit les membres de la société, mais les relations effectives entre eux. Cette conception permet de mieux appréhender les revendications d'égalité des mouvements sociaux : si l'on considère la notion d'égalité dans l'histoire de ses revendications, il apparaît que l'exigence d'égalité sociale renvoie à la mise à bas des hiérarchies sociales existantes. On ne peut se contenter de traduire les exigences égalitaristes en termes exclusivement quantitatifs, selon lesquels pour qu'une société soit égale, ses membres doivent posséder ou jouir de quantités égales de certains biens, quelle que soit par ailleurs leur relation (« *separate but equal* »). Pour qu'une société soit juste, ce qui importe n'est pas que les individus reçoivent des quantités égales de biens, mais qu'ils entrent en relation les uns avec les

1. E. Anderson, « What is the point of equality ? », *Ethics*, 109/2, 1999, p. 287-337. Voir aussi M. Garrau et C. Laborde, « Relational Equality, Non-Domination, and Vulnerability », dans C. Fourié, F. Schuppert, et I. Wallimann-Helmer (éd.), *Social Equality : on What It Means to be Equals*, Oxford, Oxford University Press, 2015, p. 45-64 et Th. Scanlon, *Why Does Inequality Matter ?*, Oxford, Oxford University Press, 2018.

autres comme des égaux ou jouissent du même statut fondamental. La justice égalitariste a donc pour objectif (et non pas pour pré-condition), dans une conception relationnelle, d'assurer une solidarité égale et un respect égal entre les membres de la société. C'est dans cette perspective que de nombreux défenseurs des réparations insistent sur la dimension de « réconciliation » poursuivie par les réparations [1], indispensable pour instaurer une relation de respect mutuel entre individus et groupes perçus et construits comme antagonistes.

Cette approche est politique dans la mesure où elle repose sur une conception « expressiviste » des institutions politiques : ce qui confère à une loi, une catégorie, une politique publique, une institution, son caractère de justice, c'est l'attitude de respect égal pour tous les membres de la société qu'elle *exprime*. Dans cette perspective, le caractère moralement acceptable ou non, sur le plan de l'affirmation de l'égalité de tous les citoyens, de décisions ou d'actions gouvernementales, doit être évalué selon la « signification sociale objective » (*objective social meaning*) qu'elles expriment. Une attitude appropriée, de la part des institutions, est une attitude de respect pour tous; une attitude inappropriée est une attitude d'irrespect pour certains groupes sociaux saillants. Et l'on peut inférer objectivement ces attitudes desdites lois ou décisions politiques [2].

Cette conception est adossée à l'opinion historique du Juge Charles Black dans Brown v. Board of Education, dans laquelle il estimait que « la signification sociale de la ségrégation est qu'elle emmure le Nègre dans une position d'infériorité » [3]. Ainsi la ségrégation est-elle condamnée au nom de la teneur du message véhiculé par les lois ségrégationnistes qui dénigraient explicitement et publiquement un groupe social saillant, et ce, quelle qu'ait été l'intention personnelle des individus qui exerçaient la ségrégation ou l'interprétation personnelle de ceux qui étaient ségrégués. Le sens objectif de la ségrégation peut se découvrir depuis la position d'un participant compétent à la société, « capable d'exercer

1. Par exemple R. Brooks, *Atonement and Forgiveness – A New Model for Black Reparations*, Berkeley, University of California Press, 2006; J. Thompson, *Taking Responsibility for the Past : Reparation and Historical Injustice*, *op. cit.*

2. Voir E. Anderson et R. Pildes, « Expressive Theories of Law : A General Restatement », *University of Pennsylvania Law Review* 148, 1999-2000 et D. Hellman, « Discrimination and Social Meaning », dans K. Lippert-Rasmussen (éd.), *The Ethics of Discrimination*, New York, Routledge, 2017 et *When is Discrimination Wrong?*, Cambridge, Harvard University Press, 2008.

3. C. Eisgruber et L. Sager, *Religious Freedom and the Constitution*, Cambridge, Mass., Harvard University Press, 2007, n. 11, p. 302-303, citant Charles L. Black, Jr., « The Lawfulness of the Segregation Decisions », *Yale Law Journal* 69, 1960, 427.

suffisamment d'auto-examen (*self-scrutiny*) interprétatif » [1]. Et ce sens ne peut apparaître que lorsque la loi ou la pratique à interpréter est insérée dans un système plus global, le « social » comme système de normes constitutives, d'institutions et de pratiques sur l'interprétation desquelles il existe un accord partagé. La loi ou la pratique spécifique est analogue à un énoncé linguistique – c'est-à-dire un énoncé pris dans un système sémantique et syntaxique réputé connu de tous les locuteurs et tel que son sens déborde l'intention consciente du l'émetteur ou la compréhension explicite du récepteur mais se tire de la situation d'énonciation elle-même. Pour savoir quelle est la signification objective qu'exprime une loi ou une politique, un symbole ou une décision, il faut ainsi prendre en compte la culture publique de la société, considérée à un moment donné, qui fournit l'équivalent du contexte d'énonciation et du système grammatical dans lesquels la loi ou le symbole sont pris : il faut être capable de contextualiser et d'historiciser l'événement ou le texte à interpréter et le sens objectif est celui qui est corroboré par les autres aspects du monde social dans lequel s'insèrent la loi, le symbole, la pratique, etc. Les demandes de réparation consistent à exiger que les institutions expriment un respect égal pour tous les membres du corps politique.

Bien évidemment, il peut y avoir des « cas difficiles », dans lesquels surgissent des désaccords entre les membres de la société sur le sens d'une loi ou d'une pratique ; la figure du participant compétent capable d'auto-examen interprétatif fournit, semble-t-il, l'aune à laquelle on peut mesurer l'objectivité du sens retenu, qui n'est pas nécessairement le sens retenu par la majorité de la population. Mais comment établir la compétence interprétative ? Comment éviter que se rejouent des rapports de force ou de domination dans la détermination des compétences et l'élimination a priori de la capacité de certains groupes à proposer une signification plausible, au nom de leur incapacité à exercer suffisamment d'auto-examen ou de leur vision considérée comme inévitablement biaisée des institutions et pratiques de leur société en raison de leur ancrage dans un système de valeurs non partageable ? Comment éviter la position de surplomb épistémique de celui ou celle qui, en contexte, estime être, et est reconnu comme, capable de déterminer objectivement le sens de la loi ?

Selon les termes de Deborah Hellman, « la meilleure manière de comprendre la dimension expressive d'une loi ou d'une politique est la suivante : c'est la signification à laquelle on aboutirait si nous discutions

1. E. Anderson and R. Pildes, « Expressive Theories of Law : A General Restatement », *op. cit.*, p. 1525.

ensemble la question de son interprétation dans des conditions équitables (*fair*) [...] – dans des conditions dans lesquelles tous sont également capables de contribuer à la discussion et tous s'engagent à écouter et à apprendre des points de vue des autres » [1]. Le caractère idéal du test herméneutique délibératif apparaît ici très clairement et il est assumé par Hellman. Étant donnée la visée recherchée – établir la signification *sociale* la plus plausible, les conditions équitables (*fair*) de la discussion ne sauraient toutefois être remplies en plaçant les participants sous un voile d'ignorance recouvrant, en l'occurrence, la réalité des hiérarchies sociales à raison du facteur racial héritées de l'histoire et toujours à l'œuvre dans leur société. Dès lors, concernant les désaccords sur la signification sociale d'une loi, d'une pratique ou d'un symbole, une prise de parti *politique* concernant les déterminants d'une « condition équitable » de discussion est un *préalable* nécessaire pour identifier quelles sont les conditions d'énonciation pertinentes de la loi, de la pratique ou du symbole. La garantie de conditions équitables exige que les minorités historiquement discriminées, exploitées, marginalisées ou méprisées aient la possibilité de faire réellement entendre et reconnaître comme épistémiquement valide leur point de vue sur l'interprétation à donner sur telle ou telle loi qui les affecte.

Si l'on mobilise à nouveau le système de Nancy Fraser [2], on peut ainsi appréhender les réparations selon le troisième paradigme qu'elle a récemment proposé, renouvelant son schéma bidimensionnel originaire (distribution et reconnaissance) par l'ajout d'une troisième dimension, celle de la représentation politique, fondée sur l'exigence normative de la parité [3], qui englobe et renouvelle la question de la reconnaissance dans sa dimension politique. Les demandes de réparation sont des demandes politiques, qui portent sur la parité de participation à l'interprétation des normes, lois ou pratiques publiques [4]. Les injustices politiques reposent d'abord sur des injustices de connaissance et de participation égale à la constitution de normes communes. De ce point de vue, quelles que soient par ailleurs ses limites, la loi Taubira a bien procédé d'une volonté d'expression de la reconnaissance par l'État français qu'il a commis une injustice historique et qu'il s'agit de rompre avec le silence qui a

1. D. Hellman, « The Expressive Dimension of Equal Protection », *Minnesota Law Review* 85(1), 2000-2001, p. 23.

2. Voir *supra*, chap. I, p. 50 *sq*.

3. N. Fraser, *Scales of Justice : Reimagining Political Space in a Globalizing World*, *op. cit.*

4. N. Fraser et A. Honneth, *Redistribution or Recognition ?*, *op. cit.*

contribué à en maintenir les effets. De plus, la loi mentionne dans son article 2 que « sera encouragée et favorisée » la coopération qui met en relation les archives écrites, les archives orales et les connaissances archéologiques disponibles « en Europe et dans tous les territoires qui ont connu l'esclavage ». Elle peut ainsi être interprétée comme incitant l'État français à *exprimer* une politique volontariste promouvant la production de connaissance historique et la mise en place de lieux où cette connaissance pourrait déboucher sur une plus grande justice épistémique [1] par la collaboration et l'accès de tous à un savoir commun : c'est ainsi qu'en 2005 a été proposée la fondation d'un Centre national pour l'histoire et la mémoire de la traite négrière, des esclavages et de leurs abolitions [2], fonctionnant à la fois comme mémorial et centre de ressources où « la question de l'information et de la médiation du savoir [...] serait centrale » pour « construire un espace citoyen » [3]. Les réparations, en ce sens politique et expressiviste, englobent le financement de musées nationaux spécifiquement dédiés à l'esclavage, le financement de programmes de recherche ciblés, le soutien national aux ouvrages et aux films documentaires consacrés à la question, la mise en place d'actes de commémoration (jours commémoratifs, événements culturels associés), la modification des programmes d'histoire... Répondre à ces exigences témoignerait de la volonté politique d'affecter des ressources publiques (par définition limitées) à la réparation plutôt qu'à d'autres secteurs : ces actions, exprimant publiquement la volonté politique d'assurer une « parité de participation » dans l'espace public pour lutter contre les stratifications socio raciales, ne relèvent ni d'une politique de reconnaissance identitaire, ni d'une politique de redistribution strictement socio-économique [4] : elles

1. M. Fricker, *Epistemic Injustice, Power and the Ethics of Knowing*, *op. cit.* (voir *supra*, chap. I, p. 31 *sq.*).

2. É. Glissant, *Mémoires des esclavages*, *op. cit.* En 2018, une « Fondation pour la mémoire de l'esclavage, de la traite et de ses abolitions » est en cours de création sous la présidence de Jean-Marc Ayrault. Voir la tribune dans *Le Monde* du 23 novembre 2018 où il en évoque les linéaments : https://www.google.com/url?q=https://www.lemonde.fr /afrique/article/2018/11/23/ jean-marc-ayrault-en-france-la-trace-toujours-brulante-de-l-esclavage_5387274_3212.

3. Fr. Vergès, *L'homme prédateur*, *op. cit.*, en part. chap. 5 « Un Mémorial des traites et des esclavages », p. 173 *sq.*

4. Voir l'entretien accordé par Pap N'Diaye au *Monde* du 6 juin 2013 : « Historiquement, les personnes ou les mouvements qui ont demandé des réparations ont le plus souvent fait état de la situation collective des descendants d'esclaves, marquée par des injustices criantes, pour réclamer une lutte plus efficace contre le racisme institutionnel et les discriminations, ainsi qu'une prise en compte significative de leur histoire. Ces questions ont une dimension matérielle et financière – la lutte contre le racisme n'est pas gratuite, un musée non plus –, mais elles ne se résument pas à une question d'argent. ».

exprimeraient la volonté politique de reconnaître l'égalité de participation de tous les membres de la communauté politique aux normes qui la gouvernent – ainsi, de transformer les structures sociales, politiques, épistémiques qui maintiennent l'injustice.

L'expression d'excuses publiques, une forme politique inachevée de réparation

Un dernier point doit être examiné. Si la dimension expressive des réparations est un aspect fondamental de leur nature politique, l'expression d'excuses publiques peut-elle fonctionner comme une réponse satisfaisante à l'injustice politique ainsi reconnue ? Constituent-elles une (partie d'une) politique de réparation, selon quels critères et à quel titre ?

On a pu estimer que nous nous trouvions désormais à « l'âge des excuses », ces dernières correspondant à la manière la plus répandue de se « préoccuper du passé » [1]. Lors de la Conférence de Durban, en 2001, le rapport final faisait état de « regrets » explicites, et incitait ceux des États qui n'avaient pas encore présenté d'excuses pour l'esclavage, la traite et autres « sombres chapitres de l'Histoire » à le faire en vue d'œuvrer à la réconciliation et à l'apaisement :

> 100. Nous reconnaissons et regrettons profondément les souffrances et les maux indicibles subis par des millions d'hommes, de femmes et d'enfants du fait de l'esclavage, de la traite des esclaves, de la traite transatlantique des esclaves, de l'apartheid, du génocide et des tragédies passées. Nous notons en outre que certains États ont pris l'initiative de présenter leurs excuses et ont versé des réparations, s'il y avait lieu, pour des violations graves et massives qui avaient été commises ;
> 101. En vue de clore ces sombres chapitres de l'Histoire et pour faciliter la réconciliation et l'apaisement, nous invitons la communauté internationale et ses membres à honorer la mémoire des victimes de ces tragédies. Nous notons en outre que certains ont pris l'initiative d'exprimer des regrets ou des remords ou de présenter des excuses et invitons tous ceux qui ne l'ont pas encore fait à trouver les moyens appropriés de concourir au rétablissement de la dignité des victimes et exprimons notre satisfaction aux pays qui l'ont fait [...] [2].

1. M. Gibney *et al.* (éd.), *The Age of Apology : Facing Up to the Past*, Philadelphia, University of Pennsylvania Press, 2008.

2. *Rapport de la Conférence mondiale contre le racisme, la discrimination raciale, la xénophobie et l'intolérance qui y est associée*, disponible sur le site http://www.un.org/french/WCAR/aconf189_12f.pdf, p. 19.

Mais la simple expression d'excuses a également suscité des réserves. Umberto Brown, le secrétaire international de l'association états-unienne Black Radical Congress, présente à Durban, s'exprimait ainsi en marge de la Conférence : « Laissez tomber le regret. Nous voulons qu'ils reconnaissent leur responsabilité » [1].

Selon Jeff Spinner-Halev [2], l'un des problèmes principaux auquel font face les défenseurs d'une « politique des excuses » est qu'ils conçoivent les excuses publiques par analogie avec les excuses privées ; or les conditions du « succès » des excuses, soit la sincérité et l'expression de regret, sont bien plus simples à déterminer dans le cas d'individus que de groupes ou de porte-paroles de personnes morales. Ainsi les excuses publiques exprimées par des groupes ou des porte-paroles d'institutions sont-elles par définition suspectes et bien plus susceptibles de traduire un calcul politique ou une manipulation médiatique. Mais si elles ne relèvent que du théâtre politique, qu'est-ce qui explique l'engouement public pour les excuses ? Selon Alice MacLahan [3], les demandes d'excuses traduisent toujours l'espoir qu'elles seront davantage qu'un rituel, et qu'elles seront un élément important de restauration de la confiance et du respect partagé. Mais si c'est bien le cas, on peut suggérer qu'elles doivent obéir à deux conditions.

Premièrement, les excuses ne peuvent être recevables ou appropriées que si elles s'accompagnent d'un engagement effectif à réformer et si elles s'inscrivent dans un processus long et continué de transformation politique des structures injustes : elles ne peuvent en aucun cas se présenter comme « le dernier mot », la conclusion définitive de l'injustice passée, une manière de clore l'histoire, de se tenir pour quitte des crimes du passé. Elles doivent être conçues et perçues au contraire comme exprimant la volonté de mettre en place désormais les conditions d'un changement de politique publique, de sorte que l'injustice ne puisse se prolonger. Selon Spinner-Halev, lorsque les excuses remplissent leur fonction d'« *acknowledgement* » (de l'injustice structurelle), elles peuvent être valides comme réponse partielle aux injustices continuées. Mais elles ne peuvent remplir cette fonction que lorsque, de la part de l'agent qui présente ses excuses, elles correspondent explicitement à la partie discursive d'un ensemble plus large de mesures qui ont pour

1. Cité dans R. Neumann, « Despite U.S. pullout, debate over reparations continues », *Village Voice*, 5 septembre 2001.

2. J. Spinner-Halev, *Enduring Injustice*, *op. cit.*, chap. 4 « Apology and Acknowledgement ».

3. A. MacLachlan, « "Trust me, I am sorry" : The Paradox of Public Apology », *The Monist* 98, 2015, p. 441-456.

objet de modifier matériellement et durablement les relations sociales défectueuses. L'expression d'excuses en elle-même ne saurait réparer l'injustice politique : leur fonction expressive est remplie lorsque leur signification sociale objective est étayée par les transformations réelles des structures.

Deuxièmement, dans la forme même du discours émis, elles doivent s'adresser explicitement non pas aux victimes du passé mais aux victimes de l'injustice persistante. Pour qu'elles remplissent leur fonction performative, les excuses ne peuvent pas être adressées aux morts [1]. Le respect pour les morts affirmé par les excuses est nécessaire, mais insuffisant. Il s'agit d'un discours adressé : les excuses, pour remplir leur fonction de réparation, doivent pouvoir être acceptées (ou refusées). Bien évidemment, les morts ne sauraient endosser cette part d'agentivité indispensable pour que la relation juste soit restaurée. Seuls les vivants peuvent témoigner, en acceptant les excuses présentées, de leur volonté de mettre en place les conditions de la réconciliation sociale – ou, en les refusant, signifier qu'elles relèvent selon eux d'une hypocrisie politique.

Ces deux critères permettent ainsi de distinguer entre les excuses qui sont des politiques de réparation légitimes et celles qui ne le sont pas. Lorsque, comme Melissa Nobles [2] le suggère, les excuses contribuent effectivement à modifier les termes et conditions de l'appartenance politique – lorsque l'expression de regret sincère est émise en accord avec d'autres actions politiques qui soutiennent la transformation de conditions de domination pour certains groupes et que lesdits groupes sont sollicités comme agents du discours, alors, les excuses répondent aux injustices historiques au sens d'injustices politiques structurelles. En ce sens, si la France présentait ses excuses à tous ses citoyens pour la traite et l'esclavage colonial, l'ensemble de la communauté politique présenterait ses excuses à l'ensemble de la communauté politique pour la persistance d'une injustice qui a sa source dans le passé mais n'a jamais été réparée, et qui grève les relations de respect et de confiance à l'intérieur de la communauté. Elle exprimerait la volonté politique de « refaire société ».

1. Voir par exemple la formulation du Président polonais Aleksandr Kwaniewski, présentant ses excuses pour les crimes commis contre les Juifs au début de la Deuxième guerre mondiale : « For this crime, we should beg *the souls of the dead* and their families for their forgiveness. » (cité dans Roy L. Brooks, « Getting Reparations for Slavery Right », *Notre Dame Law Review*, 80/1, 2004, p. 282, c'est moi qui souligne).

2. M. Nobles, *The Politics of Official Apology*, New York, Cambridge University Press, 2008.

Reste une question : si les excuses doivent être acceptées pour être réparatrices, si elles doivent de la sorte être adressées aux vivants, faut-il se résoudre à l'idée que nous ne pouvons plus rien faire pour les morts, victimes de l'injustice du passé, source de l'injustice persistante, et que n'avons aucune obligation à leur égard ? Selon Lukas Meyer [1], nous ne pouvons être entièrement déliés de devoirs à l'égard des morts, même si nous ne pouvons littéralement pas les « réparer » ou compenser *pour eux* le crime commis à leur égard. Mais ce caractère « irrévocable » du passé, pour reprendre l'expression de Jankélévitch [2] n'annule pas intégralement nos devoirs de justice.

Que devons-nous aujourd'hui aux victimes du passé ? On ne peut pas entièrement traiter les injustices historiques avec une théorie de la justice entre générations présentes qui serait simplement historiquement informée. Nous sommes tenus à des « obligations persistantes » à l'égard des défunts pour partie fondées sur des droits qu'ils possédaient, orientés vers le futur, soit au nom d'intérêts persistants soit au nom d'un droit moral – et notamment un droit moral à se voir publiquement reconnus comme victimes d'injustices passées au nom du respect de leur réputation posthume.

Selon Joel Feinberg [3], les générations présentes ont des devoirs à l'égard des intérêts durables des morts, c'est-à-dire les intérêts qu'avaient les morts, lorsqu'ils étaient encore vivants, vis-à-vis de leurs affaires posthumes. La stratégie de Feinberg consiste d'abord à remettre en cause l'hypothèse selon laquelle on ne peut subir de dommage que si l'on existe, car il faut faire l'expérience d'un dommage pour le subir, or il n'y a pas d'expérience sans existence. On peut, selon lui, remettre en cause cette liaison et envisager la possibilité de dommages sans expérience directe, lorsque par exemple la préférence exprimée d'une personne n'est pas satisfaite même si elle ignore totalement que tel est le cas : par exemple, on ne peut considérer comme objectivement satisfaite la préférence pour une vie de fidélité d'une personne qui tient beaucoup à la fidélité dans le couple mais a été trompée pendant de longues années et meurt sans l'avoir jamais su, quoiqu'il n'en ait résulté aucune expérience subjective de souffrance pour la personne. Il peut donc y avoir des dommages sans expérience du dommage. C'est la première condition nécessaire pour

1. L. Meyer « Obligations persistantes et réparation symbolique », *Revue Philosophique de Louvain*, 101(1), 2003, p. 105-122.

2. Voir *supra*, chap. I, p. 36 *sq*.

3. J. Feinberg, *The Moral Limits of the Criminal Law, vol. 1 : Harm to Others*, Oxford, Oxford University Press, 1984, p. 91 *sq*.

l'idée de dommage posthume. S'ajoute à cette condition une seconde : on peut penser les dommages posthumes comme des dommages qui affectent des propriétés posthumes des personnes (intérêts, préférences, réputation…), soit des propriétés ancrées dans une personne persistantes après la mort de la personne, donc telles qu'elles puissent être modifiées après la mort de la personne. Cette possibilité de dommages posthumes entraîne directement l'existence d'obligations envers les morts.

Mais Axel Gösseries [1] rejette cette stratégie au motif qu'elle repose sur une vision déterministe et un rapport temporel problématique entre dommages *ante-mortem* et propriétés posthumes : en effet, qui est le sujet réel du dommage ? Soit ce sont les propriétés elles-mêmes, ce qui, souligne Gösseries, est peu satisfaisant sur le plan moral, car nous voulons pouvoir dire que nos obligations morales s'adressent à des personnes, en raison de leur qualité de personnes ; soit ce sont les personnes *ante-mortem* qui sont en réalité les victimes du dommage *post-mortem.* Il y a dans ce cas une dissociation temporelle entre la propriété posthume et la personne *ante-mortem*, d'autant plus difficile à penser que se pose alors la question : quand la personne *ante-mortem* a-t-elle été affectée par le dommage ? La solution de Feinberg est d'avoir recours au déterminisme : « il devient apparent pour nous pour la première fois qu'il était vrai tout au long – que depuis le moment où [la personne] investit suffisamment dans sa cause pour en faire un de ses intérêts, elle jouait un jeu voué à l'échec » [2]. L'événement à l'origine du dommage est posthume mais le dommage lui-même ne l'est pas ; c'est pourquoi on parle de dommage pré-posthume. Mais cette position déterministe pose un problème de cohérence : si un dommage est causé à ma réputation à t1, puis que ma réputation est lavée à t2, est-il « vrai tout au long » que j'ai subi un dommage, ou non ? La réparation ne se contente pas de corriger le dommage, elle l'annule entièrement ; mais alors il n'y a jamais eu de dommage à réparer. C'est ce que Gösseries nomme le « problème de calendrier », qui demeure insoluble. Pour lui, il faut alors admettre que les morts existent d'une certaine manière si l'on veut justifier l'existence de devoirs envers eux.

Meyer n'endosse pas cette prémisse métaphysique sur l'existence des morts. Mais il affirme qu'on peut défendre les obligations à l'égard des morts non pas en raison *d'intérêts* persistants des morts, mais en raison de *droits* des morts, même si les morts n'existent pas. Les devoirs que nous

1. A. Gösseries, « A-t-on des obligations envers les morts ? », *Revue Philosophique de Louvain*, 101(1), 2003, p. 80-104.

2. J. Feinberg, *The Moral Limits of the Criminal Law*, *op. cit.*, p. 91.

avons à l'égard de porteurs de droits survivent à la mort desdits porteurs car les raisons pour lesquelles quelqu'un a un droit impliquent des raisons en faveur de devoirs corrélatifs qui se maintiennent même après la mort du porteur de droit. « Un droit implique une obligation » signifie qu'une proposition exprimant des raisons de soutenir un droit implique une proposition selon laquelle il existe un devoir correspondant, soutenu par certaines raisons justifiant l'obligation. Par exemple, dit-il, nous avons tous des raisons de protéger la confiance que nous partageons dans le fait que les promesses seront tenues : il existe certains droits orientés vers le futur (un droit moral à voir tenue la promesse qui nous a été faite) qui impliquent des obligations dans le futur. Ces droits persistent même à la mort du porteur de droit : le titulaire du droit a disparu mais les raisons morales qui fondent le droit et qui lient la personne qui a fait la promesse persistent. En outre, un défunt ne peut subir de modification de propriétés non relationnelles, mais il peut subir des changements relationnels.

On tire de là selon lui l'obligation de compenser symboliquement des victimes mortes d'injustices passées qui ne peuvent pourtant pas être affectées réellement par nos actions : nous pouvons remplir notre devoir en reconnaissant publiquement les injustices qu'ils ont souffertes, ce qui change notre *relation* entre nous et les victimes d'injustices historiques. Ce qui est modifié n'est évidemment pas la valeur pour les morts qu'a pu représenter un moment de leur vie, mais la relation qui nous lie aujourd'hui à eux – en tant que cette relation à eux éclaire, inquiète ou définit notre relation à nos contemporains, et ce faisant, qu'est modifiée notre relation à nous-mêmes. Cette reconnaissance publique peut s'exprimer de différentes manières, qui correspondent à un « *acknowledgment* » des crimes commis par une communauté politique dont les membres actuels admettent qu'il y a une continuité avec la leur (au moins sur certains plans). L'obligation correspond à l'expression d'attitudes de réparation à l'égard des morts et d'attitudes qui témoignent d'une compréhension du « nous » comme d'une communauté qui ne nie pas la signification des injustices historiques. Nous exprimons ainsi une modification de la manière dont nous témoignons être des personnes qui considèrent que ces actes de commémoration ont une valeur.

En somme, nous avions vu au chapitre précédent que les réparations excèdent la logique de la correction et que leur fondement normatif semble extérieur à cette logique. Nous venons de montrer qu'il est difficile de trouver ce fondement normatif dans les principes distributifs : la discrimination positive, parfois justifiée selon les lignes d'un paradigme compensatoire et à ce titre pratique politique susceptible de prendre en charge la réparation, ne parvient pas à répondre à la demande plus radicale de reconstitution politique [1] portée par les demandes. De manière plus générale, ni les théories distributives fondées en modèle ni les théories distributives historiques ne parviennent à justifier au nom de quel *principe* certains agents, plutôt que d'autres, devraient être les bénéficiaires de politiques de redistribution particulière en raison d'une injustice historique. Les injustices historiques ne peuvent être corrigées par des principes de distribution ; elles sont des injustices politiques et relationnelles, susceptibles d'être réparées par la transformation des structures, normatives, institutionnelles, pratiques, qui assurent et expriment une relation de respect entre les vivants et les morts, et entre les membres actuels d'une communauté politique. Si la justice ne pouvait être que corrective *ou* distributive (selon la division du champ héritée d'Aristote [2]), les réparations n'auraient aucun fondement normatif aisément concevable. Toutefois, la justice réparatrice relève d'un autre type de théorisation, politique et relationnel. Conceptualiser les réparations sous l'angle d'une théorie politique et relationnelle de la justice, exigeant de l'histoire une double fonction précise – diagnostiquer le type d'injustice commise dans le passé et expliquer la raison pour laquelle elle s'est prolongée dans le présent –, permet de préciser pourquoi elles sont normativement fondées, pourquoi il est légitime d'estimer que nous pouvons être tenus pour responsables de réparer aujourd'hui les injustices du passé. Mais de quel ordre est cette responsabilité ?

1. Voir *supra*, chap. I, p. 50.
2. Voir *supra*, chap. I, p. 42.

CHAPITRE VI

NOTRE RESPONSABILITÉ DE RÉPARER

La dernière source de malentendus qu'il s'agit ici d'écarter concerne la nature et les modalités de notre responsabilité contemporaine de réparer l'injustice historique. Une présentation de la difficulté est bien posée par Margaret Gilbert :

> Supposons que j'appartienne à un collectif moralement blâmable pour des faits qui se sont déroulés *avant ma naissance*. Cela induit-il ma responsabilité personnelle, et si oui, en quoi ? À première vue, nul ne peut s'avérer moralement responsable en quoi que ce soit d'un méfait survenu avant sa venue au monde – sauf à considérer que le présent puisse rejaillir sur le passé. Pourtant, il apparaît que ma présente appartenance au groupe me porte à reconnaître la portée de ce que *nous* avons fait, et bien sûr *je* m'inclus dans ce *nous*. Il s'agit d'un positionnement très courant. Qu'un individu ait en quelque sorte à supporter le poids d'un acte intervenu bien avant sa naissance peut donc sembler tout à la fois inacceptable et irréfutable. La même contradiction, quoique moins criante peut-être, se pose pour une personne rejoignant un groupe qui, de son vivant, a commis une mauvaise action quelconque [1].

Je n'ai pas commis le tort puisque je n'étais pas née ; le temps étant irréversible, je ne peux donc pas en être tenue pour responsable ; mais puisque je suis « partie prenante du ou des co-engagement(s) moteur(s) de l'intention du groupe en la matière » et dans la mesure où le groupe auquel j'appartiens est durable dans le temps, je ne peux pas ne pas me reconnaître moralement impliquée par le méfait que « nous » avons commis. Il est légitime que « je » me sente engagée par ce que « nous » avons fait, même si je n'étais pas née. Mais je ne peux pas me voir imputer la faute. Comment sortir de l'apparente contradiction ? À quel titre mon engagement vaut-il responsabilité de réparer ?

1. M. Gilbert, « La responsabilité collective et ses implications », *Revue Française de Science politique*, 2008/6, 56, p. 899-913, p. 911-912.

Je voudrais suggérer dans ce chapitre que la question des réparations nous enjoint à reprendre à nouveaux frais la notion de responsabilité en la débarrassant du sens qu'elle hérite de son positionnement judiciaire pour en faire une notion strictement politique. « Nous » sommes responsables (individuellement, et dans la mesure où nous faisons partie d'un groupe fondé sur des structures qui perdurent dans le temps) des réparations, mais ce n'est pas parce que « nous » sommes coupables ou imputables des crimes passés de la traite et de l'esclavage (individuellement ou collectivement). Dans la perspective transitionnelle défendue ici, notre « responsabilité pour la justice », pour reprendre le titre de l'ouvrage posthume d'Iris Marion Young [1], ne s'établit pas au terme d'un raisonnement causal-rétrospectif qui vise à attribuer les degrés de responsabilité causale de personnes physiques ou morales pour des actes commis dans le passé. Nous sommes responsables des réparations parce que nous portons la responsabilité de notre condition présente et de l'avenir – et si à ce titre nous sommes responsables des injustices historiques, c'est au nom de la continuité structurelle entre le passé et le présent. De plus s'il n'est pas tenable, ou du moins suffisant, d'imputer *collectivement* la responsabilité à un agent collectif qui serait l'État, mais s'il est légitime de *distribuer* cette responsabilité aux membres de ce collectif, c'est que « nous » sommes responsables d'une part en tant que citoyens d'un État démocratique dans lequel les autorités « responsables » – représentants ou gouvernants – doivent nous rendre des comptes (ils doivent rendre compte de leurs décisions et des raisons de leurs décisions auprès des citoyens) qu'il nous incombe d'exiger d'eux ; d'autre part en tant que nous utilisons, perpétuons et tirons des bénéfices actuels des structures sociales, politiques, économiques, juridiques, matérielles et symboliques de notre société, alors même que la construction et le maintien de ces structures ont été injustes. En termes youngiens, la question des réparations nous engage à passer de la responsabilité légale (*liability*) à la responsabilité politique de relation sociale (*social connection).* Nous commencerons par dégager les différents sens du terme complexe et polysémique de « responsabilité » afin de saisir quels sont les sens pertinents ici pour penser notre responsabilité de réparer. Nous verrons ensuite pourquoi la responsabilité légale, en particulier telle qu'elle est à l'œuvre dans le droit de la responsabilité civile, n'est pas celle à partir de laquelle notre obligation de réparation peut se justifier. Enfin, nous plaiderons pour une compréhension politique et relationnelle de la réparation qui suppose que la responsabilité soit la nôtre, en un sens non pas collectif mais distributif.

1. I. M. Young, *Responsibility for Justice*, *op. cit.*

Avec ce dernier moment s'éclairera l'importance de repenser le « nous » – l'enjeu transformatif qui est au cœur des réparations.

La polysémie de la responsabilité réparatrice

L'un des textes fondateurs de la réflexion sur la polysémie de la notion de responsabilité, qui insiste sur le fait que les différents sens sont usuellement peu distingués dans le langage ordinaire, dans le langage juridique ou dans nos représentations mentales, ouvrant ainsi à des nombreuses confusions qui entourent la terminologie, est celui d'une parabole proposée par Herbert L. A. Hart [1] :

> En tant que capitaine du bateau, X était [1] *responsable* de la sécurité des passagers et de l'équipage. Mais lors de son dernier voyage, il se saoula tous les soirs et fut [2] *responsable* de la perte du bateau et de tous ceux qui se trouvaient à bord. La rumeur courut qu'il était fou, mais les médecins considérèrent qu'il était [3] *responsable* de ses actes. Tout au long du voyage, il s'était comporté de manière tout à fait [4] *irresponsable*, et plusieurs incidents dans sa carrière confirmèrent qu'il n'était pas une personne [5] *responsable*. Il a toujours maintenu que des tempêtes hivernales exceptionnelles étaient [6] *responsables* du naufrage, mais au cours des procédures judiciaires qui furent intentées contre lui, il fut reconnu pénalement [7] *responsable* de conduite négligente, et dans les procédures civiles qui furent intentées séparément, il fut reconnu [8] légalement *responsable* de la perte de vies et de propriétés. Il est toujours en vie et il est moralement [9] *responsable* de la mort de nombreuses femmes et enfants.

Hart distingue, à partir de cette parabole, quatre sens différents du concept de responsabilité : la responsabilité de rôle (« *role responsibility* ») (sens 1), la responsabilité causale (« *causal responsibility* ») (sens 2, 6, 9), la responsabilité légale (« *liability responsibility* ») (sens 7, 8) et la responsabilité de capacité (« *capacity responsibility* ») (sens 3, 4, 5). Nicole Vincent reprend la parabole pour dégager une « taxonomie structurée des concepts de responsabilité » [2] afin de clarifier à son tour les usages qui peuvent en être faits et les controverses que le terme peut engager, précisément en raison de son ambiguïté et de son hétérogénéité, non seulement sur le plan moral, mais également sur le plan légal. Partant

1. Herbert L. A. Hart, *Punishment and Responsibility : Essays in the Philosophy of Law*, Oxford, Oxford University Press, 1968, p. 211 (ma traduction).

2. N. A. Vincent, « A structured taxonomy of responsibility concepts », dans N. A. Vincent, I. van de Poel et J. Oven (éd.), *Moral Responsibility, Beyond Free Will and Determinism*, Dordrecht, Springer, 2011, p. 15-35.

de l'examen des différents sens que revêt le terme de « responsabilité » dans le langage ordinaire et tels qu'on les retrouve dans la parabole célèbre proposée par Hart, elle distingue de son côté six différents concepts de responsabilité signifiés par le même terme. La responsabilité « vertu » (*virtue responsibility*) désigne le trait de caractère de quelqu'un qui prend ses devoirs au sérieux et se préoccupe de faire ce qu'il pense être la bonne chose à faire : « c'est un homme responsable » (4, 5). La responsabilité « rôle » (*role responsibility*) désigne les devoirs qui incombent à une personne en vertu de sa, ou ses, positions : « il a des responsabilités » (1). La responsabilité « des effets » (*outcome responsibility*), qui correspond dans son analyse à l'acception philosophique la plus usuelle du terme, renvoie aux événements ou aux états que l'on peut légitimement attribuer aux actions effectives d'une personne et pour lesquels elle peut éventuellement être blâmée (2). La responsabilité causale (*causal responsibility*) signale simplement une relation de causalité, sans qu'il y ait nécessairement d'implication morale, entre deux événements, deux états ou deux entités : « le cyclone est responsable de la destruction des habitations » (6). La responsabilité capacité (*capacity responsibility*) renvoie aux facultés ou compétences, généralement cognitives ou conatives, que doit posséder un agent pour qu'on puisse le considérer comme responsable : les enfants sont à ce titre généralement considérés comme irresponsables (3). Enfin, l'imputabilité ou la responsabilité « légale » (*liability responsibility*) concerne l'ensemble des dispositions juridiques ou administratives mises en œuvre afin de désigner la personne qui va être « tenue pour » responsable de l'événement, ainsi que les actions qui vont résulter de cette désignation de responsabilité (punition, sanction appropriée) : elle renvoie à ce que quelqu'un doit faire, ou à la façon dont il doit être traité, pour répondre de l'action dont il est tenu pour responsable (7, 8). On peut ajouter ici la responsabilité morale, désignée par le 9ᵉ sens de responsabilité dans la parabole, et qui ne nous semble pas exactement synonyme de la responsabilité des effets, que Vincent a tendance à considérer comme équivalentes [1].

Étant donnée la polysémie du terme, la pratique d'attribution d'une responsabilité de réparation peut sembler relever de logiques très différentes et apparaître comme « le résultat de logiques sociales sans

1. Sur la notion de responsabilité morale, la littérature philosophique est foisonnante et nous n'aborderons pas ici directement les questions centrales qui sont débattues : nous nous intéressons aux conditions de la responsabilité de réparer des injustices historiques, ce qui bien évidemment engage la réflexion morale, mais sans que nous ayons besoin d'entrer dans le détail des analyses métaphysiques ou méta-éthiques sur la responsabilité morale.

aucun lien avec [la] signification » [1] de la pratique. On peut toutefois tracer des grandes lignes de distinction, ainsi qu'identifier des critères fondamentaux, qui permettent non seulement d'appréhender la manière dont les différents sens se croisent, se renforcent ou s'opposent, mais également lesquels sont pertinents dans le cas d'une responsabilité de réparation.

Nous pouvons d'abord et fondamentalement, à la suite de David Miller qui s'intéresse précisément à l'identification de la responsabilité réparatrice (*remedial responsibility*) et des agents (individuels ou collectifs) à qui on peut imputer la charge de réparer, distinguer la responsabilité causale et la responsabilité morale [2]. Je suis causalement responsable de la réparation quand mon action a directement produit un effet préjudiciable ou quand mon action peut très nettement apparaître comme ayant une portée différentielle marquée par rapport à l'ensemble des conditions ayant conduit à un événement. Dans la mesure où notre enjeu est la recherche des critères qui permettent d'identifier les agents susceptibles de se voir imputer la responsabilité de réparer, si l'on veut mobiliser la responsabilité causale, deux caractéristiques de la causalité sont indispensables : mon action doit être antécédente à l'effet subséquent et mon action doit s'être détachée de manière saillante et repérable sur le cours normal des choses ou sur les conditions sur l'arrière-plan desquelles l'effet s'est produit. Si je trébuche sur le trottoir et bouscule un passant qui tombe et se casse une jambe, je suis *causalement* responsable du préjudice et imputable de la prise en charge des soins.

La responsabilité morale implique, elle, une appréciation de la conduite de l'agent. Il faut donc se demander si l'action de l'agent menant à l'effet préjudiciable a été accomplie en toute connaissance de cause : si l'agent était doué de volonté ou d'intention, si son action était délibérée et si les effets de l'action étaient raisonnablement prévisibles, alors il est imputable de la responsabilité de réparer. La notion morale est, précise Miller, sous certains aspects plus étroite ou exigeante que la notion causale : une action moralement innocente (pour laquelle l'agent ne peut être moralement blâmé) peut avoir été la cause d'un préjudice et suffire pour que l'agent se voit attribuer la responsabilité de réparer ledit préjudice. Mais sous d'autres aspects, poursuit-il, elle est plus large et

1. B. Guillarme, « Usages de la responsabilité. Introduction », *Revue Française de Science Politique*, 2008/6, 58, p. 873.

2. D. Miller, « Distributing Responsibilities », *The Journal of Political Philosophy*, 9/4, 2001, p. 453-471.

englobante : par exemple lorsqu'on a omis, par négligence, d'avoir mis en place des conditions telles que l'action causale n'aurait pas pu se produire ou n'aurait pas eu les effets préjudiciables qu'elle a eus. Pour reprendre l'exemple proposé plus haut, si j'ai trébuché parce que le trottoir présentait un trou ou une aspérité en raison de travaux non signalés, la responsabilité de prise en charge des soins du passant que j'ai bousculé incombe (aussi) aux agents qui ont négligé la mise en place de signalisation appropriée.

Miller estime toutefois que la responsabilité réparatrice ne peut être intégralement imputée ni au nom de la responsabilité causale ni au nom de la responsabilité morale seules.

Si la responsabilité causale semble intuitivement prépondérante, elle se heurte à deux difficultés majeures. Premièrement, dans certains cas difficiles, il s'avère impossible d'identifier correctement et sans risque d'erreur l'agent A qui a causé l'événement préjudiciable, pour deux raisons : la première porte sur la difficulté de distinguer, dans la pratique, entre les notions de cause et de condition; la seconde sur la multiplicité des agents impliqués. D'une part, il peut être extrêmement délicat d'établir si l'action de A est une condition parmi d'autres de l'occurrence de l'événement préjudiciable, ou bien la cause déterminante, nécessaire et suffisante, de l'événement. Le raisonnement qui cherche à établir si l'action est une cause suffisante de l'événement repose sur des hypothèses contrefactuelles (quel effet aurait eu l'action de A si telle ou telle condition avait été différente ?) et il est très difficile de choisir parmi le grand nombre de contrefactuels pertinents celui qui est le plus plausible, à moins d'avoir une notion préalable de la raison normative pour laquelle un contrefactuel qui pose la responsabilité de A est celui qui doit être préféré. D'autre part, il est des cas dans lesquels de nombreux agents peuvent avoir commis des actions causalement reliées à l'événement préjudiciable : or, dit Miller, on ne peut pas admettre que tous sont également responsables de la réparation, car on perd alors la notion de relation spéciale qui est indispensable pour assigner une responsabilité de réparer et, surtout, pour contraindre légitimement un ou plusieurs agents particuliers à réparer. Si trop d'agents sont causalement identifiés, la responsabilité est diluée au point que chacun peut en refuser la charge. Alors, pour identifier celui ou ceux particulièrement concernés, on fait nécessairement intervenir une dimension morale pour souligner le lieu, le moment, ou l'action spécifique qui a constitué une faute ou une négligence particulièrement saillante.

Deuxièmement, dans d'autres cas, l'agent causal est bien identifiable mais cela ne suffit pas pour le considérer comme responsable de la réparation, car son action était légitime, justifiable ou inévitable – soit parce que lorsqu'il a commis l'action, il ne pouvait pas prévoir ses conséquences néfastes, par exemple parce que les circonstances ayant changé, le sens et la portée de l'action ont changé, soit parce qu'il n'avait pas le choix ou ne pouvait pas exercer sa capacité de choix. Dans ces cas d'actions causales que Miller estime moralement innocentes, nous pouvons admettre une responsabilité partielle de réparer, mais cette dernière excède largement la seule imputation causale.

Ce dernier point vaut en miroir contre la possibilité d'attribuer la responsabilité de réparer uniquement au nom de la responsabilité morale des agents : une action innocente mais causale semble bien revêtir aussi une forme (au moins partielle) de responsabilité réparatrice – on attend par exemple volontiers de l'agent qui a causé un tort, même s'il est moralement innocent, qu'il présente des excuses ou exprime des regrets. Plus décisivement encore, quel rôle jouent les contraintes sur l'action pour que l'on puisse déterminer ce qui fait qu'une action est moralement condamnable ? À quel titre une action intrinsèquement moralement mauvaise mais justifiée par des contraintes externes ou parce que ne pas agir aurait conduit à un préjudice plus grand est-elle suffisante pour que l'agent, quoiqu'il ne puisse être moralement condamné, se voit attribuée, et à lui seul, la responsabilité de réparer ? Sommes-nous moralement responsables lorsque nous sommes blâmables ou lorsque notre action revêt certaines caractéristiques quoiqu'on ne puisse entièrement ni systématiquement être blâmé de l'avoir accomplie ?

On peut ici préciser ou nuancer la notion de responsabilité morale, laissée relativement indéterminée par Miller, en mobilisant les analyses d'Angela Smith [1]. Afin d'établir quelle est l'importance d'une condition de « liberté » ou de « contrôle » sur nos actions pour que nous puissions en être tenus pour moralement responsables (quelle part de responsabilité nous conservons dans un monde au moins partiellement déterministe), certains ont proposé de distinguer deux formes de responsabilité : la responsabilité comme « attributabilité (*attributability*) » et la responsabilité comme « redevabilité (*accountability*) » [2]. La première s'intéresse aux conditions

1. Angela M. Smith, « Responsibility as Answerability », *Inquiry, An Interdisciplinary Journal of Philosophy*, 58(2), 2015, p. 99-126.

2. La distinction a été originellement proposée par G. Watson, « Two Faces of Responsibility », *Philosophical Topics*, 24(2), 1996, p. 227-248, repris dans G. Watson (éd.), *Agency and Answerability*, Oxford, Oxford University Press, 2004, p. 260-286, mais a été reprise dans de nombreuses analyses par la suite ; voir notamment N. Levy, « The Good, the Bad, and the Blameworthy », *Journal of Ethics and Social Philosophy*, 1(2), 2005, p. 2-16. Voir aussi N. Levy et M. McKenna, « Recent Work on Free Will and Moral Responsibility », *Philosophy Compass*, 4(1), 2008, p. 96-133.

qui doivent être remplies afin qu'un agent suscite des formes variées d'appréciation ou d'évaluation de sa vertu ou de son excellence (*arété*) : l'agent est responsable si, et parce que, son action exprime qui il est et quelles valeurs il soutient. Évaluer quelqu'un en ce sens consiste à l'évaluer en tant qu'agent et auteur de sa conduite. La seconde s'intéresse aux conditions qui doivent être remplies afin qu'un agent suscite des réponses morales qui vont au-delà de l'évaluation de sa vertu et peuvent prendre la forme d'attitudes réactives [1] (ressentiment, indignation, reproche…) : l'agent est responsable s'il est légitime de lui appliquer des sanctions (ou des récompenses) en conséquence de son action. Pour que nos attitudes réactives soient légitimes, il faut que l'agent ait eu une réelle possibilité d'éviter de les susciter. Ainsi, les conditions d'imputation de responsabilité comme redevabilité sont plus exigeantes que les conditions d'imputation de responsabilité comme attributabilité.

Angela Smith estime que la distinction est trop ténue pour rendre compte de ce que nous faisons lorsque nous considérons une personne comme moralement responsable et propose de penser la responsabilité morale sous l'aspect unifié de l'obligation de justification (*answerability*). « Dire qu'un agent est moralement responsable de quelque chose revient à dire que l'agent est la cible appropriée, en principe, de demandes de justification à propos de cette chose, et qu'il est susceptible de susciter, en principe, des réponses morales variées selon qu'il répond plus ou moins bien à cette demande de justification » [2]. Cette perspective a le bénéfice de poser que les conditions auxquelles nous soumettons la possibilité de tenir quelqu'un pour moralement responsable de quelque chose relèvent toutes d'un même type d'exigence : même si « en fait » personne ne demande à l'agent de justifier sa conduite, la demande de justification doit être « en principe » intelligible et la personne doit pouvoir indiquer des raisons sur la base desquelles nous pouvons réagir moralement d'une manière ou d'une autre. Elle propose donc un concept unifié de responsabilité morale.

Deux points sont particulièrement importants dans cette acception de la responsabilité comme obligation de justification : premièrement, comme le souligne explicitement Smith, « un agent peut être “moralement

1. La notion d'attitude réactive, désormais largement employée dans la littérature sur la responsabilité, vient de Peter Strawson, « Freedom and Resentment », *Proceedings of the British Academy* 48, 1962, p. 1-25, chez qui elle désigne des affects positifs ou négatifs suscités en réaction à des actions commises par d'autres dont nous supposons qu'ils les contrôlent au moins partiellement, et constitue la base de nos jugements de responsabilité morale.

2. Angela M. Smith, « Responsibility as Answerability », *op. cit.*, p. 103.

responsable" de nombreuses actions qui n'ont aucune signification morale »[1] en elles-mêmes (un sous-ensemble des actions que Miller nomme « innocentes »). Nous sommes moralement responsables en ce sens de toute action intentionnelle, même la plus anodine ou indifférente, dans la mesure où on peut nous demander de nous en justifier et où à la suite de notre réponse, nous pouvons susciter des réactions morales négatives si nos actions « s'avèrent violer les attentes ou les normes morales auxquelles nous sommes légitimement soumis »[2]. Par exemple, mettre du sucre dans son café est une action anodine qui peut susciter une réponse morale si ni le sucre ni le café ne proviennent du commerce équitable et que celui qui agit ainsi est considéré comme moralement responsable de contribuer à l'appauvrissement ou à l'exploitation de régions du globe déjà en grande difficulté. Autrement dit, et ce sera déterminant dans la responsabilité de réparation que nous défendrons, nous ne sommes pas seulement responsables de fautes ou de crimes avérés, mais également d'actions quotidiennes, ordinaires, dont on peut nous demander raison au nom de normes morales qui constituent le fondement de la réaction morale qu'elles susciteront. Deuxièmement, le fait qu'un agent soit responsable au sens où il doit répondre de ses actions n'implique pas que la réponse morale appropriée soit par principe le blâme ou la récompense : les attitudes réactives suscitées peuvent être d'ordre variable selon le système de normes morales mobilisées par celui qui demande une justification, ainsi que selon la relation qui existe entre les deux agents. La question de la responsabilité morale doit ainsi être fermement distinguée de celle du blâme, qui suppose des conditions additionnelles à la responsabilité comme obligation de justification.

Si, grâce à l'analyse de Smith, nous avons acquis trois points importants (la responsabilité morale s'entend en termes de justification, elle peut porter sur des actions en apparence ordinaires et elle doit être découplée de l'attribution de blâme moral), il reste que, comme la responsabilité causale, la responsabilité morale est rétrospective. Selon Miller, cette caractéristique commune est la raison principale des difficultés auxquelles font face l'approche causale et l'approche morale lorsqu'il s'agit d'imputer une responsabilité de réparation à un agent. Dans les deux cas, le problème est que la responsabilité de réparer est attribuée uniquement en considérant le passé : la question posée dans les perspectives causale et morale n'est pas « qui est le mieux placé pour réparer la situation

1. *Ibid.*, p. 106.
2. *Ibid.*, p. 107.

préjudiciable dans laquelle nous nous trouvons ? » mais « qui a été impliqué dans l'occurrence de la situation préjudiciable » ? [1] De ce fait, même dans les cas où l'on peut identifier un agent particulier (individuel ou collectif), il suffit que celui-ci se révèle dans l'incapacité de réparer (par exemple parce qu'il est mort ou parce qu'il a disparu) pour que l'obligation de réparer ne puisse plus être imputée, et s'évanouisse.

Miller suggère ainsi que d'autres dimensions de la responsabilité soient convoquées pour déterminer l'imputation de réparation, au moins en appui des notions de causalité et de moralité : celles de capacité et de communauté. Selon le principe de capacité (qui recouvre deux conditions différentes, celle de l'efficacité et celle du moindre coût), la responsabilité de réparer incombe à l'agent qui est aujourd'hui le mieux placé pour y répondre. Mais ce principe néglige de considérer comment la capacité en est arrivée à être distribuée comme elle l'est actuellement : d'une certaine manière, il est trop explicitement anhistorique ou *forward-looking*. Ainsi, s'il peut s'ajouter pour conférer du poids à une responsabilité préalablement déterminée (par une relation d'un autre ordre entre l'agent et la situation), il est difficile de considérer que le principe de capacité soutient, à lui seul, l'intégralité de l'obligation de réparer. Enfin, selon le principe de communauté, lorsque des individus sont liés entre eux par des relations particulières (familiales, nationales, professionnelles, etc.), qui proviennent de pratiques communes, d'identités communes, d'une histoire commune ou d'engagements communs, alors ces individus ont des responsabilités particulières les uns à l'égard des autres, qui s'étendent à la responsabilité de réparer un tort commis contre l'un des membres de la communauté. Mais lui non plus ne suffit pas à justifier à lui seul l'obligation de réparer : des torts peuvent être commis hors de tout type de relation communautaire particulière et celui qui cause le tort et est en capacité de le réparer se trouve, dit Miller, dans l'obligation spécifique de réparer. Enfin ce principe ne nous dit rien sur la manière dont les responsabilités doivent être attribuées différentiellement à l'intérieur de la communauté : la distribution des responsabilités à l'intérieur de la communauté fait appel à des considérations d'un autre ordre que le seul principe de communauté.

Miller propose donc, pour parvenir à concevoir intégralement la justification de la responsabilité de réparer sans laisser échapper des cas où la réparation se trouverait éteinte ou impossible, de la penser selon ce qu'il nomme une « théorie de la connexion » qui combine et équilibre les quatre principes susmentionnés dans une perspective pluraliste. Celui (ou

1. D. Miller, « Distributing Responsibilities », *op. cit.*, p. 460.

ceux) des principes sur lequel repose la responsabilité, selon les situations considérées, est celui qui permet d'établir la plus forte connexion entre l'agent qui doit être réparé et l'agent qui doit réparer. La responsabilité doit être attribuée en tout premier lieu à l'agent dont le lien avec la victime est le plus robuste, quelle que soit la nature de ce lien (causal, moral, de capacité ou de communauté partagée).

Cette théorie de la connexion est prometteuse pour deux raisons : d'une part, elle permet de saisir l'insuffisance de la responsabilité légale, qui repose intégralement sur un raisonnement rétrospectif mêlant considérations causales et morales, comme nous le verrons dans la section suivante ; d'autre part, elle prend au sérieux l'exigence de réparer, dans tous les cas, même les plus complexes, au motif qu'il est toujours dans l'intérêt de chacun de pouvoir établir une responsabilité de réparer en cas de souffrance. En d'autres termes, qui ne sont pas ceux de Miller, si l'on soumettait les membres d'une société à un « test rawlsien » – si on les plaçait sous un voile d'ignorance, de telle sorte qu'ils ignorent qui, une fois le voile soulevé, serait dans l'obligation de réparer et qui serait susceptible de bénéficier de réparations, il est très vraisemblable qu'ils se mettraient d'accord sur un principe de responsabilité des réparations tel qu'on soit toujours capable de désigner un agent (individuel ou collectif) en charge des réparations pour une injustice.

Toutefois, la théorie de la connexion soulève un certain nombre de critiques. Elle repose, pour être applicable, sur une notion trop vague d'intuitions morales partagées qui permettraient, de manière *ad hoc*, de déterminer quel bon principe de relation particulière nous pouvons choisir afin d'attribuer la responsabilité de réparer selon les cas : des désaccords importants peuvent surgir sur le poids à accorder à la responsabilité morale, causale, de communauté ou de capacité et la théorie de la connexion ne fournit pas de principe prioritaire ni même d'ordre de priorité qui pourrait, ou devrait, être adopté par défaut, en cas de désaccord persistant malgré le caractère d'urgence de la réparation. C'est la critique principale que lui adresse Thom Brooks [1], qui estime que le principe de capacité est en réalité primordial : si un agent est dans l'incapacité de réparer, quelle

1. Voir Th. Brooks, « Rethinking Remedial Responsibilities », *Ethics and Global Politics*, 4(3), 2011, p. 195-202. Sous une forme un peu différente, c'est également le problème que soulève Margaret Moore, selon qui l'accord sur la responsabilité de réparation est toujours déjà présupposé dans la théorie de Miller, alors qu'il n'existe qu'« un lien ténu entre ses considérations sur les manières dont des personnes ou des groupes peuvent être responsables de certains effets, et l'idée que ceci peut engendrer un devoir de réparer » (M. Moore, « Global Justice, Climate Change and Miller's Theory of Responsibility », *Critical Review of International, Social and Political Philosophy*, 11(4), 2008, p. 501-517, p. 510).

que soit l'étroitesse des autres relations qui peuvent être établies entre lui et l'agent à réparer, elles ne seront d'aucun poids réel. Il suggère donc d'amender la théorie en adoptant une procédure en deux temps : il faut d'abord établir quels sont les agents capables de réparer, puis évaluer parmi eux le poids de leurs relations respectives avec l'agent à qui est due réparation.

De plus, la théorie de connexion demeure, de l'aveu même de Miller dans son article de 2001, trop imprécise sur le type de responsabilité que l'on peut inférer du principe de « communauté partagée », en particulier lorsqu'il s'agit de responsabilité pour des injustices historiques et qu'on s'intéresse à la responsabilité nationale – à la responsabilité de réparer qui incombe à une communauté particulière, la nation. C'est pourquoi par la suite, Miller propose d'ajouter deux autres principes : celui de la responsabilité des effets (est-ce que la souffrance et la privation constatées quelque part sont l'effet d'activités de la communauté nationale ?) et celui du bénéfice tiré du tort commis (est-ce qu'une nation bénéficie de la souffrance et de la privation constatées même si elle n'a joué aucun rôle causal dans l'occurrence de ces dernières ?) [1]. Nous reviendrons ultérieurement sur la question de la responsabilité de réparer les injustices historiques lorsqu'elle s'entend collectivement. Il nous faut pour l'heure éliminer définitivement, à l'aune des distinctions conceptuelles que nous venons de rappeler, l'idée trop répandue que la responsabilité de réparer peut être conceptualisée dans les termes de la responsabilité légale (*liability*) – en l'occurrence, que notre responsabilité de réparer les injustices historiques structurelles de la traite et de l'esclavage pourrait relever de la responsabilité civile.

La responsabilité civile : le mauvais modèle pour la réparation des injustices structurelles

Nicole Vincent applique sa « taxonomie structurée » des concepts de responsabilité aux raisonnements menés dans le cadre du droit de la responsabilité civile (*tort law*). Sa cartographie n'est pas statique, mais dynamique, puisqu'elle s'intéresse également à la manière dont les six concepts de responsabilité qu'elle repère (auquel on suggère d'ajouter la responsabilité morale comme responsabilité de justification) se croisent,

1. D. Miller, *National Responsibility and Global Justice*, Oxford, Oxford University Press, 2007, p. 100-103.

s'opposent ou se recouvrent selon les contextes d'énonciation. Elle précise que la cartographie et la procédure qui permet d'établir des liens entre les six concepts sont des instruments d'analyse utiles pour saisir comment se construisent les arguments mobilisés pour affirmer ou réfuter la responsabilité civile de quelqu'un lors d'un procès. Pour une personne déterminée à refuser de reconnaître sa responsabilité civile en cas de délit, arguer de son irresponsabilité quant à l'*effet* de son action est l'option la plus directe. Pour ce faire, elle peut invoquer son irresponsabilité *causale* : « je ne suis pas en cause ». Cela peut prendre deux formes : soit « je n'ai pas agi de la sorte » (c'est quelqu'un d'autre qui a commis l'action qui a eu l'effet préjudiciable, ou bien je n'ai pas commis l'action qui a eu l'effet préjudiciable, mais une autre action), soit « j'ai bien agi de la sorte mais cette action n'a pas eu les conséquences que vous lui imputez ». Elle peut également atténuer son *rôle* dans l'action en insistant sur l'incidence au moins équivalente des actions effectuées par d'autres personnes dont c'était la fonction de décider de la conduite à tenir (la victime elle-même ou des tiers, individuels ou collectifs). Elle peut enfin évoquer son *incapacité* à agir.

Mais plus encore, sa cartographie permet de saisir comment se construisent les jugements moraux ordinaires à partir de liens entre les différentes acceptions, établis et mobilisés de manière routinière dans les raisonnements menés dans le cadre de procédures judiciaires, puis transposés hors de ce cadre, et qui informent nos acceptions et croyances morales publiques profondément influencées par les catégories juridiques pour dire et penser ce qui est juste. Ainsi, la taxonomie proposée par Vincent permet de mettre en lumière le lien essentiel entre la responsabilité telle qu'elle est mise en œuvre dans les raisonnements judiciaires (*liability – responsabilité légale*), la dimension individualiste et la dimension rétrospective de la responsabilité, celle qui l'attache nécessairement aux *résultats* d'une action effectivement accomplie par l'accusé, établis selon un raisonnement *causal* (direct ou contrefactuel) : la responsabilité légale est par définition rétrospective, tournée vers l'élucidation d'actions passées dont il s'agit d'avérer qu'elles ont été commises par l'accusé et qu'elles ont eu des conséquences préjudiciables. La responsabilité de réparer, portée en premier lieu par l'accusé, en second lieu, via des mécanismes assurantiels, par des agents individuels ou collectifs contractuellement liés à l'accusé, vise ensuite l'annulation de ces conséquences. Comme le résume Mariève Lacroix, « les conditions de la responsabilité civile renvoient [...] à la trinité dogmatique (mais également pratique) : "faute –

lien de causalité – dommage" » [1]. La responsabilité signifie l'obligation de réparer un dommage causé par une faute ou dans certains cas particuliers, prévus dans la loi.

Les principes de la responsabilité civile (délictuelle) en droit français font apparaître cette logique à la fois morale (entendue dans la notion de faute) et causale (par l'établissement du lien de causalité). Historiquement, la logique interne de la responsabilité civile telle qu'elle a vu le jour dans le Code civil de 1804 reposait sur un fondement unique, la faute [2], entendue d'abord en un sens moral comme transgression d'une obligation, d'un devoir ou d'une norme de conduite préexistants et régissant les conduites interindividuelles et sociales : la responsabilité, « sanction d'un acte illicite et moralement répréhensible » [3], relevait d'abord d'une logique « moraliste » où elle avait pour fonction de sanctionner les conduites d'individus déméritants. La notion civiliste de responsabilité traduisait les exigences de la responsabilité morale au sens d'une éthique individuelle de la *vertu* – c'est la raison pour laquelle une autre condition de responsabilité était exigée, l'imputabilité de l'action aux agents selon leur degré de conscience ou de liberté de volonté (*capacité*) : elle ne court pas contre les mineurs et les personnes sous tutelle. S'y ajoutait, à l'article 1384 (désormais 1242), la responsabilité du fait d'autrui dans les cas suivants, listés de manière exhaustive : les parents du fait de leurs enfants mineurs ; les maîtres et commettants du fait de leurs domestiques et préposés ; les instituteurs et artisans du fait de leurs élèves et apprentis (responsabilité en raison du *rôle* ou de la fonction). En outre, la faute était à la fois le fait générateur de la responsabilité et le fondement de la réparation.

Dans l'évolution qu'il a connue au cours du XIXe et XXe siècle, le droit de la responsabilité civile a ensuite fait une place croissante à la notion de *responsabilité sans faute*, signalant ainsi son détachement de la logique pénale et son installation dans sa logique propre : contrairement au droit pénal qui accuse la personne, le droit civil se cantonne à l'acte lui-même. Ce ne sont ni l'intention ni le statut du criminel qui importent

1. M. Lacroix, « Les fondements épistémologiques de la responsabilité civile », *Les Cahiers du droit*, 50(2), 2009, p. 415-433, p. 423. Voir aussi M. Villey, « Esquisse historique sur le mot responsable », *Archives de philosophie du droit* 22, 1977, p. 45-58.

2. Rappelons la formulation du fondement de la responsabilité civile telle qu'elle apparaissait dans le Code Civil (loi du 21 mars 1804) : « Art. 1382 – Tout fait quelconque de l'homme, qui cause à autrui un dommage, oblige celui par la faute duquel il est arrivé à le réparer. » Cette formulation est inchangée dans l'actuel Code Civil, article 1240 (depuis la modification de 2016).

3. G. Viney, *Introduction à la responsabilité*, Paris, L.G.D.J., 2008, p. 23.

au règlement du procès, mais les résultats, conséquences de l'acte commis, dont il s'agit de supprimer les effets négatifs. Ainsi est-on progressivement passé d'une logique de la faute à une logique du risque et le raisonnement civil s'est-il très largement recentré sur l'établissement d'un lien de causalité entre l'acte et le dommage. La responsabilité de réparation n'est donc pas nécessairement attribuée à la personne dont la conduite a entraîné le dommage (responsabilité pour fait personnel), mais peut l'être à un autre agent, celui qui, sans avoir nécessairement commis de faute, profite de l'activité dommageable (enrichissement sans cause), est à l'origine du risque, ou encore occupe une position de pouvoir ou de contrôle sur d'autres personnes ou choses [1]. Pour pouvoir invoquer une excuse de responsabilité, il faut donc non seulement pouvoir montrer que l'on n'a pas agi de manière délictueuse, mais également qu'on n'a pas suscité l'action, qu'on n'a pas profité de l'action et qu'on n'avait aucun moyen d'empêcher l'action. S'imposent progressivement comme critère de responsabilité moins le mérite ou le démérite moral de la personne que les conséquences objectivement observables et mesurables de son action ou de son omission. L'enjeu n'est plus d'identifier le coupable d'une quelconque faute morale, mais de désigner un responsable susceptible d'endosser le poids de la réparation pour des dommages peut-être accidentels – la dimension *sociale* de la responsabilité ayant pris le pas sur sa dimension *morale*, comme le suggère Geneviève Viney, avec les débuts de la révolution industrielle et la multiplication de techniques et de pratiques de production et de transport mal maîtrisées encore, engendrant des accidents en particulier chez les ouvriers et les usagers de moyens de transport [2].

La condition de la faute (et la préoccupation non pas seulement de l'imputation, mais bien de l'établissement d'une culpabilité personnelle) a ainsi été assouplie, sans que le débat soit jamais réellement tranché entre les partisans de son maintien et ceux qui plaident pour qu'elle soit totalement écartée de la logique civiliste. À l'issue de la réforme de 2016, la faute demeure inscrite dans le Code civil, quoiqu'elle ne soit nulle part définie et que son existence et son degré de gravité (faute simple, faute intentionnelle, faute non intentionnelle aggravée qui peut être lourde ou inexcusable) soient laissés à l'appréciation du juge à partir d'éléments objectifs ou subjectifs – de la sorte, les normes sociales et morales de la culture publique d'une société pèsent inévitablement sur la qualification

1. P. Jourdain, *Les principes de la responsabilité civile*, Paris, Dalloz, 2014, p. 29-30.
2. G. Viney, *Introduction à la responsabilité*, *op. cit.*, p. 26.

juridique de la faute et sur sa fonction réelle dans l'imputation de responsabilité. Pour certains, cette ambiguïté était pourtant à l'origine d'une instabilité intrinsèque dans le droit de la responsabilité civile et plaidait en faveur d'une refonte plus radicale [1].

Dans la mesure où le primat de la faute s'atténue progressivement en faveur d'une doctrine qui, davantage tournée vers le résultat dommageable effectif de l'action pour la victime, se préoccupe des *conséquences* du fait générateur fautif ou non fautif, il devient de plus en plus essentiel pour accorder réparation que soit établie une relation de causalité entre le fait générateur (passé) et le préjudice constaté (présent). La formulation de l'article 1240, déjà cité plusieurs fois (« Tout fait quelconque de l'homme, qui cause à autrui un dommage, oblige celui par la faute duquel il est arrivé à le réparer »), est explicite : la responsabilité causale est au cœur de la notion civiliste de responsabilité et en vient à la recouvrir de plus en plus exactement. Toutefois, la responsabilité civile se distingue de la responsabilité causale par l'exigence d'un lien d'imputation : la responsabilité causale « peut être imputée non seulement à des êtres humains, mais aussi à leurs actions et omissions et à des "choses, conditions et événements". En revanche, la responsabilité juridique vise plutôt à établir une relation entre l'auteur d'une activité et un dommage qui résulte du système juridique lui-même. » [2]. Le lien entre dommage et préjudice n'est pas intégralement causal, mais repose également sur une condition juridique.

L'existence d'un lien de causalité est extrêmement délicate à constater, même si l'on peut admettre que le juge travaille *ex post facto* à comprendre les raisons suffisantes d'un événement particulier sans avoir besoin de recourir à l'élaboration de lois causales générales ou prédictives, sans prétendre parvenir à la certitude qu'il a exhumé et hiérarchisé toutes les causes du dommage, mais de manière plus modeste, s'il cherche simplement à en identifier des causes, inévitablement partielles,

1. Un *Rapport d'information* rédigé par les sénateurs A. Anziani et L. Béteille au nom du groupe de travail sur la responsabilité civile, Rapport n°558 enregistré à la Présidence du Sénat le 15 juillet 2009, justifie ainsi « la nécessité d'une réforme du droit de la responsabilité civile » : « Depuis 1804, les règles extrêmement concises du Code civil relatives à la responsabilité contractuelle (articles 1146 à 1155) ou extracontractuelle (articles 1382 à 1386) n'ont guère été modifiées. Pourtant, le droit de la responsabilité civile a fortement évolué et s'est sensiblement complexifié, au prix de nombreuses incohérences et d'une certaine insécurité juridique, sous le double effet du développement de la jurisprudence et de la multiplication, au coup par coup, des régimes particuliers ».

2. O. Beaud, « La responsabilité politique face à la concurrence d'autres formes de responsabilité des gouvernants », *Pouvoirs* 92, 2000, p. 21.

juridiquement pertinentes – des causes suffisantes qui se détachent sur l'ensemble des conditions de l'événement. Trois théories classiques de la causalité ont été proposées dans la doctrine juridique française afin de guider le raisonnement du juge dans son explication de la sélection ou de l'isolement de certains facteurs comme « causaux » : la doctrine de « l'équivalence des conditions », selon laquelle est une cause tout événement qui a été une condition nécessaire du dommage, c'est-à-dire un événement, positif ou négatif, sans lequel le dommage n'aurait pas été produit ; la doctrine de « la proximité de la cause », selon laquelle n'est une cause qu'un événement dont le dommage est la conséquence directe et immédiate ; enfin la doctrine de la « causalité adéquate », qui ne retient comme des causes possibles (prévisibles) du dommage que « les événements qui devaient normalement le produire "selon le cours habituel des choses et l'expérience de la vie" » [1]. Aucune de ces trois théories n'est exempte de défauts. La première est considérée comme trop peu sélective puisqu'elle ne donne aucun critère de saillance, donc aucun critère permettant d'identifier des événements pertinents pour le dommage sur un fond de circonstances habituel ; elle risque ainsi d'étendre considérablement le champ de la responsabilité. La deuxième à l'inverse est trop sélective puisque sa logique chronologique limite fortement le lien causal à une succession immédiate entre deux événements ; elle laisse ainsi dans l'ombre des événements plus éloignés dans le temps ou dans l'espace et néanmoins déterminants pour l'occurrence du dommage. Enfin, la troisième repose sur un critère de sélection et de hiérarchisation des causes qui fait appel à la notion souple de « cours normal des choses », perçu selon un principe de prévisibilité ou d'habitude, voire de statistique plus ou moins sauvage, dont la dimension subjective est indéniable : le jugement rendu apparaît donc comme approximatif et lié à la perception particulière qu'a le juge de la « normalité ». La responsabilité causale et la responsabilité morale sont donc en pratique difficiles à distinguer pour établir une responsabilité légale de réparer : la notion de « cours normal » des choses, comme celle de circonstance anormale, sont des notions fortement imprégnées de croyances morales sur ce qu'est une « norme », comme le signalait David Miller.

Aucune de ces trois interprétations doctrinales n'est donc entièrement satisfaisante et la place est assez largement laissée à la jurisprudence et à

1. P. Jourdain, *Les principes de la responsabilité civile*, *op. cit.*, p. 63-64. Cette troisième théorie est attribuée à Johannes von Kries, voir Chr. Quézel-Ambrunaz, *Essai sur la causalité en droit de la responsabilité civile*, Paris, Dalloz, 2010.

l'équité des juges. Dans la responsabilité légale, la responsabilité causale occupe une place prépondérante qui tend à recouvrir tout le champ de la responsabilité, sans que la distinction entre responsabilité morale (à la fois appréciation de la vertu et du rôle de l'accusé et estimation d'une ligne de référence de normalité où la saillance est déviance) et responsabilité causale soit jamais clairement posée. Or dans le cas des injustices historiques structurelles qui nous intéressent ici, comme on l'a établi au chapitre III, il est impossible d'établir indiscutablement la connexion causale entre le dommage du passé et le préjudice actuel, entre la responsabilité causale et/ou morale des agents du passé pour l'action passée et la responsabilité de réparation des agents actuels, enfin d'établir la situation morale que l'on doit prendre comme aune d'évaluation de la légitimité de la réparation. Quoique la responsabilité légale demeure souvent l'acception par défaut à laquelle nous avons recours lorsque nous tentons d'évaluer la légitimité ou l'illégitimité de notre responsabilité envers les injustices historiques, il est indispensable d'avoir recours à d'autres principes, eux aussi en jeu dans la responsabilité de réparation, comme l'analyse de Miller nous a permis de le saisir, pour parvenir à appréhender sans confusion, et sans risquer de nous en délier à tort, en quoi consiste notre responsabilité de les réparer. Si nous sommes responsables des réparations, ce n'est pas parce que nous avons commis une faute ou que nous sommes causalement liés aux injustices au titre desquelles il est demandé réparation.

Précisons encore un point, en revenant sur le cas analysé au chapitre III : le juge a admis la responsabilité partielle de l'État dans l'injustice de la traite et de l'esclavage – avant de rejeter la responsabilité de réparation qui aurait pu être inférée de cette responsabilité partielle en invoquant la prescription des faits. Il est assez remarquable que les juges n'aient pas discuté le principe de la responsabilité au moins partielle de l'État français pour le crime de la traite et de l'esclavage : ils considèrent donc l'État comme une personne morale transhistorique susceptible d'être imputable de la réparation d'un crime commis dans le passé, alors même que la structure constitutionnelle et institutionnelle de l'État français a changé plusieurs fois depuis la commission du crime, que le territoire et la population sur lesquels s'étend la souveraineté de l'État ont été modifiés par les colonisations et décolonisations successives, et que bien entendu, les personnes physiques concernées sont aujourd'hui disparues. Ils n'ont donc pas écarté la possibilité conceptuelle d'une responsabilité collective de réparation de la part de l'État français – puisque l'argument décisif a été celui de la prescription, mais pas de l'irresponsabilité.

Pour saisir la portée de ce jugement, rappelons brièvement en quoi consiste le principe de la responsabilité d'une personne morale, et en particulier d'une personne publique. En droit civil, comme en droit pénal, quoique la responsabilité soit historiquement fondée sur celle des personnes physiques, la jurisprudence a été amenée à déplacer l'accent de la responsabilité de l'individu (et de la faute individuelle) à celle du groupe et s'interroge désormais sur la possibilité d'envisager une responsabilité « collective » des personnes morales [1]. En droit français, une personne morale est une entité dotée de personnalité juridique, qui se distingue des personnes physiques (individus) réunies en son sein pour agir en commun et qui peut être de droit public ou de droit privé. Rappelons que les premières (État, établissements publics, etc.), investies d'une mission d'intérêt général, sont soumises à la réglementation du droit administratif alors que les secondes (associations, sociétés commerciales, etc.) relèvent du droit privé et que le jugement rendu ici pose la difficulté (qu'Antoine Garapon interprète comme une « dépolitisation » principielle des questions de réparations [2]) de juger l'État français devant une Cour civile, avec les procédures du droit civil.

Selon l'interprétation doctrinale individualiste la plus classique, la personnalité morale est une fiction et à ce titre, il est impossible d'attribuer une *faute* aux personnes morales, pour deux raisons. D'une part, il est impossible d'attribuer une *incapacité* à une personne morale : les causes subjectives d'irresponsabilité « opèrent *in personam* » [3], autrement dit elles reposent sur l'absence d'une qualité psychologique exigée pour la responsabilité – conscience, volonté, etc. La personne morale, entité collective et fiction juridique, qu'il s'agisse d'une corporation ou d'un service public, voire de l'État, ne saurait, dans cette perspective individualiste, se voir attribuer d'intention ou de conscience propre : elle ne peut donc commettre de faute, qui implique la conscience d'une norme ainsi que celle de la transgression de cette norme. D'autre part, une personne morale ne peut être matériellement l'auteur de quoi que ce soit sans l'entremise de personnes physiques ; elle ne peut donc être responsable d'un dommage par son fait personnel – mais seulement du fait d'autrui ou du fait des choses. L'idée de « faute du service public » est ainsi dénoncée comme absurde, résultant d'un anthropomorphisme attribuant à tort la possibilité d'agir à un être abstrait. Cette thèse est

1. G. Viney, *Le déclin de la responsabilité individuelle*, Paris, L.G.D.J., 1965.

2. Voir A. Garapon, *Peut-on réparer l'histoire ?*, *op. cit.*

3. G. Viney et P. Jourdain, *Traité de droit civil, les conditions de la responsabilité*, Paris, L.G.D.J., 3 e éd., 2006, p. 593.

défendue avec vigueur par Charles Eisenman dans son *Cours de droit administratif* :

> – l'idée centrale était un non-sens, une idée exactement insensée; elle reposait sur une immense confusion entre les questions de preuve et l'analyse du fond. Cette théorie admettait en somme l'idée de fautes qui ne seraient pas des fautes d'agents, c'est-à-dire d'hommes, mais fautes d'un service. Cela est inconcevable : la faute juridique est une infraction à une règle de droit. Qui peut commettre de telles infractions sinon des hommes; qui d'autre que des hommes, c'est-à-dire des individus, un seul ou un ensemble selon les cas? Le service serait donc un être réel, agissant – car pour être capables de fautes, il faut être capable d'action, – tenu d'obligations, de règles, une faute suppose cela aussi. [1]

Parler de « faute de l'État » ne pourrait alors s'entendre qu'en un sens figuré ou métaphorique et l'État ne pourrait être dit responsable pour faute.

Notons toutefois que même dans cette perspective, la logique assurantielle du risque tendant à remplacer la logique moraliste de la faute dans le droit à réparation, l'État pourrait néanmoins être responsable de la charge de la réparation en vertu du lien de droit qui le lie à la personne physique membre du service public ayant bel et bien commis une faute. De la sorte, même si l'idée de faute de l'État est inconcevable, ce dernier pourrait être tenu dans l'obligation de réparer les actions de ses agents responsables d'un dommage. L'argument qui le déchargerait de la réparation devrait admettre que la responsabilité légale reste intrinsèquement attachée à la culpabilité individuelle – qu'il ne peut y avoir de responsabilité que pour faute personnelle – et que la réparation n'est due qu'en vertu d'un lien de causalité direct entre personnes physiques – ce qui est contraire à la doctrine juridique. Ainsi, même en admettant qu'il soit impossible de conceptualiser la notion de faute de l'État, les victimes d'un préjudice pourraient néanmoins se retourner contre l'État pour exiger réparation d'un dommage commis par ses agents. Toutefois, dans le cas du crime de la traite et de l'esclavage, étant donnée la nature structurelle de l'injustice, il est difficile de soutenir ou de prouver que tel ou tel fonctionnaire individuel était en faute – et cela n'aurait pas grand sens pour démontrer la réalité du crime ou imputer les responsabilités.

Cela n'est cependant pas indispensable puisque la jurisprudence française s'est progressivement détachée de la thèse de la fiction de la personnalité morale pour s'accorder à reconnaître la réalité de la personne

1. C. Eisenmann, *Cours de droit administratif*, Paris, L.G.D.J., 1982, p. 834-835.

morale. Des personnes morales sont des *agents* moraux suffisamment comparables aux personnes physiques du point de vue des caractéristiques pertinentes pour le jugement de responsabilité : les propositions émises par les organes de décision et de représentation des personnes morales, en particulier publiques, témoignent de leurs états intentionnels (croyances, désirs), de leur capacité à traduire ces états en actions et démarches à mettre en œuvre pour accomplir les objectifs poursuivis, ainsi que de leur capacité à réviser croyances, objectifs et démarches lorsqu'un examen critique leur en demande raison et les identifie comme non appropriés – sans que l'on puisse rapporter directement ces propositions à une ou des personnes physiques individuelles membres des collectifs [1]. En d'autres termes, des groupes formellement organisés pour la défense d'intérêts communs et dotés de moyens d'expression publique peuvent être considérés comme responsables au titre de la responsabilité de justification (*answerability*) dégagée dans la section précédente à la suite des analyses de Smith. En outre, l'expression de raisons ou de justification n'est pas la somme de l'expression des raisons des membres individuels, mais peut se rapporter au corps politique comme entité collective réelle. De la sorte, les personnes morales peuvent être tenues pour responsables indépendamment des actions ou omissions de leurs membres physiques.

Toutefois, si les personnes publiques peuvent se voir imputer une responsabilité morale, pour ce qui concerne leur responsabilité légale, l'imputation repose toujours sur un raisonnement causal qui relève en grande partie d'une évaluation du dommage à partir de ce qui devait se produire selon « le cours normal des choses » et selon la condition juridique qui permet d'établir le préjudice. Or dans notre cas, la norme juridique de cette normalité est celle du Code Noir : ce qui constitue un préjudice est nécessairement évalué sur la base d'une situation originelle, qui, dans le cas de l'esclavage, n'est pas conforme à nos attentes morales actuelles. Même si la thèse de la réalité des personnes morales apparaît plus favorable que celle de leur caractère fictionnel pour attribuer à l'État la réparation du préjudice lié à l'esclavage et au colonialisme, le raisonnement causal inhérent à la logique de la responsabilité civile rend très improbable qu'un lien ferme puisse être établi entre le fait d'hier et la responsabilité de l'État aujourd'hui.

1. Peter A. French, *Collective and Corporate Responsibility*, New York, Columbia University Press, 1984. J. Dempsey, « Corporations and Non-Agential Moral Responsibility », *Journal of Applied Philosophy*, 30(4), 2013, p. 334-350. Voir aussi Ph. Urfalino, « Décider en corps. Identité, réalité et mode d'être des corps délibérants », *Tracés. Revue de sciences humaines* 29, 2015, p. 39-64.

En outre, alors même qu'elles accusent l'État, les demandes de réparations étudiées ici ne sont pas émises dans le cadre de procédures administratives, mais dans celui de procédures judiciaires, civiles, qui relèvent du droit privé et non pas du droit public. On ne saurait surestimer la différence entre responsabilité civile et responsabilité administrative en droit français, quoiqu'elles soient toutes deux à visée réparatrice : la seconde est une responsabilité de la puissance publique, renvoyant à la fonction ou à la mission remplie par la personne publique, et qui n'existe que par décision du législateur ou du juge amené à arbitrer entre les deux ordres de juridiction possibles. La jurisprudence du droit administratif travaille à conceptualiser une responsabilité attribuable non pas à un agent individuel mais à un système – un ensemble intégré d'implications mutuelles d'actions et de réactions obéissant à des règles de fonctionnement propres définissant une logique globale. Le système est caractérisé par une structure régulative complexe dans laquelle s'insèrent les actions et réactions, telle que le mécanisme structurel, tout en étant le produit d'agents individuels et collectifs identifiables, puisse être suffisamment distingué de ses créateurs et opérateurs effectifs : le principe d'établissement de cette responsabilité impersonnelle est que tout agent individuel placé dans les mêmes conditions, étant donné le « cours normal des choses », aurait pu agir de la même manière. Le défaut du système excède alors la responsabilité causale des agents physiques, justifiant l'attribution au système de ce surplus de responsabilité – toutefois, le raisonnement repose toujours sur cette prise en compte d'une normalité qui constitue la ligne de référence, l'aune à laquelle mesurer le défaut.

Enfin, si le juge qui, en droit administratif, évalue le dysfonctionnement d'un service public, n'est pas tenu de privilégier l'approche individualiste et peut choisir de démontrer un défaut de structure, il peut aussi décider de poursuivre un agent individuel si cette méthode s'avère plus efficace ; il peut également choisir de renvoyer le cas devant une juridiction judiciaire où la logique individualiste rend beaucoup plus difficile l'approche globale ou systématique – ce qui est la décision adoptée ici, puisque l'affaire a été jugée au Tribunal de Grande Instance. Il apparaît ainsi clairement que l'attribution de responsabilité dépend *in fine* de l'enjeu que le juge décide d'attribuer à l'affaire, enjeu déterminé non pas juridiquement, mais bien moralement et politiquement. La responsabilité de réparer les injustices structurelles de la traite et de l'esclavage ne peut pas être conceptualisée dans les termes judiciaires de la responsabilité civile.

LA RESPONSABILITÉ DE RÉPARER LES INJUSTICES HISTORIQUES COMME RESPONSABILITÉ COLLECTIVE PARTAGÉE

Miller a proposé d'appliquer sa théorie de la connexion à la responsabilité de réparer les injustices historiques, en l'amendant et en la complétant. Lorsqu'il traite d'injustices historiques, il identifie la nation comme sujet de la responsabilité et il l'entend comme communauté historique et éthique fondamentalement distinguée de l'État : les membres d'une nation s'identifient plus étroitement que ceux d'un État avec les valeurs et les actions de leurs ancêtres et la nation est ainsi dotée d'une continuité historique plus indubitable que l'État, dit Miller : ainsi le principe de communauté (nationale), associé à ceux de la capacité, des effets et du bénéfice tiré du tort commis, peut-il jouer à plein pour traiter les cas d'injustices historiques, alors même que les principes de causalité et de moralité, rétrospectifs par nature, sont peu applicables. En outre, il complète sa théorie de la connexion par une « théorie des correspondances » entre le type d'injustice du passé et le type de réparation le mieux adapté pour y répondre, proposant ainsi ce que Sara Amigheti et Alasia Nuti ont appelé « une des théories des réparations au titre des injustices historiques les plus sophistiquées et les plus complètes » [1]. Cette théorie a été très discutée et nous nous contenterons de revenir ici sur deux difficultés : nous suggérerons que, contrairement à ce qu'affirme Miller, les États sont des agents mieux placés que les nations pour réparer les injustices historiques ; et nous montrerons que la traite et l'esclavage ne sont pas correctement réparés par la « restitution indéterminée » qui est le type de réparation correspondant à ce type d'injustice selon Miller. C'est pourquoi nous adopterons pour finir une théorie de la responsabilité de réparer les injustices historiques de la traite et de l'esclavage inspirée de la théorie de la relation sociale proposée par Iris Marion Young : comme celle de Miller, elle permet d'insister sur la différence entre tenir pour responsable et blâmer ; comme celle de Miller, elle est prospective, tout en tenant compte de l'histoire ; mais contrairement à celle de Miller, elle permet de saisir précisément la nature de nos obligations différentielles de réparer et leur justification, en tant que nous sommes membres d'un corps politique.

Que sont les nations pour Miller et à quel titre peuvent-elles être tenues pour responsables des injustices du passé ? Les nations renvoient

1. S. Amigheti et A. Nuti, « David Miller's Theory of Redress and the Complexity of Colonial Injustice », *Ethics and Global Politics*, 8(1), 2015, http://dx.doi.org/10.3402/egp. v8.26333.

à des groupes cohérents ancrés dans une histoire, des entités possédant une existence légale et politiquement reconnue, une identité commune continûment réinterprétée par leurs membres qui vivent sur un territoire commun, et offrant à leurs membres une protection et des ressources institutionnelles, en retour de quoi les membres du groupe doivent une loyauté, potentiellement exclusive, à leur groupe. Cinq traits caractérisent une nation : il s'agit d'un groupe d'individus partageant (1) une identité commune et (2) une culture publique, (3) dont les membres reconnaissent qu'ils ont des obligations spéciales les uns à l'égard des autres, (4) qui accordent de la valeur à l'existence continuée de leur association et (5) qui aspirent à l'auto-détermination [1]. C'est sur cette base que Miller considère les nations comme des agents collectifs moralement responsables [2].

Il distingue deux modèles idéaux-typiques de groupes auxquels peut être attribuée une responsabilité collective : celui de « groupe de même sensibilité » (*like-minded group model*), où les participants au groupe partagent une même manière de penser, des valeurs communes et des objectifs semblables [3] ainsi que la reconnaissance réciproque de cette similitude; et celui de la « pratique de coopération » (*cooperative practice model*), où les participants coopèrent pour produire un résultat et partagent les bénéfices de la coopération. Selon lui, on peut attribuer une responsabilité collective aux nations selon les deux modèles, parce qu'elles partagent les traits principaux au titre desquels la responsabilité collective est attribuée dans chacun des idéaux-types : en raison de leur double caractéristique culturelle et institutionnelle, les membres d'une nation partagent à la fois une même sensibilité (caractéristiques (1) et (2), une identité et une culture publique communes) et une pratique de coopération (caractéristiques (3) et (4), grâce à la mise en œuvre de leurs obligations réciproques, ils trouvent une valeur à l'association, puisqu'ils bénéficient de la redistribution et des biens publics). Penser la responsabilité collective des nations, dans l'un ou l'autre de ces deux

1. D. Miller, *National Responsibility and Global Justice*, *op. cit.*, p. 118-120.

2. Voir aussi D. Miller, « Holding Nations Responsible », *Ethics*, 114/2, 2004, p. 240-268.

3. Quoique la caractéristique des valeurs soit très largement prépondérante par rapport à celle des objectifs pour fonder la responsabilité des effets : « quand une communauté de gens partage un ensemble de valeurs culturelles, dont l'un des effets est d'encourager des comportements qui résultent en l'effet O, alors tous ceux qui appartiennent à la communauté partagent la responsabilité de O, même s'ils le désapprouvent » (D. Miller, *National Responsibility and Global Justice*, *op. cit.*, p. 118. Voir aussi K. Lippert-Rasmussen, « Responsible Nations : Miller on national responsibility », *Ethics and Global Politics*, 2(2), 2009, p. 109-130.

modèles, revient pour Miller à estimer que tous les co-nationaux partagent la responsabilité des actions ou des omissions de la nation.

Or le modèle de la même sensibilité semble à lui seul insuffisant pour attribuer une responsabilité collective partagée par chacun des membres de la nation, et à plus forte raison, une responsabilité collective qui perdure dans le temps, soit une responsabilité non pas simplement synchronique, mais diachronique. Premièrement, sur le plan synchronique, comme l'indique Roland Pierik, il est difficile d'identifier dans des groupes de la sorte, peu structurés (Miller prend l'exemple d'une foule qui mettrait à sac un quartier, pillant et terrorisant les habitants), les personnes qui doivent être inclues ou exclues du périmètre de la responsabilité : « la responsabilité collective ne peut être attribuée à un collectif que lorsque l'appartenance à ce collectif peut être déterminée au-delà de tout doute raisonnable. » [1]. Dans notre cas, partager la « même sensibilité » est un critère trop lâche pour que la responsabilité puisse être également distribuée entre des agents activement impliqués dans la traite, l'esclavage et le colonialisme, et des agents qui désapprouvaient ces systèmes, qui ne partageaient pas l'idéologie raciale qui les sous-tendait et qui exprimaient leur désaccord – même si leur résistance n'a pas nécessairement été couronnée de succès. Le désaccord de tels agents ne portait pas seulement sur l'effet mais bien sur les valeurs partagées dans l'idéologie raciale.

Deuxièmement, sur le plan diachronique, si la responsabilité est partagée au nom d'une similitude de sensibilité, lorsque la sensibilité d'un groupe change, il semble illégitime de considérer que les membres du groupe dont la sensibilité a changé sont responsables pour les actions commises par d'autres membres au nom de la sensibilité précédente [2]. De la sorte, si l'ethos ou les valeurs d'une nation changent avec le temps, la nation ne peut être tenue pour responsable des actes commis au nom d'une sensibilité passée. Selon les termes de Lippert-Rasmussen, le problème avec ce modèle est que « la relation qui le sous-tend est une relation d'identité qualitative, dont l'existence ne peut assurer une identité numérique » [3]. En l'occurrence, il semble raisonnable de soutenir que l'ethos français a changé entre le milieu du XIXe siècle et le début du XXIe siècle, passant de la promotion officielle de la différenciation et

1. R. Pierik, « Collective Responsibility and National Responsibility », *Critical Review of International Social and Political Philosophy*, 11/4, 2008, p. 475.

2. Voir M. McKeown, « Who Bears Responsibility for Post-Colonial Poverty ? », article non publié présenté lors de la Princeton Graduate Political Theory Conference, 2011, p. 7.

3. K. Lippert-Rasmussen, « Responsible Nations : Miller on national responsibility », *op. cit.*, p. 116.

de la discrimination ethno-raciales à la généralisation de l'affirmation de l'égalité, au moins formelle, pour tous : la nation française esclavagiste et officiellement raciste n'est pas numériquement identique, si le seul critère d'identification est celui de la même sensibilité, à la nation française formellement égalitariste.

À première vue, le second modèle semble plus opératoire : les membres d'une nation, quoique non directement acteurs de l'injustice, en tant que membres d'une structure de coopération organisée, et en vertu de leur seule contribution à cette organisation, partagent les bénéfices de cette appartenance. Une structure sociétale continuée est suffisante pour tenir chaque membre du groupe pour responsable en raison de la présence continuée d'une organisation institutionnelle avec des rôles et des responsabilités institutionnelles identifiables auxquels une responsabilité morale peut être assignée. « Dans la mesure où les nations peuvent être considérées comme des pratiques de coopération dans lesquelles les coûts et les bénéfices (y compris l'opportunité de participer à la prise de décision) sont distribués de manière équitable entre les membres, chaque membre tombe sous le régime de la responsabilité collective » [1]. En outre, l'argument est valide tant diachroniquement que synchroniquement : « cet argument, je pense », poursuit Miller, « peut être étendu à la responsabilité nationale au titre du passé ». En effet, les coûts et bénéfices actuels sont le fruit d'activités des générations passées, constituant un « héritage national » : si les bénéfices actuels sont issus d'enrichissement injustifié, d'une appropriation injuste, ou d'un tort sans compensation, les membres actuels qui en jouissent ont également hérité de la responsabilité du tort, quoiqu'ils ne l'aient pas causalement engendré.

Cependant, ce modèle achoppe sur un certain nombre de points.

Premièrement, sur le plan synchronique, les responsabilités ne peuvent être partagées équitablement par les co-nationaux que si la nation est démocratique, soit si les structures de décision émanent effectivement, également et inclusivement, des membres du groupe et si les gouvernants rendent des comptes aux membres de la nation. Or dans le cas de l'injustice structurelle issue de l'esclavage, les décisions politiques prises au moment où l'injustice historique était commise l'étaient par des hommes blancs et propriétaires : ni les femmes, ni ceux qui se trouvaient en-dessous du seuil censitaire, ni les libres de couleur, ni bien sûr les esclaves, ne participaient à la structure de décision. Seul un nombre réduit

1. D. Miller, « Inheriting Responsibilities », dans *National Responsibility and Global Justice*, Oxford, Oxford University Press, 2007, p. 24.

de « nationaux » pouvait avoir le sens d'obligations partagées en raison d'une structure de coopération. Les autres ne peuvent être tenus pour responsables du tort commis à l'époque, soit de la création et du maintien des structures socio-politiques organisant la répartition des bénéfices.

Deuxièmement, pour que la responsabilité soit également partagée par tous les membres du groupe, les bénéfices de la coopération doivent être équitablement redistribués – sinon, comme le reconnaît Miller lui-même, puisqu'il délie de leur responsabilité diachronique des groupes marginalisés dont la composante de bénéfice est insuffisante pour assurer l'obligation, chacun peut être tenu pour responsable proportionnellement au bénéfice qu'il retire de la coopération et/ou à la valeur qu'il lui attribue et à l'intérêt qu'il a à son existence. Or à nouveau, dans la mesure où le système de l'esclavage consistait précisément à privilégier certains membres du groupe au détriment d'autres, et dans la mesure où l'État providence était quasiment inexistant, tous les « nationaux » membres de la nation française coloniale esclavagiste n'étaient pas également concernés par les bénéfices de la coopération. On ne voit pas bien comment l'absence de responsabilité partagée dans le passé devrait engager une responsabilité partagée par tous aujourd'hui.

Miller estime ensuite que la responsabilité peut être fondée sur le sentiment d'identification à la nation, entité continue dans le temps, que nous pouvons développer. Mais comme le souligne Lippert-Rasmussen, il est très fragile de fonder la responsabilité de réparer les effets d'une action sur le sentiment d'identification qu'un agent peut développer pour l'entité qui a commis l'action : si l'identification peut être une condition nécessaire de la responsabilité collective, il est difficile de considérer que c'est une condition suffisante, à moins d'admettre, pour reprendre un des exemples de Miller et Lippert-Rasmussen, qu'un Allemand né en 2000 et développant des sympathies néo-nazies ainsi qu'un sentiment d'identification à l'Allemagne hitlérienne puisse, à ce seul titre, être considéré pour responsable de réparer les injustices commises par l'Allemagne nazie.

Enfin, plus décisivement, si la responsabilité collective n'est attribuée qu'en raison d'une « pratique de coopération » institutionnalisée, il devient délicat de distinguer la responsabilité d'un tel groupe de celle d'un groupe étatique et la responsabilité synchronique semble plus assurée par la continuité de l'État que par celle de la nation. Selon Miller, alors qu'en vertu de la caractéristique (5), une nation peut avoir des degrés plus ou moins formalisés d'auto-détermination, un État se définit par son organisation institutionnelle formelle, incarnée dans des institutions telles que les parlements ou les gouvernements. Or, Miller estime qu'il est plus légitime et plus fondamental de penser la responsabilité collective en termes nationaux qu'en termes étatiques pour trois motifs, dont aucun ne semble *in fine* entièrement convaincant.

Premièrement, mettre l'accent sur l'État « rend difficile de montrer pourquoi des individus peuvent partager la responsabilité de compenser ceux auxquels leur État d'appartenance a fait du tort, alors que si l'on traite les États comme agissant au nom des nations, une telle responsabilité collective sera plus simple à établir » [1]. Nous avons vu que ce n'est en réalité guère plus simple ni avec le modèle de la même sensibilité ni avec le modèle de la pratique de coopération. Deuxièmement, penser en termes nationaux permet de prendre en charge les injustices de masse commises par une nation sans État en quête d'auto-détermination. Pour les cas de responsabilité qui nous intéressent ici, cet argument est peu pertinent; quelle que soit sa légitimité, il ne concerne pas la potentielle responsabilité de la France pour la traite et l'esclavage colonial : notre cas, de ce point de vue, peut être considéré comme plus simple. Troisièmement, Miller estime que grâce à ce modèle de responsabilité collective, il est possible de tenir les nations pour responsables d'injustices commises par des États qui ont disparu. C'est ainsi selon lui que l'on peut justifier que le peuple allemand soit responsable des crimes commis par le régime nazi. Toutefois, la charge des réparations peut être aussi aisément attribuée à l'agent collectif qu'est l'État, comme structure institutionnelle continuée indépendamment des changements internes de gouvernement ou de personnel politique, qu'à la nation, dont on ne voit pas bien pourquoi elle serait considérée comme plus stable dans le temps. C'est bien l'État allemand qui a remboursé jusqu'en 2010 les dettes encourues par le Reich à l'issue de la Première guerre mondiale : selon le principe *pacta sunt servanda*, les traités signés par la République de Weimar ont été renégociés par la République Fédérale d'Allemagne puis par l'Allemagne réunifiée – c'est méconnaître l'immanence de l'international dans l'existence même des sociétés politiques comme entités persistantes dans le temps que de préférer penser en termes nationaux plutôt qu'en termes étatiques. En outre, à l'inverse, on pourrait vouloir tenir pour responsable d'injustices historiques un État continué dont la « nation » ou le « peuple » s'est entièrement renouvelé sous l'effet de migrations massives. En somme, tout se passe comme si Miller partait de l'hypothèse que les jugements concernant la responsabilité des nations sont plus fondamentaux que ceux

1. D. Miller, *National Responsibility and Global Justice*, *op. cit.*, p. 112.

qui concernent la responsabilité des États, mais sans réellement prouver cette hypothèse et alors même que la distinction entre la nation et l'État, dans le modèle de la pratique de coopération, semble extrêmement ténue.

Le second type de difficulté auquel sa théorie doit faire face concerne non pas l'identité de l'agent responsable de la réparation, mais celle de l'injustice à réparer et du type de réparation adapté. Miller identifie quatre types principaux d'injustices historiques [1] : propriété injustement acquise (terre ou objets d'art); enrichissement injuste et exploitation (esclavage); torts pour lesquels il n'y avait pas de bénéfice immédiat de la part de l'agent qui a commis le tort (enfermement des Japonais Américains) ou peu de valeur associée aux biens à propos desquels le tort a été commis; torts à propos desquels la nature du tort demeure peu claire ou il est difficile d'établir le bénéfice pour l'agent qui a commis le tort ou le coût pour la victime (massacres de masse). Les réparations respectivement associées à ces types d'injustice sont les suivantes : restitution; restitution indéterminée; compensation monétaire; excuses publiques. Selon Miller, l'esclavage relève de la deuxième catégorie et si la réparation correspondante est indéterminée, c'est qu'il est délicat d'évaluer ce qui devrait exactement être l'objet de la restitution sans développer une théorie complète de l'exploitation, permettant d'établir la nature et l'étendue des coûts pour les victimes et des gains pour la nation.

Comme le soulignent Amigheti et Nuti s'inspirant de Catherine Lu, les injustices comprises dans cette deuxième catégorie sont des injustices de type structurel, qui ne peuvent pas être réduites à une action, un événement ou un épisode aisément circonscrits et identifiables, parce que c'est l'ensemble d'un système de normes, de pratiques, de discours et de processus sociaux qui constituent l'injustice. Étant donnée la nature structurelle de l'esclavage, il est donc indispensable d'étendre la catégorie deux (enrichissement injuste et exploitation) et la forme de réparation appropriée afin d'intégrer la réparation des structures politiques, sociales, culturelles, psychologiques, sans s'en tenir à la réparation de l'exploitation économique qui a pris la forme du travail servile et qui a mené à la seule injustice que Miller considère comme vraiment déterminante dans sa théorie de la réparation, l'enrichissement injuste. Si, comme le suggèrent Amigheti et Nuti, rien ne s'oppose en principe à l'élargissement de la catégorie, cela suppose toutefois que pour déterminer exactement la nature de la réparation, on doive non seulement développer une théorie

1. Je m'inspire de Amighetti et Nuti, *op. cit.*, pour cette présentation synthétique. Voir Miller, *National Responsibility and Global Justice*, *op. cit.*, p. 138-139 et p. 152-159.

de l'exploitation économique mais aussi, par exemple, une théorie de l'oppression politique ou de la domination psychologique, ce qui dépasse de beaucoup la simple théorie des correspondances de Miller et exige un travail de contextualisation fine. Cela suppose également qu'on ne se préoccupe pas seulement du contenu de la réparation mais du processus par lequel elle est mise en place afin d'éviter la reproduction et le renforcement des structures injustes. C'est précisément tout l'enjeu du travail proposé ici et on peut trouver des ressources à cette fin dans la réflexion menée par Iris Marion Young sur la nature de notre responsabilité de relation sociale de réparer les injustices historiques structurelles.

La responsabilité fondée sur nos connexions sociales, une responsabilité politique

Iris Marion Young, dans son ouvrage posthume, *Responsibility for Justice*, développe un modèle de responsabilité qu'elle nomme modèle de la « connexion sociale » (*social connection*) par opposition au modèle légal (*liability*) ; le modèle est diachronique et transnational et se propose de faire face aux injustices structurelles, *i.e.* de « théoriser une relation plus active entre des individus, des processus socio-structurels et la responsabilité » [1]. Dans ce qui se présente comme le dernier chapitre de l'ouvrage, Young se pose explicitement la question d'évaluer en quoi ce modèle est aussi plus efficace pour répondre aux injustices historiques, lorsque ces injustices sont structurelles. Cinq traits permettent de distinguer les deux modèles de responsabilité.

Premièrement, fonder la responsabilité sur nos connexions sociales ne consiste pas à désigner une personne ou un groupe de personnes qui serait coupable, à blâmer pour une action ou une omission, tandis que les autres membres du corps social seraient par là même innocentés et donc exonérés de la responsabilité : nous sommes tous responsables, en vertu de nos « connexions » aux structures et aux institutions, quoiqu'à différents degrés et de manières différentes, et notre responsabilité est *politique*, pas morale ni légale. Cela présente plusieurs conséquences théoriques et normatives : d'abord, la question de la responsabilité n'est pas renvoyée à celle de la culpabilité et ne relève pas de la logique qui oppose des victimes ou descendants de victimes à des bourreaux ou descendants de bourreaux. Nous sommes responsables même lorsque nous ne sommes pas *moralement* blâmables : il est fondamental de

1. I. Young, *Responsibility for Justice*, *op. cit.*, p. 40.

dissocier le fait de pouvoir être tenu pour responsable d'une réparation et celui de pouvoir être condamné moralement pour l'action qui entraîne l'obligation de réparation, et de cesser d'évaluer la légitimité de l'attribution de responsabilité selon le caractère approprié ou non du blâme ou de la condamnation qu'un juge moral, ou érigé tel, pourrait émettre sur la personne ou l'agent en charge de la réparation. Des agents individuels doivent se sentir personnellement concernés par leur *relation* aux structures sociales dans lesquelles ils évoluent quotidiennement et motivés à transformer le cas échéant des structures injustes. Ensuite, cela implique de se demander selon quels critères s'évaluent les degrés de responsabilité. Young distingue quatre paramètres qui permettent de différencier notre responsabilité individuelle, sans nous en décharger entièrement : pouvoir, privilège, intérêt et capacité collective. Nous reviendrons sur ces paramètres qui permettent de distribuer équitablement les responsabilités dans le corps socio-politique, sans absoudre tel ou tel citoyen mais en différenciant le degré et la nature des responsabilités.

Deuxièmement, le modèle de la responsabilité fondée sur nos connexions sociales interroge aussi le niveau « normal » structurel comme étant susceptible d'être injuste, alors que le modèle de responsabilité légale n'est appliqué que lorsque s'est produite une violation des conditions structurelles « normales ». C'est l'ensemble de nos structures sociales, comme ligne de référence morale et politique de nos fonctionnements sociaux, qui est susceptible d'être injuste et que nous sommes responsables de transformer dans ce cas. Troisièmement, c'est un modèle prospectif, *forward-looking*, de responsabilité : nous sommes responsables des conditions sociales à venir; alors que le modèle légal est rétrospectif, *backward-looking* : nous sommes responsables d'actions passées. Ainsi le modèle de responsabilité proposée est-il un modèle de transformation ou de reconstitution, et pas un modèle de compensation ou de restauration. La place de l'histoire demeure toutefois déterminante : identifier la traite et l'esclavage comme une source historique majeure d'injustices structurelles raciales persistantes permet de saisir pourquoi l'assignation raciale des individus ou des groupes situés à différentes positions de l'échelle sociale ne peut pas être considérée comme un élément secondaire, contingent ou non pertinent lorsqu'on s'interroge sur la modification de nos structures sociales afin de les rendre plus justes. Prendre en compte l'histoire de la construction de nos structures injustes est essentiel pour formuler ce qu'exige spécifiquement notre responsabilité prospective. Selon les termes de Young, « le récit de la continuité entre les injustices du passé et celles du présent est important pour comprendre comment les conditions actuelles sont structurelles, comment les structures ont évolué, et là où il peut se révéler le plus efficace d'intervenir pour les modifier » [1]. La responsabilité des agents porte sur la transformation des processus et des institutions qui produisent les injustices et les perpétuent, et incite les agents à viser des effets désirables, plus justes. Enfin, la responsabilité fondée sur les connexions sociales est « essentiellement partagée » par chacun des membres du corps social (modèle distributif de responsabilité) et elle n'est pas attribuée au groupe comme un tout (modèle collectif ou agrégatif de responsabilité) ; elle est personnelle *et* on ne peut se décharger de sa responsabilité que par l'action collective.

La responsabilité réparatrice refuse ainsi de penser l'injustice sur le strict mode du crime historique passé d'une part, d'autre part comme un acte impliquant en face-à-face des victimes et des bourreaux strictement délimités et causalement identifiables. La responsabilité qui est imputée l'est au titre des effets systémiques et continués d'un tort structurel, et en raison du fait que nous sommes tous les membres d'un corps socio-politique ou d'un État légalement et politiquement constitué. Le modèle de la connexion sociale permet de dissocier la notion de responsabilité de celle de culpabilité. Il permet également d'associer responsabilité individuelle et responsabilité collective pour les injustices historiques en évitant trois écueils : rechercher des coupables individuels, qui seraient à ce titre sommés de réparer ; opposer des agents à réparer (impuissants ou passifs) et des agents en charge de réparer (au nom d'un blâme moral qu'ils seraient seuls à endosser) ; attribuer la responsabilité à un agent collectif, l'État, sans tenir compte de la question de la distribution ou du partage des responsabilités à l'intérieur de ce collectif : à la différence du modèle de Miller, nous sommes ici responsables en tant que citoyens et non en tant que co-nationaux, mais dans la mesure où ce sont les structures sociales qui sont l'objet de la responsabilité, l'État n'est pas l'agent moral à qui est collectivement attribuée la responsabilité. Dans les termes de Lu, la responsabilité de réparer est structurelle et non pas interactionnelle.

En effet, l'État (français en l'occurrence) est un agent moral qui persiste dans le temps et à qui peut être imputée une responsabilité pour une injustice structurelle persistante. Comme le soulignent List et Pettit, un agent collectif, comme un agent individuel, peut répondre aux trois conditions requises pour être tenu pour responsable de ses actions : faire face à un choix signifiant d'un point de vue normatif ; posséder

1. I. Young, *Responsibility for Justice*, *op. cit.*, p. 182.

la compréhension et l'accès aux preuves indispensables pour émettre un jugement normatif quant aux options possibles ; enfin, posséder la maîtrise ou le contrôle requis pour choisir effectivement entre les options [1]. L'agentivité morale n'est donc pas limitée aux êtres humains mais peut être assignée à n'importe quelle entité capable de prendre des décisions délibératives [2]. Dans la mesure où l'autorité gouvernementale est légitimement reconnue par l'ensemble du groupe, les gouvernements représentent les organes internes d'expression et de décision de ces agents collectifs institutionnellement organisés. À ce titre, les autorités politiques ont une responsabilité particulière. Mais s'il importe d'attribuer la responsabilité à la collectivité tout entière, au lieu de se contenter de désigner les représentants ou les gouvernants comme responsables, c'est, selon List et Pettit, en raison d'un argument supplémentaire : « Refuser d'attribuer la responsabilité au groupe dans son ensemble, au motif que le tort aurait été entièrement commis par le corps des représentants, reviendrait à se passer de la possibilité d'inciter les membres du groupe à remettre en cause ce que font ses représentants, à transformer la structure organisationnelle dans laquelle ils opèrent. » [3].

Ainsi, si l'on *peut* tenir un peuple institutionnellement organisé pour un agent responsable, on le *doit* pour une raison « prospective », pour ouvrir la possibilité de modifier la structure organisationnelle de l'État elle-même. L'attribution de responsabilité est ainsi justifiée sur un tout autre fondement argumentatif que celui d'une stricte logique rétrospective. L'obligation morale d'imputer une responsabilité à l'État repose sur un principe moral conséquentialiste visant l'amélioration de la structure étatique. Cela suppose que l'on soit convaincu au préalable que la structure est injuste et mérite d'être transformée – prise de conscience pour laquelle l'enquête historique et la mise en place des conditions d'une conversation commune inclusive sont indispensables. La réparation prend alors son sens dans cet objectif de transformation politique. Mais le sens de la responsabilité est ainsi radicalement modifié : de juridique, elle devient politique et au lieu d'être une responsabilité pour des actes passés, elle devient responsabilité pour le présent. Cela ne signifie pas que l'État

1. Chr. List et Ph. Pettit, *Group Agency, The Possibility, Design and Status of Corporate Agents*, New York, Oxford University Press, 2011, p. 158.

2. Sur ce point, voir aussi Ph. Urfalino, « Décider en corps. Identité, réalité et mode d'être des corps délibérants », *op. cit.*

3. C. List et Ph. Pettit, *Group Agency, The Possibility, Design and Status of Corporate Agents*, *op. cit.*, p. 168.

soit un agent moral causalement responsable du préjudice historique, ni à plus forte raison, qu'il soit désigné comme coupable.

La responsabilité prend trois sens, selon le type de pouvoir, privilège, intérêt ou capacité collective des agents. Premièrement, l'autorité politique est « *accountable* » du défaut de structure qui maintient en place l'inégalité raciale – elle doit en rendre raison à ses membres. Pierre Avril donne une idée de la responsabilité politique des gouvernants en la distinguant de la responsabilité civile de la manière suivante : « c'est parce que le droit s'attache naturellement aux effets qu'il est dans sa vocation de déterminer qu'il ne saisit la responsabilité que sous la forme négative de la sanction, alors qu'il est impuissant à organiser l'objet positif de la responsabilité en matière constitutionnelle, c'est-à-dire les comportements politiques qu'elle implique, au-delà des formes procédurales » [1]. Les gouvernants sont *accountable* : ils doivent rendre des comptes – des raisons et des justifications – à leurs gouvernés pour leurs décisions. Cette rationalisation publique des comportements des gouvernants fait partie de la structure de justification indispensable pour assurer le caractère démocratique du pouvoir. C'est là une dimension importante de la responsabilité comme *answerability* proposée par Angela Smith [2], mais son application pratique ici est *politique* et liée à une position de pouvoir particulière, et pas (uniquement) morale.

Deuxièmement, les citoyens ont l'obligation d'exiger une telle *accountability*. Cela ne signifie pas que chaque citoyen serait l'auteur réel de l'action accomplie par son gouvernement et qu'il serait à titre individuel moralement responsable de tout ce que fait ou ne fait pas son gouvernement. Mais cela signifie qu'il est de la responsabilité des citoyens d'exiger la mise en place d'une procédure d'élaboration publique des justifications des politiques choisies et mises en place. Cela suppose que les convictions morales des citoyens les engagent à rechercher non pas la stabilité institutionnelle systématique de leur structure de coopération, mais sa possible modification. La réparation prend alors son sens dans cet objectif de transformation politique : les citoyens sont politiquement responsables de réparer non pas un crime du passé, irréparable, mais une structure politique injuste dont les racines sont historiques, dont les effets délétères et inégalitaires se prolongent dans le présent, et dont les effets sont perçus à juste titre comme des effets de domination durable. Ils sont responsables de ne pas choisir l'ignorance à propos du

1. P. Avril, « Responsabilité et accountability », dans O. Beaud et J.-M. Blanquer (dir.), *La Responsabilité des gouvernants*, Paris, Descartes & Compagnie, 1999, p. 87.

2. Voir *supra*, p. XXX.

passé et le maintien des structures de privilège dans le présent. Dans cette perspective, les chercheurs et universitaires ont une responsabilité politique spécifiquement liée à leur capacité collective et à leur privilège épistémique, celle de mettre au jour les connaissances et les analyses indispensables à la conscientisation et à la reconnaissance de la structure de domination, y compris lorsque ces analyses témoignent de désaccords théoriques. Iris Young le souligne : « nous sommes responsables aujourd'hui de la manière dont nous racontons le passé. La manière dont des individus et des groupes dans la société décident de raconter l'histoire de l'injustice passée et de sa liaison ou sa rupture avec le présent est très significative de la manière dont les membres d'une société sont en relation les uns avec les autres et de leur capacité à imaginer un avenir plus juste. [...] Une société qui vise à transformer les structures injustes actuelles requiert une reconstitution de son imaginaire historique et le processus d'une telle reconstitution implique un débat politique, de la contestation et la reconnaissance qu'il existe des perspectives différentes sur les histoires et leurs enjeux. » [1].

Troisièmement, les bénéfices et les coûts ou dettes associés à l'appartenance à la communauté politique relèvent de ces obligations que chacun est tenu de remplir en tant que membre de la collectivité. Les membres d'une communauté politique ont une responsabilité réciproque de permettre la mise en place de conditions de justice, au nom de l'intérêt que trouve chaque citoyen à des institutions fonctionnelles et en lesquelles il peut avoir une confiance par défaut. Cet argument peut de même répondre à ceux qui estiment que le passé est passé et que les nouveaux arrivants dans une communauté politique ne sont pas responsables des exactions commises par les membres de cette communauté à une époque où eux-mêmes n'en faisaient pas partie. Mettre l'accent sur la notion de citoyenneté commune permet de saisir que c'est la responsabilité actuelle de chacun des membres envers chaque autre qui est en jeu [2] au nom de connexions verticales (entre le citoyen et les institutions) et horizontales (entre citoyens dans les institutions). C'est en cela que la responsabilité partagée de réparer l'injustice structurelle de la traite et de l'esclavage engage notre relation à ceux que nous percevons comme des membres « comme nous » de la République ; elle nous oblige à envisager la parité de participation comme norme fondamentale de la justice politique.

1. I. Young, *Responsibility for Justice*, *op. cit.*, p. 182.

2. A. Valls, « Reconsidering the Case for Black Reparations », dans J. Miller et R. Kumar (éd.), *Reparations*, *op. cit.*, p. 114-129.

La forme prise par la réparation est donc elle aussi politique – réparer l'injustice structurelle liée à l'esclavage colonial revient à mettre en place les réformes structurelles appropriées. Pour reprendre les termes de Catherine Lu, « [r]econnaître les injustices coloniales comme des injustices structurelles engendre une “responsabilité politique” à mettre en place des réformes structurelles » [1]. La traite et l'esclavage colonial ont constitué un système impliquant une infinie variété d'actions et d'interactions, intimes, culturelles, sociales, économiques, politiques, créant des métiers nouveaux (passeurs, interprètes, soldats, etc.), des lieux, des routes et des frontières nouvelles, dont la complexité, les niveaux et les implications réciproques exigent de renoncer à la confortable dichotomie des victimes et des coupables. Ont été des agents individuels et collectifs du système les propriétaires d'esclaves, des compagnies privées, des groupes sociaux distribués de manière différenciée dans le tissu social, des communautés nationales, des États et même certains pans de la « communauté internationale », impliqués non seulement par les traités et conventions internationales, mais également par la *lex mercatoria*, les bénéfices tirés du commerce, les tracés des routes commerciales, etc. Ce système, qualifié légalement et moralement de criminel (la traite et l'esclavage sont des « crimes contre l'humanité »), a été régulé juridiquement (par le Code noir) et il est possible d'en mettre au jour la structure propre – raciale. Le système fonctionne selon une organisation structurelle fondée sur une inégalité raciale massive, qui s'est prolongée après la fin formelle de son premier mécanisme de régulation (après l'abolition de l'esclavage), dans la structure raciale constitutive de l'ordre institutionnel français.

L'enjeu des réparations n'est pas de tourner une page rejetant le crime dans un passé sur lequel on n'a plus l'intention de revenir ; c'est bien la continuité de l'injustice qu'il s'agit de prendre en compte. L'erreur commise lorsqu'on se contente d'un argument *forward-looking* anhistorique pour fonder des principes de justice sociale consiste à estimer que l'histoire de la domination raciale n'a plus aucune importance aujourd'hui : la traite, l'esclavage colonial, la privation de droits politiques, l'exploitation économique, l'humiliation culturelle, l'aliénation psychologique, au lieu de représenter un ensemble de données sur lesquelles notre société s'est fondée pour se constituer dans la durée, sont considérés comme radicalement séparés de nous et sans poids dans les exigences actuelles

1. C. Lu, « Colonialism as Structural Injustice », *op. cit.*, p. 264.

d'égalité [1]. Or l'esclavage est un point de départ fondamental de notre structure sociale actuelle : c'est par là que s'est mise en place la hiérarchie de statut, de respect et de privilèges qui a placé au bas de la stratification sociale et politique ceux qui pouvaient être « repérés » comme d'anciens esclaves ou leurs descendants ; c'est là qu'a pris naissance l'idéologie raciste qui s'est ensuite vue diffusée dans l'ensemble de l'Empire colonial dans les nouvelles colonies, avec les modifications liées au caractère situé (dans le temps et dans l'espace) de la classification raciale selon les besoins de l'administration coloniale ; c'est par là enfin que la définition de ce qu'est un citoyen français, avec l'ensemble des droits et des devoirs associés, a pris une coloration différenciée selon les races assignées. Mais ce n'est qu'un point de départ. La persistance de l'injustice et l'absence de réparations en réponse donnent à l'histoire son importance toute particulière. Les demandes de réparations nous rappellent la situation historique de notre démocratie comme système d'institutions et de représentations susceptibles d'être améliorées – soit qui peuvent être améliorées, et qui doivent l'être.

Les réparations que l'État français a la responsabilité de prendre en charge sont conformes à l'idéal inclusif d'égalité qui est contenu dans le républicanisme et peuvent prendre la forme d'un ensemble de mesures de justice sociale destinées à déracialiser la structure sociale, administrative et juridique héritée du républicanisme colonial : financement de projets culturels, muséographiques, de recherche et d'enseignement de l'histoire de l'esclavage, bourses d'étude ciblées, financement d'associations antiracistes et décolonialistes, politiques régionales et urbaines de désenclavement et d'égalisation de l'accès aux ressources et aux biens et services publics, mise en place d'un espace public favorable à l'expression de discours et voix minoritaires racisées, etc. Ces mesures portent sur l'établissement d'une connaissance partagée de l'histoire du pays (justice épistémique), sur la redistribution de ressources matérielles et symboliques en vue de la décorrélation entre appartenance raciale et désavantage socio-économique (reconnaissance et justice redistributive), enfin sur la traduction politique de la citoyenneté française (parité de participation) : ces trois éléments sont ceux qui nous semblent indispensables pour déterminer les enjeux normatifs et politiques de la justice réparatrice comme justice transitionnelle. Enfin, la justice réparatrice est une justice transitionnelle qui ne présuppose pas que tous les membres

1. M. Desmond et M. Emirbayer, « What is racial domination ? », *Du Bois Review*, 6/2, 2009, p. 335-355.

d'une société sont des participants *a priori* égaux et autonomes dans le choix des principes qui devront gouverner la société : elle prend au sérieux la condition historique effective d'une société, l'inégalité, la défiance et l'injustice comme circonstances de base de la formulation des principes de justice, ainsi que le fait que les demandes de réparation se disent comme des demandes de justice. Elle se propose de faire sens de cette exigence normative sans prétendre réparer l'irréparable mais en visant la reconstitution d'une République plus inclusive.

CONCLUSION

Nous avions évoqué en introduction quatre malentendus qui grèvent la discussion à propos des réparations pour la traite et l'esclavage, alimentent la polémique et empêchent de les saisir comme des demandes de justice. À l'issue de ce travail, nous avons établi : 1) que la traite et l'esclavage sont des injustices historiques structurelles : ce qui exige d'être réparé, ce ne sont pas les crimes du passé, irréparables, mais les structures persistantes (catégories et logiques juridiques administratives, inégalités d'accès aux ressources et aux biens publics, marginalisation de la culture) qui continuent d'organiser notre société, nos pratiques, nos normes, sur une base qui, loin d'être aveugle aux différences réelles, a hérité et maintient des mécanismes racialistes. L'abolition a mis fin à un système juridique, l'esclavage, mais elle n'a pas redistribué le pouvoir ni supprimé l'exploitation, ni enfin été accompagnée des mesures sociales et politiques qui auraient été nécessaires pour fournir aux émancipés et à leurs descendants les conditions concrètes d'une citoyenneté pleine et entière ou d'un statut égal de personne morale et politique. 2) Nous avons montré que les réparations ne peuvent s'entendre dans la logique individualiste et rétrospective de la justice corrective : elles ne sont pas des demandes de compensation ou d'indemnisation pour un crime où les victimes et les bourreaux seraient aisément identifiables et où accuser les uns permettrait d'absoudre le reste du corps social de toute responsabilité de réparer. Les demandes ne relèvent ni du droit pénal (en dépit de la force morale de la catégorie pénale de « crime contre l'humanité »), ni du droit civil, qui sont deux modalités de justice interactionnelle : l'injustice porte sur la continuité de structures sociales qui ont maintenu et reproduit l'exploitation et la domination de certains groupes et dont le dysfonctionnement pèse sur l'ensemble du corps politique. 3) Nous avons également montré que la logique redistributive est insuffisante, soit parce qu'elle est anhistorique et ne se pose pas la question de la formulation des principes de redistribution en partant du fait que l'injustice existe déjà et qu'il faut y répondre ; soit parce qu'elle centre l'essentiel de la réflexion sur la nature et la modalité de biens à distribuer et perd de vue l'exigence relationnelle, politique et de parité de participation qui est émise dans les demandes de réparation. 4) Enfin, nous avons établi en quel sens nous sommes aujourd'hui responsables de la réparation au titre de la traite et l'esclavage colonial : nous sommes responsables de la transformation de nos structures sociales et de nos représentations injustes héritées du passé esclavagiste de la République. Nous sommes responsables du récit que nous faisons de notre passé et du monde que nous souhaitons pour demain. Cette responsabilité fondée sur les connexions sociales est partagée par tous les membres du corps politique, à des degrés variés : elle nous concerne tous parce que nous sommes tous affectés par le maintien de structures qui ne correspondent pas aux représentations que nous nous faisons d'une société égale et inclusive. Nous sommes responsables de travailler à créer une communauté dans laquelle les individus se situent les uns vis-à-vis des autres dans des relations d'égalité.

Cette responsabilité peut sembler moralement écrasante et politiquement diffuse : comment rendre justice de l'irréparable ? Ce livre n'a pas de prétention prescriptive : il a proposé un diagnostic du temps présent et une évaluation de demandes de justice. Son ambition principale a été de souligner l'importance d'une historicisation des injustices structurelles actuelles en prenant comme point d'ancrage une injustice historique dont le caractère moralement scandaleux est admis de manière consensuelle, sans que cette conviction morale partagée ne semble devoir peser sur nos obligations de justice actuelles, sur la justification de nos décisions et comportements politiques ou sur la transformation de nos structures institutionnelles ou de nos représentations mentales. « L'esclave de l'esclavage est celui qui ne veut pas savoir », disait Glissant [1] : faire comme si l'histoire ne comptait pas, comme si les catégories de subordination existaient indépendamment de leurs origines politiques, prive des moyens de contester et de traiter réellement les inégalités et les dominations. À rebours, se rendre attentif à l'histoire permet de mieux saisir la nature de nos structures sociales actuelles et de rendre visible les injustices, les effets d'inégalités et de dominations, dont elles peuvent être porteuses. Cela permet de donner une raison normative à la légitimité de certaines demandes qui s'expriment comme des demandes de justice et de justifier qu'on les prenne au sérieux *en*

1. É. Glissant, *Le discours antillais*, *op. cit.*, p. 129.

tant que demandes de justice. Les réparations au titre de la traite et de l'esclavage colonial en France ne relèvent pas du devoir de mémoire ou de commémoration, ni de l'indemnisation financière individuelle : elles portent sur la constitution d'un savoir historique informé et partagé ; sur l'exigence d'une politique systématique de déracialisation des relations sociales ; sur le choix préférentiel de politiques d'intégration à l'égard de populations systématiquement et structurellement marginalisées. Rien, en somme, que nous ne soyons capables de faire ensemble, si seulement nous choisissons de savoir d'où nous venons et de discerner « la présence vivante du passé » [1] dans le présent.

1. L. Balfour, *Democracy's Reconstruction, Thinking Politically with W. E. B. Du Bois*, New York, Oxford University Press, 2011, p. 16.

POSTFACE À LA DEUXIÈME ÉDITION

J'ai commencé à écrire ce livre en 2015 – il y a dix ans. Il a été publié en janvier 2019 – il y a six ans. Mon intention était de poser les bases, méthodologiques, conceptuelles et normatives, d'une réflexion sur la justice réparatrice. Proposer une théorie de la justice réparatrice est toujours mon ambition aujourd'hui : cela fait sans doute de moi un « philosophe sanglier » plutôt qu'un « philosophe renard », pour reprendre la suggestive distinction de Michel Serres. Dix ans à fouiller et creuser mon sillon au lieu de vagabonder et explorer d'autres possibles… Mais c'est aussi que le territoire à labourer est vaste et changeant. En relisant ce livre à l'occasion de la seconde édition, je mesure à la fois la continuité de mes intuitions et la transformation du contexte d'élaboration de leur formulation.

La question des réparations pour injustices historiques, en particulier celles liées au colonialisme, prenait une ampleur sans précédent au tournant du 21ᵉ siècle. Aujourd'hui, un quart de siècle plus tard, elle est devenue incontournable, tant en contexte académique, où elle a renouvelé les théories de la justice, que dans le monde juridico-politique, où elle est l'objet de multiples recommandations de *soft law* mais aussi de directives, décrets, décisions, voire de lois, en droit international, droit européen et même en droit français. Elle est enfin au cœur des revendications des mouvements sociaux transnationaux qui ont occupé massivement l'espace de la contestation ces vingt dernières années – pensons, tout particulièrement, à Black Lives Matter, mais aussi par exemple à la Pan-Afrikan Reparations Coalition in Europe ou au Mouvement International pour les Réparations.

Il y a dix ans, quand je me proposais de théoriser les réparations – de répondre à la question conceptuelle « que sont les réparations ? » et à la question normative « à quelles conditions des réparations sont-elles justes ? » – je décidai de me donner un contexte à partir duquel poser cette double question. En cela, j'adoptai une démarche que je rattache dans l'ouvrage aux théories non idéales de la justice et dont je précise les enjeux méthodologiques : en particulier, s'il s'agit de ne pas renoncer à la normativité qui imprègne les théories de la justice, les normes avec lesquelles travaillent les théories non idéales de la justice sont immanentes, contextuelles, empiriquement informées, voire transitoires. En d'autres termes, puisque réparer exige de commencer par reconnaître qu'il y a quelque chose à réparer, autrement dit que l'injustice existe déjà, la réflexion théorique part de la priorité de l'injustice, de son attestation objective et de la prise en compte de l'expérience vécue de l'injustice par les acteurs qui demandent réparation.

Le point de départ d'une théorie de la justice réparatrice est donc la reconnaissance de l'injustice comme fait de notre monde social et politique. Or, sur ce fait, il n'y a pas consensus et c'est le premier travail du théoricien non idéal, dans une démarche profondément pluridisciplinaire, de l'établir et de le qualifier. C'est là qu'intervenait l'importance du contexte que je me donnais : établir l'injustice de l'esclavage colonial dans la France contemporaine et étudier la légitimité des demandes de réparation au titre de l'esclavage colonial aujourd'hui en France – le dernier arrêt de la Cour de Cassation a été rendu en juillet 2023, concluant par un rejet du pourvoi et clôturant, au moins au niveau national, la série des procédures civiles entamées en 2005 que j'examine dans le livre.

Je me donnai ce contexte pour trois raisons : 1) les demandes de réparations pour l'esclavage colonial étaient explicites, la justification de leur rejet l'était tout autant, les arguments publiquement exprimés et débattus : la grammaire de la justice était mobilisée et c'est précisément son usage et sa contestation qui me semblaient exiger le regard du, ou de la, philosophe. 2) L'esclavage colonial est une injustice de l'histoire avec deux caractéristiques spécifiques qui me permettaient de poser deux questions décisives de manière particulièrement claire. Premièrement, l'esclavage est aujourd'hui unanimement condamné – il ne se trouve personne pour tenter de légitimer des pratiques individuelles de mise en esclavage ou un système institutionnel esclavagiste, ou d'en souligner le « rôle positif ». Puisque l'esclavage est un crime, le système esclavagiste un système criminel, la délégitimation des réparations de l'esclavage colonial doit faire intervenir un argument d'exception. L'esclavage colonial est un crime contre l'humanité, affirme la loi Taubira de 2001 ; toute victime d'un crime (contre l'humanité) doit se voir offrir réparation ; mais cette exigence ne s'applique pas dans ce cas d'espèce. Comment la condamnation morale et la réparation peuvent-elles être ainsi dissociées ? C'est bien sûr la seconde caractéristique de l'esclavage colonial qui permet de répondre : l'esclavage colonial a pris fin il y a plus de 150 ans en France, il est perçu comme un crime du passé lointain, qui ne concerne plus la France républicaine d'aujourd'hui, héritière de celle qui a aboli l'esclavage – il n'y a plus rien ni personne à réparer. Comment réparer l'histoire ? C'est la double évidence, du crime qu'il constitue et de sa révocation, qui fait de l'esclavage colonial un cas à la fois paradigmatique et exceptionnel pour une théorie des réparations. 3) La plupart des théories de la justice, y compris de la justice réparatrice, prennent les États-Unis comme cadre par défaut, parfois assumé, parfois non, de leur réflexion. L'histoire de « l'institution particulière » esclavagiste étasunienne, son abolition suivie de l'instauration du système ségrégationniste, la rigidité de ce que W.E.B. Du Bois appelle la « ligne de couleur » qui sépare « le monde blanc » et « le monde noir », mais aussi les catégories et procédures du droit civil étasunien ou l'histoire du mouvement noir radical aux États-Unis, sont prises comme des données non idéales, certes, mais suffisamment généralisables pour constituer le point de départ d'une théorisation non comparative de la justice.

En 2015, j'optai donc pour une réflexion centrée sur une injustice particulière, celle de l'esclavage colonial, dans une histoire et un espace géopolitique particuliers, ceux de la France, m'efforçant ainsi, grâce à cette particularisation et contextualisation serrées, d'éviter de proposer une théorie idéale de la théorie non idéale de la justice réparatrice. Ce faisant, je crois être parvenue à établir que la justice réparatrice se conçoit bien en échappant à une tenaille théorique qui consiste à en faire soit « l'autre » de la justice sociale distributive, héritée de la *Théorie de la justice* rawlsienne qui dominait les théories de la justice dans les années 1980-2000, soit au contraire la meilleure manière de « réaliser Rawls », pour reprendre le titre d'un livre célèbre de Thomas Pogge. Dans le premier cas, l'ambition réparatrice s'affranchit entièrement de la référence rawlsienne et la justice dont il est question, lorsqu'on cherche à « faire justice », est celle qui s'incarne avec bandeau sur l'œil et épée au flanc, la justice judiciaire qui se joue dans les tribunaux, où l'enjeu est de compenser/réparer le préjudice subi par les victimes ou les descendants des victimes des injustices de l'histoire. Réaliser la justice réparatrice, dans cette perspective, exige une théorie critique du droit, ou des droits, capable de penser le préjudice historique. Dans le second cas, l'ambition réparatrice est en vérité redistributive : elle consiste à reconnaître que les inégalités dans la répartition actuelle des ressources et des statuts sont injustes et héritées d'un système institutionnel et d'une organisation sociale qui, n'ayant pas été corrigés, perpétuent les inégalités du passé. Réaliser l'équité rawlsienne, dans cette perspective, exige d'historiciser les structures sociales et institutionnelles.

La justice réparatrice que je présente ici revendique l'importance de la relation entre histoire et justice et la nécessité d'une perspective critique des droits pour fonder une théorie normative de la justice. Elle montre qu'il n'est pas nécessaire de choisir d'être avec ou contre Rawls. Mais la double particularisation que je m'étais donnée et le positionnement que j'assumais m'ont conduite à rater ou négliger plusieurs éléments qui me semblent aujourd'hui indispensables pour penser correctement la justice réparatrice, de sorte que, sans renier la méthode que j'adoptais, qui m'a permis de poser un certain nombre de jalons, il me semble aujourd'hui nécessaire, en bon sanglier, de continuer à creuser.

La principale insuffisance du livre est celle du nationalisme méthodologique qui l'irrigue : pour répondre au cadrage étasunien, j'ai décalé la réflexion sur la France, mais n'ai pas pour autant mis en place une réelle perspective comparative, qui m'aurait permis une montée en généralité maîtrisée. Il m'était sans doute indispensable de commencer par saisir les données de l'injustice coloniale dans leur complexité et leurs effets contemporains en contexte français. Mais ce faisant, j'ai pour ainsi dire reproduit le geste rawlsien – j'ai « simplifié » les circonstances de justice en les posant au sein d'une société fermée, constituée de la France métropolitaine et de ses Outremers. Cela ne peut constituer qu'un premier pas, le second reste à accomplir. Il faut non seulement placer ces injustices (post-)coloniales structurelles dans un environnement européen et mondial plus large qui n'est pas que leur toile de fond mais constitue les conditions mêmes de leur effectivité (dans le passé et dans le présent), mais également aborder plus directement le fait que les injustices passées de l'empire colonial français ne se comprennent aujourd'hui qu'à une échelle internationale en raison des décolonisations. C'est la relation entre la France et ces anciennes colonies devenues États indépendants qui doit être l'objet d'une juste réparation et que j'avais laissée de côté dans le livre : les relations entre la France et Haïti ou l'Algérie, parmi bien d'autres, se sont encore complexifiées depuis 2019 sous le poids d'un passé colonial qui tarde à être reconnu comme circonstance de justice. La justice réparatrice est une justice internationale ; et elle engage deux dimensions que j'avais relativement négligées, la restitution et la réconciliation. La restitution de vingt-quatre crânes de combattants algériens à l'Algérie en 2020, celle de vingt-six pièces du trésor royal du Dahomey au Bénin en 2021, la création, en 2025, d'une commission franco-haïtienne chargée d'enquêter sur la double dette imposée à Haïti en 1825 en échange de la reconnaissance de son indépendance – constituent autant d'éléments qui exigent de poser à nouveaux frais, et à une autre échelle, la question des justes réparations.

C'est enfin avec un autre cadre de justice qu'il me semble aujourd'hui devoir penser la justice réparatrice, un cadre auquel je fais bien allusion dans le livre, mais que je souhaite développer désormais car il me semble plus prometteur que l'usage restreint que j'en ai fait jusqu'ici : la justice réparatrice, qui se penche sur les injustices historiques structurelles, est une justice transitionnelle si l'on donne à ce terme un sens précis, transformatif et social. Une théorie de la justice réparatrice doit donc se concevoir comme une théorie transitionnelle de la justice sociale, capable de nous engager avec raison dans l'amélioration de nos conditions structurelles injustes. En expliciter tous les enjeux dépasserait le cadre de cette postface. Ma conviction est que, bien comprises, les réparations sont capables de temporaliser la justice et peuvent fournir une justification normative suffisante pour motiver non seulement les groupes ou États opprimés à s'organiser pour peser dans la conversation sur la justice mondiale, mais aussi, et surtout, les groupes ou États dominants à s'engager dans la voie de relations d'équité et de reconnaissance, répondant à la double exigence d'égalité et de respect qui sous-tendent toute théorie de la justice. Démontrer cette conviction est la tâche qu'il me reste à accomplir.

Paris, le 15 juillet 2025.

BIBLIOGRAPHIE

ADORNO (T. W.), et HORKHEIMER (M.), *La Dialectique de la Raison : fragments philosophiques*, trad. fr. E. Kaufholz, Paris, Gallimard, 1974.

ADLER (L.), « California's Holocaust Victim Insurance Relief Act and American Preemption Doctrine », *German Law Journal*, 4(11), 2003, p. 1193-1205.

ALCOFF (L. M.), « The problem of speaking for others », *Cultural Critique* 20, Hiver 1991-1992, p. 5-32.

ALEXANDER (L. A.), « Causation and Corrective Justice : Does Tort Law Make Sense ? », *Law and Philosophy* 6, 1987, p. 1-23.

– « All or Nothing at All ? The Intentions of Authorities and the Authority of Intentions », dans A. Marmor (éd.), *Law and Interpretation*, Oxford, Clarendon Press, 1995.

AMIGHETI (S.) et ALASIA (N.), « David Miller's theory of redress and the complexity of colonial injustice », *Ethics and Global Politics*, 8(1), 2015, http://dx.doi.org/10.3402/egp.v8.26333

ANDERSON (E.), « What is the point of equality ? », *Ethics*, 109/2, 1999, p. 287-337.

– *The Imperative of Integration*, Princeton, Princeton University Press, 2010.

ANDERSON (E.) et PILDES (R.), « Expressive Theories of Law : A General Restatement », *University of Pennsylvania Law Review* 148, 1999-2000.

APPIAH (K.), *As If. Idealization and Ideals*, Cambridge, Harvard University Press, 2017.

ARISTOTE *Éthique à Nicomaque*, trad. fr. J. Tricot, Paris, Vrin, 1990.

– *Les Politiques*, trad. fr. P. Pellegrin, Paris, GF-Flammarion, 1993.

AVRIL (P.), « Responsabilité et accountability », dans O. Beaud et J.-M. Blanquer (dir.), *La Responsabilité des gouvernants*, Paris, Descartes & Compagnie, 1999.

BALFOUR (L.), *Democracy's Reconstruction, Thinking Politically with W. E. B. Du Bois*, New York, Oxford University Press, 2011.

BARKAN (E.), *The Guilt of Nations : Restitution and Negotiating Historical Injustices*, New York, Norton & Company, 2000.

– « Reparation : A Moral and Political Dilemma » dans Jon Miller et Rahul Kumar (éd.), *Reparations : Interdisciplinary Inquiries*, *op. cit.*, p. 1-19.

Beaud (O.), « La responsabilité politique face à la concurrence d'autres formes de responsabilité des gouvernants », *Pouvoirs*, 92, 2000.

Beauvois (F.), *Indemniser les planteurs pour abolir l'esclavage ?*, Paris, Dalloz, 2013.

Bentouhami (H.) et Möschel (M.), *Critical Race Theory, Introduction aux grands textes fondateurs*, Paris, Dalloz, 2017.

Bessone (M.), « Comment répondre à l'injustice raciale avec Rawls ? De la théorie idéale à la théorie non idéale… et retour », dans S. Guérard de Latour, G. Radica, C. Spector (dir)., *Le Sens de la justice, une utopie réaliste ? Rawls et ses critiques*, Paris, Classiques Garnier, 2015, p. 267-284.

– « Les réparations au titre de l'esclavage colonial : l'impossible paradigme judiciaire », *Droit et société*, à paraître en 2019.

– « Colonial Slave Trade and Slavery and Structural Racial Injustice in France : Using Iris Young's Social Connection Model of Responsibility », *Critical Horizons*, à paraître en 2019.

Bessone (M.) et Sabbagh (D.) (éd.), *Race, racisme, discriminations : anthologie de textes fondamentaux*, Paris, Hermann, 2015.

Binoche (B.), *« Écrasez l'infâme ! » Philosopher à l'âge des Lumières*, Paris, La Fabrique, 2018.

Bittker (B.), *The Case for Black Reparations*, New York, Beacon Press, 1973.

Blérald (A.-P.), *Histoire économique de la Guadeloupe et de la Martinique du XVIIe siècle à nos jours*, Paris, Karthala, 1986.

Blum (L.), « Racialized groups : the socio-historical consensus », *The Monist*, 93(2), 2010, p. 298-320.

Bohman (J.), « Domination, Global Harms and Injustice », dans B. Buckinx, J. Treho-Mathys, T. Waligore (éd.), *Domination and Global Political Justice*, New York-Londres, Routledge, 2015, p. 71-87.

Bonniol (J.-L.), *La couleur comme maléfice. Une illustration créole de la généalogie des « Blancs » et des « Noirs »*, Paris, Albin Michel, 1992.

– « "Racialisation" ? Le cas de la colorisation coloniale des rapports sociaux », *Faire savoirs, Sciences humaines et sociales en région PACA* 6, mai 2007.

Bourdieu (P.), « La force du droit. Éléments pour une sociologie du champ juridique », *Actes de la recherche en sciences sociales* 64, 1986, p. 3-19.

Boxill (B.), « Black Reparations », Stanford Encyclopedia of Philosophy, version révisée le 18 novembre 2015, https : //stanford.library.sydney.edu.au/entries/black-reparations/, consulté le 08 novembre 2018.

Boyle (J.) (éd.), *Critical Legal Studies Selected Readings*, New York, New York University Press, 1992.

Brooks (R. L.), « Getting Reparations for Slavery Right », *Notre Dame Law Review*, 80/1, 2004.

– *Atonement and Forgiveness. A New Model for Black Reparations*, Berkeley, University of California Press, 2006.

Brooks (T.), « Rethinking Remedial Responsibilities », *Ethics and Global Politics*, 4(3), 2011, p. 195-202.

Butler (J.), « Merely Cultural », *Social Text* 52-33, 1997.

Butt (D.), *Rectifying Historical Injustices, Principes of compensation and restitution between nations*, Oxford, Oxford University Press, 2009.

Calixte (S.), « La loi reconnaissant la traite négrière et l'esclavage des Noirs dans les possessions françaises d'Outre-mer en tant que crime contre l'humanité. Signification et portée », *Pouvoirs dans la Caraïbe* 15 [en ligne], 2007, http://journals.openedition.org/plc/190 ; DOI : 10.4000/plc. 190

Carbonnier (J.), « Scolie sur le non-sujet de droit, L'esclavage sous le régime du Code civil », *Flexible Droit. Pour une sociologie du droit sans rigueur*, Paris, L.G.D.J., 10 e édition, 2001.

Cario (R.) et Salas (D.) (dir.), *Œuvre de justice et victimes*, vol. 1, Paris, L'Harmattan, 2001.

Cario (R.), *Victimologie. De l'effraction du lien intersubjectif à la restauration sociale*, Paris, L'Harmattan, 2006.

– « La justice restaurative : vers un nouveau modèle de justice pénale ? », *AJPénal* vol. 9, 2007, p. 372-375.

– « Le droit des victimes dans la procédure pénale française. Entre équité et effectivité », *Les cahiers de PV. Antenne sur la victimologie*, 2010-6, Pub. Association québécoise Plaidoyer-Victimes, Montréal, pp. 69-82.

– « Justice restaurative : principes et promesses », *Les Cahiers dynamiques* 59, 2014/1, p. 24-31.

Carpentier (M.), « Autorité, intention, innovation, Joseph Raz et la théorie de l'interprétation », *Klesis* 21, 2011, p. 157-191.

Chivallon (Ch.), *L'esclavage, du souvenir à la mémoire*, Paris, Karthala-Ciresc, 2012.

Coates (T.-N.), « The Case for Reparations », *The Atlantic*, Juin 2014, p. 1-61.

Colliot-Thélène (C.), Malbert (D.) et Nora (P.), « Entretien avec Pierre Nora », *Revue internationale d'éducation de Sèvres* 13, 1997, p. 53-58.

Cottias (M.), « Droit, justice et dépendance dans les Antilles françaises (1848-1852) », *Annales. Histoires, Sciences Sociales*, 2004/3, p. 547-567.

– « Et si l'esclavage colonial faisait histoire nationale ? », *Revue d'histoire moderne et contemporaine*, 2005(5), n°52-4 bis, p. 59-63.

Cottias (M.), Cunin (E.), de Almeida Mendes (A.), *Les traites et les esclavages*, Paris, Karthala, 2010.

Daniels (N.), « Merit and Meritocracy », *Philosophy and Public Affairs*, 7(3), 1978, p. 206-223.

Davis (D. B.), *Inhuman Bondage : the Rise and Fall of Slavery in the New World*, Oxford, Oxford University Press, 2006.

Debbasch (Y.), *Le Marronnage : Essai sur la désertion de l'esclave antillais*, Paris, P.U.F., 1962.

De Greiff (P.), *The Handbook of Reparations*, Oxford, Oxford University Press, 2006.

Delia (L.), *Droit et philosophie à la lumière de l'Encyclopédie*, Oxford, Voltaire Foundation, University of Oxford, 2015.

Delmas-Marty (M.) *et al.*, *Le crime contre l'humanité*, Paris, P.U.F., 2009.

Delpla (I.) et Bessone (M.) (éd.), *Peines de guerre*, Paris, Éditions de l'EHESS, 2010.

Delpla (I.), « Considérations anthropologiques et philosophiques sur l'entreprise criminelle commune », dans O. de Frouville (dir.), *Punir les crimes de masse : entreprise criminelle commune ou co-action ?*, Bruxelles, Bruylant, 2012, p. 23-54.

– *La Justice des gens*, Rennes, Presses Universitaires de Rennes, 2014.

Dempsey (J.), « Corporations and Non-Agential Moral Responsibility », *Journal of Applied Philosophy*, 30(4), 2013, p. 334-350.

Desmond (M.) et Emirbayer (M.), « What is racial domination ? », *Du Bois Review*, 6/2, 2009, p. 335-355.

Dewey (J.), *The Public and its Problems* (1927), dans *The Later Works*, 1925-1953, vol. 2, Southern Illinois University Press, Carbondale.

Diderot (D.), *Œuvres complètes*, vol. XX, J. Assézat et M. Tourneux (éd.), Paris, Garnier, 1877.

Dorlin (E.), *La Matrice de la race*, Paris, La Découverte, 2006.

Dubois (L.), *Avengers of the New Word : The Story of the Haitian Revolution*, Cambridge, Harvard University Press, 2004.

Dworkin (R.), *A Matter of Principle*, Cambridge, Harvard University Press, 1985.

– *Taking Rights Seriously*, Cambridge, Harvard University Press (1977), 1997 (16 e éd.).

– *Sovereign Virtue : The Theory and Practice of Equality*, Cambridge, Harvard University Press, 2000.

Ehrard (J.), *Lumières et Esclavage. L'Esclavage colonial et l'opinion publique en France au* xviii e *siècle*, Paris, André Versaille éditeur, 2008.

Eisenmann (Ch.), *Cours de droit administratif*, L.G.D.J., Paris 1982.

Eisgruber (Ch.) et Sager (L.), *Religious Freedom and the Constitution*, Cambridge (Mass.), Harvard University Press, 2007.

Epstein (R. A.), « A Theory of Strict Liability », *Journal of Legal Studies* 2, 1973, p. 151-171.

– « Causation and Corrective Justice : A Reply to Two Critics », *Journal of Legal Studies* 8, 1979, p. 477-499.

– « The Case against Black Reparations », *Boston University Law Review* 84, 2004, p. 1177-1192.

Estève (L.), *Montesquieu, Rousseau, Diderot. Du genre humain au bois d'ébène. Les silences du droit naturel*, Paris, Éditions de l'UNESCO, 2002.

Fanon (F.), *Les Damnés de la Terre*, dans *Œuvres*, tome 1, Paris, La Découverte, 2011.

FASSIN (D.) et RECHTMAN (R.), *L'empire du traumatisme. Enquête sur la condition de victime*, Paris, Flammarion, 2007.

FASSIN (D.), « La politique des anthropologues, Une histoire française », *L'Homme* 185-186, 1/2008.

FEINBERG (J.), *The moral limits of the criminal law, vol. 1 : Harm to others*, Oxford, Oxford University Press, 1984.

FESTRÉ (A.) et RAYBAUT (A.), « Banques coloniales, crédit et circulation : l'exemple de la Martinique 1848-1871 », *Œconomia. History/Methodology/Philosophy*, 2009, 43(7-8), p. 1177-1199.

FISHER III (W. W.), HORWITZ (M. J.) et REED (T. A.) (éd.), *American Legal Realism*, Oxford, Oxford University Press, 1993.

FITTE-DUVAL (A.), « Entre inclusion et exclusion : cadre juridique et pratiques de l'esclavage aux îles d'Amérique », dans M. Cottias *et al.* (éd.), *Les traites et les esclavages*, *op. cit.*, p. 125-135.

FLETCHER (G. P.), *Rethinking Criminal Law*, Oxford, Oxford University Press, 1978.

FOUCAULT (M.), « Polémique, politique et problématisations », *Dits et Écrits II, 1976-1988*, Paris, Gallimard, 2001.

FRASER (N.) et HONNETH (A.), *Redistribution or Recognition ?*, New York, Verso Books, 2003.

FRASER (N.), « Heterosexism, Misrecognition, and Capitalism : A Response to Judith Butler », *Social Text* 52-53, 1997.

– *Qu'est-ce que la justice sociale ?*, Paris, La Découverte, 2005.

– *Scales of Justice*, Columbia University Press, 2009.

FREDRICKSON (G. M.), *The Arrogance of Race : Historical Perspectives on Slavery, Racim, and Social Inequality*, Middleton, Wesleyan University Press, 1988.

FRENCH (P. A.), *Collective and Corporate Responsibility*, New York, Columbia University Press, 1984.

FRICKER (M.), *Epistemic Injustice : Power and the Ethics of Knowing*, Oxford, Oxford University Press, 2007.

GARAPON (A.), GROS (F.) et PECH (T.), *Et ce sera justice : punir en démocratie*, Paris, Odile Jacob, 2001.

GARAPON (A), *Peut-on réparer l'histoire ? Colonisation, esclavage, Shoah*, Paris, Odile Jacob, 2008.

GARAPON (A.) et HUBRECHT (J.), *La justice reconstitutive : un objectif diplomatique pour prévenir et surmonter les crimes de masse*, rapport de l'IHEJ, juin 2013.

GARRAU (M.) et LABORDE (C.), « Relational Equality, Non-Domination, and Vulnerability », dans C. Fourié, F. Schuppert, et I. Wallimann-Helmer (éd.), *Social Equality : on What It Means to be Equals*, Oxford, Oxford University Press, 2015, p. 45-64.

GIBNEY (M.) *et al.*, (éd.), *The Age of Apology : Facing Up to the Past*, Philadelphia, University of Pennsylvania Press, 2008.

GILBERT (M.), « La responsabilité collective et ses implications », *Revue Française de Science politique*, 2008/6, 56, p. 899-913.

GILROY (P.), *The Black Atlantic, Modernity and Double Consciousness*, Londres, Verso, 1993.

GLISSANT (É.), *Le discours antillais*, Paris, Seuil, 1981.

– *Mémoires des esclavages*, Paris, Gallimard-La Documentation française, 2007.

GÖSSERIES (A.), « A-t-on des obligations envers les morts ? », *Revue Philosophique de Louvain*, 101(1), 2003, p. 80-104.

– *Penser la justice entre les générations*, Paris, Flammarion, 2004.

GÖSSERIES (A.) et MEYER (L.), (éd.), *Intergenerational Justice*, Oxford, Oxford University Press, 2009.

GOURI (H.), *Face à la cage de verre*, Paris, Albin Michel, 1964.

GUÉRARD DE LATOUR (S.), RADICA (G.) et SPECTOR (C.), (dir.), *Le sens de la justice. Une « utopie réaliste » ?*, Paris, Classiques Garnier, 2015.

GUILLARME (B.), *Penser la peine*, Paris, P.U.F., 2003.

HABERMAS (J.), « De l'usage public de l'histoire », dans *Écrits Politiques*, trad. fr. C. Bouchindhomme et R. Rochlitz, Paris, Le Cerf, 1990.

– *Droit et Démocratie, Entre faits et normes*, trad. fr. R. Rochlitz et Ch. Bouchindhomme, Paris, Gallimard, 1997.

HARRIS (Ch. I.), « Whiteness as Property », *Harvard Law Review*, 106/8, juin 1993, p. 1707-1791.

HART (H. L. A.), *Punishment and Responsibility : Essays in the Philosophy of Law*, Oxford, Oxford University Press, 1968.

– « Existe-t-il des droits naturels ? », trad. fr. C. Girard, *Klesis* 21, 2011, p. 239-254.

HELLMAN (D.), « The Expressive Dimension of Equal Protection », *Minnesota Law Review* 85(1), 2000-2001.

– *When is Discrimination Wrong ?*, Cambridge, Harvard University Press, 2008.

– « Discrimination and Social Meaning » dans K. Lippert-Rasmussen (éd.), *The Ethics of Discrimination*, New York, Routledge, 2017.

HUDSON (N.), « From "nation" to "race" : the origin of racial classification in eighteenth-century thought », *Eighteenth-Century Studies*, 29(3), 1996, p. 247-250.

HYLTON (K. N.), « Slavery and Tort Law », *Boston University Law Review* 84, 2004, p. 1209-1255.

JAMIN (Ch.), « Le rendez-vous manqué des civilistes français avec le réalisme juridique : un exercice de lecture comparée », *Droits* 51, 2010, p. 137-160.

JANKÉLÉVITCH (V.), *L'irréversible et la nostalgie*, Paris, Flammarion, 1974.

JORDAN (W. D.), *White over Black : American Attitudes toward the Negro, 1550-1812*, CHAPEL, (H.), University of North Carolina Press, 1968.

JOURDAIN (P.), *Les principes de la responsabilité civile*, Paris, Dalloz, 2014.

JUROVICS (Y.), *Réflexions sur la spécificité du crime contre l'humanité*, Paris, L.G.D.J., 2002.

KUMAR (R.), « Who Can Be Wronged ? », *Philosophy and Public Affairs*, 31(2), 2003, p. 99-118.

KUMAR (R.) et SILVER (D.), « The Legacy of Injustice. Wronging the Future, Responsibility for the Past », dans Lukas Meyer (éd.), *Justice in Time. Responding to Historical Injustice*, Baden-Baden, Nomos, 2004, p. 145-158.

LABORDE (C.), *Français, encore un effort pour être républicains !*, Paris, Seuil, 2010.

– *Liberalism's Religion*, Cambridge, Harvard University Press, 2017.

LACROIX (M.), « Les fondements épistémologiques de la responsabilité civile », *Les Cahiers du droit*, 50(2), 2009, p. 415-433.

LARCHER (S.), « L'égalité divisée. La race au cœur de la ségrégation juridique entre citoyens de la métropole et citoyens des "vieilles colonies" après 1848 », *Le Mouvement Social*, 2015/3, n°252, p. 137-158.

LEFRANC (S.), « A Critique of "Bottom-Up" Peacebuilding : Do Peaceful Individuals make Peaceful Societies ? », dans B. Charbonneau et G. Parent (éd.), *Peacebuilding, Memory and Reconciliation*, New York, Routledge, 2012.

LEITER (B.), « American Legal Realism », dans Martin P. Golding et William A. Edmundson, (éd.), *The Blackwell Guide to the Philosophy of Law and Legal Theory*, Malden, Blackwell Publishing, 2005, p. 50-67.

LEJBOWICZ (A.), *Philosophie du droit international, l'impossible capture de l'humanité*, Paris, P.U.F., 1999.

LE RU (V.), *Subversives Lumières - L'*Encyclopédie *comme machine de guerre*, Paris, CNRS Éditions, 2007.

LEVY (N.), « The Good, the Bad, and the Blameworthy », *Journal of Ethics and Social Philosophy*, 1(2), 2005, p. 2-16.

LEVY (N.) et MCKENNA (N.), « Recent Work on Free Will and Moral Responsibility », *Philosophy Compass*, 4(1), 2008, p. 96-133.

LIPPERT-RASMUSSEN (K.), « Responsible Nations : Miller on national responsibility », *Ethics and Global Politics*, 2(2), 2009, p. 109-130.

LIST (Ch.) et PETTIT (Ph.), *Group Agency, The possibility, design and status of corporate agents*, New York, Oxford University Press, 2011.

LOCKE (J.), *Traité du Gouvernement Civil*, trad. fr. D. Mazel, Paris, GF-Flammarion, 1992.

LOURY (G.), « Transgenerational justice. Compensatory Versus Interpretative Approaches », dans Jon Miller et Rahul Kumar (éd.), *Reparations : Interdisciplinary Inquiries*, Oxford, Oxford University Press, 2007, p. 87-113.

LOVEJOY (P.), *Une histoire de l'esclavage en Afrique*, Paris, Karthala-Ciresc, 2017.

LU (C.), « Colonialism as Structural Injustice : Historical Responsibility and Contemporary Redress », *Journal of Political Philosophy*, 19/3, 2011.

– *Justice and Reconciliation in World Politics*, Cambridge, Cambridge University Press, 2017.

MACLACHLAN (A.), « "Trust me, I am sorry" : The Paradox of Public Apology », *The Monist* 98, 2015, p. 441-456.

MALLON (R.), « Passing, Traveling and Reality : Social Constructionism and the Metaphysics of Race », *Noûs*, 38(4), 2004, p. 644-673.

MASON (A.), *Levelling the Playing Field*, Oxford, Oxford University Press, 2006.

MASON (R.), « Two Kinds of Unknowing », *Hypatia*, 26(2), 2011, p. 294-307.

MAY (L.), *Crimes Against Humanity : A Normative Account*, Cambridge, Cambridge University Press, 2005.

MCCARTHY (T.), *Race, Empire, and the Idea of Human Development*, Cambridge, Cambridge University Press, 2009.

MCCRUDDEN (Ch.), « Merit Principles », *Oxford Journal of Legal Studies*, 18(4), 1998, p. 543-579.

MCKEOWN (M.), « Who Bears Responsibility for Post-Colonial Poverty ? », article non publié présenté lors de la Princeton Graduate Political Theory Conference, 2011.

MÉDINA (J.), *The Epistemology of Resistance*, Oxford, Oxford University Press, 2012.

MERLE (I.), « Retour sur le régime de l'indigénat : genèse et contradictions des principes répressifs dans l'Empire français », *French Politics, Culture and Society*, 20(2), 2002, p. 77-97.

– « De la "légalisation" de la violence en contexte colonial. Le régime de l'indigénat en question », *Politix*, 17(66), 2004, p. 137-162.

MEYER (L.), « Obligations persistantes et réparation symbolique », *Revue Philosophique de Louvain*, 101(1), 2003, p. 105-122.

MICHEL (J.), *Gouverner les mémoires, Les politiques mémorielles en France*, Paris, P.U.F., 2010.

MIGNOT (D. A.), « La nature juridique de l'esclave dans l'Édit de mars 1685 (Code Noir Louis – Projet définitif) », dans Myriam Cottias *et al.*, *Les traites et les esclavages*, *op. cit.*, p. 37-51.

MILLER (D.), *Principles of Social Justice*, Cambridge (Mass.), Harvard University Press, 1999.

– « Distributing Responsibilities », *The Journal of Political Philosophy*, 9/4, 2001, p. 453-471.

– « Holding Nations Responsible », *Ethics*, 114/2, 2004, p. 240-268.

– *National Responsibility and Global Justice*, Oxford, Oxford University Press, 2007.

MILLER(J.) et KUMAR (R.) (éd.), *Reparations : Interdisciplinary Inquiries*, Oxford, Oxford University Press, 2007.

MILLS (Ch.), « "Ideal Theory" as Ideology », *Hypatia*, 20/3, 2005, p. 165-184.

– « White Ignorance », dans S. Sullivan et N. Tuana (éd.), *Race and Epistemologies of Ignorance*, Albany, State University of New York Press, 2007, p. 11-38.

MONTESQUIEU, *De l'Esprit des Lois*, Paris, GF-Flammarion, 1993.

MOORE (M.), « Global Justice, Climate Change and Miller's Theory of Responsibility », *Critical Review of International, Social and Political Philosophy*, 11(4), 2008, p. 501-517, p. 510.

NELSON (A.), *The Social Life of DNA. Race, Reparations, and Reconciliation after the Genome*, Boston, Beacon Press, 2016.

NOBLES (M.), *The Politics of Official Apology*, New York, Cambridge University Press, 2008.

NORA (P.) (dir.), *Les lieux de mémoire*, t. I. : *La République*, Paris, Gallimard, 1984.

NOZICK (R.), *Anarchie, État et utopie*, trad. fr. E. d'Auzac de Lamartine et P.-E. Dauzat, Paris, P.U.F., 1988.

NYS (E.), « L'esclavage noir devant les jurisconsultes et les cours de justice », *Études de droit international et de droit politique*, Paris, A. Fontemoing, 1896, p. 245-273.

O'NEILL (O.), « Abstraction, Idealization and Ideology in Ethics », dans *Moral Philosophy and Contemporary Problems*, J. D. G. Evans (dir.), Cambridge, Cambridge University Press, 1988, p. 55-69.

– *Towards Justice and Virtue*, Cambridge, Cambridge University Press, 1996.

OUDIN-BASTIDE (C.) et STEINER (Ph.), *Calcul et Morale, Coûts de l'esclavage et valeur de l'émancipation (XVIIIe-XIXe siècles)*, Paris, Albin Michel, 2015.

PARFIT (D.), *Reasons and Persons*, Oxford, Clarendon Press, 1984.

PATTERSON (O.), *Slavery and Social Death : A Comparative Study*, Cambridge, Harvard University Press, 1982.

PEREZ (N.), *Freedom From Past Injustices : A Critical Evaluation of Claims for Intergenerational Reparations*, Edinburgh, Edinburgh University Press, 2012.

PÉTRÉ-GRENOUILLEAU (O.), *Qu'est-ce que l'esclavage ? Une histoire globale*, Paris, Gallimard, 2014.

PIERIK (R.), « Reparations for Luck Egalitarians », *Journal of Social Philosophy*, 37(3), 2006, p. 423-440.

– « Collective Responsibility and National Responsibility », *Critical Review of International Social and Political Philosophy*, 11/4, 2008.

PIGNOUX (N.), *La réparation des victimes d'infractions pénales*, Paris, L'Harmattan, 2008

PIKETTI (T.), *Le capital au XXIe siècle*, Paris, Seuil, 2013.

PLATZ (J.) et REIDY (D. A.), « The Structural Diversity of Historical Injustices », *Journal of Social Philosophy*, 37(3), 2006, p. 360-376.

PLEASANTS (N.), « Moral Argument Is Not Enough : the Persistence of Slavery and the Emergence of Abolition », *Philosophical Topics* 38(1), 2011, p. 139-160.

POSNER (R.), *Law and Literature*, Cambridge, Harvard University Press, 1988.

POUILLAUDE (H.-B.), *Le lien de causalité dans le droit de la responsabilité administrative*, Thèse de droit public, Paris II, 2011.

QUÉZEL-AMBRUNAZ (Ch.), *Essai sur la causalité en droit de la responsabilité civile*, Paris, Dalloz, 2010.

RAWLS (J.), « Justice as Fairness », *The Philosophical Review*, 67/2, 1958.

– *Théorie de la justice*, trad. fr. C. Audard, Paris, Seuil, 1987.

– *Libéralisme politique*, trad. fr. C. Audard, Paris, P.U.F., 1995.

– « Le droit des peuples », dans *Paix et démocratie*, trad. fr. B. Guillarme, Paris, La Découverte, 2006.

– *Justice et critique*, L. Foisneau et V. Munoz-Dardé (éd.), Paris, Éditions de l'EHESS, 2014.

RAZ (J.), *Between Authority and Interpretation*, Oxford, Oxford University Press, 2009.

REED (A. L.), « Class notes : the Case against Reparations », *Class Notes, Posing as Politics and Other Thoughts on the American Scene*, New York, The New Press, 2000.

RÉGENT (F.), *La France et ses esclaves de la colonisation aux abolitions, 1620-1848*, Paris, Grasset, 2007.

REYNAUD PALIGOT (C.), *La République raciale. Paradigme racial et idéologie républicaine, 1860-1930*, Paris, P.U.F., 2006.

RICHARD FOOS (D.), « Civil Procedure : Righting Past Wrongs or Interfering with International Relations ? World War II- Era Slave Labor Victims Receive Legal Standing After Fifty Years », *McGeorge Law Review* 31, 2000.

RICŒUR (P.), « L'écriture de l'histoire et la représentation du passé », conférence Marc Bloch, *Annales Histoire Sciences Sociales*, 55/4, juillet-août 2000.

– *La Mémoire, l'histoire et l'oubli*, Paris, Seuil, 2000.

– *Le Juste*, tome 1, Paris, Éd. Esprit, 1995.

RIO (C.), *Justice sociale et générations, Pourquoi et comment transmettre un monde plus juste*, Rennes, Presses Universitaires de Rennes, 2015.

ROBERTS (R. C.) (éd.), *Injustice and Rectification*, New York, Peter Lang, 2002.

ROGERS (D.) et LESUEUR (B.) (dir.), *Libres après les abolitions ? Statuts et identitées aux Amériques et en Afrique*, Paris, Karthala-CIRESC, 2019.

ROSANVALLON (P.), *Le peuple introuvable*, Paris, Gallimard, 1998.

— (dir.), *Refaire société*, Paris, Seuil-La République des Idées, 2011.

ROUSSEAU (J.-J.), *Du Contrat social*, dans *Œuvres complètes* III, Paris, Gallimard, 1964.

SAADA (E.), « Une nationalité par degré, Civilité et citoyenneté en situation coloniale », dans P. Weil et S. Dufoix, *L'esclavage, la colonisation, et après…*, Paris, P.U.F., 2005, p. 193-227.

– « Un racisme de l'expansion. Les discriminations raciales au regard des situations coloniales », dans D. et E. Fassin, *De la question sociale à la question raciale ?*, Paris, La Découverte, 2006.

SAADA (J.) et XIFARAS (M.), « La critique du droit – quelle critique ? » dans *Jurisprudence – Revue critique*, « Le droit, entre théorie et critique » 2016.

SABBAGH (D.), *L'égalité par le droit. Les paradoxes de la discrimination positive aux États-Unis*, Paris, Economica, 2003.

SALA-MOLINS (L.), *Les misères des Lumières. Derrière la raison, l'outrage*, Paris, Robert Laffont, 1992.

– *Le Code Noir ou le calvaire de Canaan*, Paris, P.U.F., 2002.

SAUTTER (G.), « Notes sur la construction du chemin de fer Congo-Océan (1921-1934) », *Cahiers d'études africaines*, 7/26, 1967, p. 219-299.

SAVARESE (É.), *Algérie, la guerre des mémoires*, Paris, Non Lieu, 2007.

– *La rencontre postcoloniale*, Bellecombes-en-Bauge, Éditions du Croquant, 2014.

SCANLON (T.), *Why Does Inequality Matter ?*, Oxford, Oxford University Press, 2018.

SCHNAPPER (D.), *La communauté des citoyens*, Paris, Gallimard, 1994.

SCHWARTZMAN (L.), « Abstraction, Idealization, and Oppression », *Metaphilosophy*, 37(5), 2006, p. 565-588.

SEN (A.), *L'idée de justice*, trad. fr. P. Chemla et E. Laurent, Paris, Flammarion, 2010.

SIMMONS (J.), « Ideal and Nonideal Theory », *Philosophy and Public Affairs*, 38(1), 2010, p. 5-36.

SMITH (A. M.), « Responsibility as Answerability », *Inquiry, An Interdisciplinary Journal of Philosophy*, 58(2), 2015, p. 99-126.

SPECTOR (C.), « "Il est impossible que nous supposions que ces gens-là soient des hommes" : la théorie de l'esclavage au livre XV de *L'Esprit des Lois* », p. 15-51, dans *Lumières* 3, *L'esclavage et la traite sous le regard des Lumières*, 2004.

– « Y a-t-il une politique des renvois dans l'*Encyclopédie ?* Montesquieu lu par Jaucourt », *Corpus*, *Revue de Philosophie* 51, « L'ordre des renvois dans l'*Encyclopédie* », 2006, p. 215-247.

– « Frontières de la représentation. La "justice anormale" selon Nancy Fraser », *Représentation politique. XVII*^{e}*-XXI*^{e} *siècle*, Classiques Garnier, 2017, p. 139-156.

SPINNER-HALEV (J.), « From Historical to Enduring Injustice », *Political Theory*, 35/5, 2007, p. 574-597.

STEMPLOWSKA (Z.) et SWIFT (A.), « Ideal and Nonideal Theory », dans *Oxford Handbook of Political Philosophy*, D. Estlund (dir.), Oxford, Oxford University Press, 2012, p. 373-390.

STORA (B.), *La guerre des mémoires. La France face à son passé colonial*, La Tour d'Aigues, Éditions de l'Aube, 2007.

STRAWSON (P.), « Freedom and Resentment », *Proceedings of the British Academy* 48, 1962.

SUNSTEIN (C.), *Legal Reasoning and Political Conflict*, Oxford, Oxford University Press, 1996.

SWAIN (C.), *The New White Nationalism in America : Its Challenge to Integration*, Cambridge, Cambridge University Press, 2002.

TANGER (M.), *Les juridictions coloniales devant la Cour de cassation (1828-1848)*, Paris, Economica, 2007.

TEITEL (R.), *Transitional Justice*, Oxford, Oxford University Press, 2000.

THOMPSON (J.), *Taking Responsibility for the Past. Reparation and Historical Injustice*, Cambridge, Polity Press, 2002.

TIN (L.-G.), *Esclavage et réparations, Comment faire face aux crimes de l'histoire…*, Paris, Stock, 2013.

TORPEY (J.), (éd.), *Politics and the Past : On Repairing Historical Injustices*, Lanham (MD), Rowman & Littlefield, 2003.

UNGER (R. M.), *The Critical Legal Studies Movement*, Cambridge, Harvard University Press, 1983.

URBAN WALKER (M.), « Restorative Justice and Reparations », *Journal of Social Philosophy*, 37(3), 2006, p. 377-395.

URFALINO (Ph.), « Décider en corps. Identité, réalité et mode d'être des corps délibérants », *Tracés. Revue de sciences humaines* 29, 2015, p. 39-64.

VALENTINI (L.), « Ideal vs. Non-Ideal Theory : a Conceptual Map », *Philosophy Compass*, 7(9), 2012, p. 654-664.

VARIKAS (E.), « L'institution embarrassante. Silences de l'esclavage dans la genèse de la liberté moderne », *Raisons Politiques* 11, août 2003.

VALLS (A.), « Reconsidering the Case for Black Reparations », dans Jon Miller et Rahul Kumar (éd.), *Reparations : Interdisciplinary Inquiries*, *op. cit.*, p. 114-129.

VERGÈS (F.), *L'homme prédateur. Ce que nous enseigne l'esclavage sur notre temps*, Paris, Albin Michel, 2011.

VERMEULE (A.), « Reparations as rough justice », dans M. S. Williams, R. Nagy et J. Elster (dir.), *Transitional Justice*, *Nomos* LI, New York, New York University Press, 2012, p. 151-165.

VILLEY (M.), « Esquisse historique sur le mot responsable », *Archives de philosophie du droit* 22, 1977, p. 45-58.

VINCENT (N. A.), « A structured taxonomy of responsibility concepts », dans N. A. Vincent, I. van de Poel et J. Oven (éd.), *Moral Responsibility, Beyond Free Will and Determinism*, Dordrecht, Springer, 2011, p. 15-35.

VINEY (G.), *Le déclin de la responsabilité individuelle*, Paris, L.G.D.J., 1965.

– *Introduction à la responsabilité*, Paris, L.G.D.J., 2008.

VINEY (G.) et JOURDAIN (P.), *Traité de droit civil, les conditions de la responsabilité*, Paris, L.G.D.J., 3 [e] éd., 2006.

WALDRON (J.), « Superseding Historic Injustices », *Ethics*, 103(1), 1992, p. 4-28.

WATSON (G.), « Two Faces of Responsibility », *Philosophical Topics*, 24(2), 1996, p. 227-248.

WEIL (P.) et DUFOIX (S.) (dir.), *L'esclavage, la colonisation, et après...*, Paris, P.U.F., 2005.

WEINAR (L.), « Reparations for the Future », *Journal of Social Philosophy* 37(3), 2006, p. 396-405.

WIEVIORKA (A.), *L'Ère du témoin*, Paris, Plon, 1998.

WILSON (W. J.), *The Bridge Over the Racial Divide*, Berkeley, University of California Press, 1999.

WINTER (S.), « Towards a Unified Theory of Transitional Justice », *The International Journal of Transitional Justice* 7, 2013.

WOODWARD (J.), « The Non-Identity Problem », *Ethics*, 96(4), 1986, p. 804-831.

YOUNG (I. M.), « The Five Faces of Oppression », dans L. Heldke et P. O'connor (éd.), *Oppression, Privilege and Resistance*, Boston, McGraw Hill, 2004.

– « Responsibility and Global Labor Justice », *Journal of Political Philosophy* 12, 2004, p. 365-388.

– *Responsibility for Justice*, Oxford, Oxford University Press, 2011.

ZACK (N.), « Reparations and the rectification of race », *The Journal of Ethics* 7, 2003, p. 139-151.

REMERCIEMENTS

Pour m'avoir offert l'occasion de présenter certains arguments lors de séminaires de recherche ou journées d'étude, pour leurs suggestions lors de discussions à bâtons rompus, ou pour leur relecture précieuse, exigeante et serrée, sur la forme et sur le fond, de passages de versions antérieures de cet essai,

Je veux dire ma dette à l'égard d'Arash Abizadeh, Isabelle Aubert, Lawrie Balfour, Daniel Butt, Amandine Catala, Ryoa Chung, Catherine Colliot-Thélène, Myriam Cottias, Elisabeth Cunin, Isabelle Delpla, Marc-Antoine Dilhac, Éric Fassin, Annie Fitte-Duval, Luc Foisneau, Antoine Garapon, Marie Garrau, Claude Gautier, Charles Girard, Ary Gordien, Sophie Guérard de Latour, Annabelle Lever, Bernard Manin, Victor Mardellat, Maeve McKeown, Frédéric Mégret, Véronique Munoz-Dardé, Christian Nadeau, Marie-Jeanne Rossignol, Juliette Roussin, Daniel Sabbagh, Louis-Georges Tin, Mathilde Unger, Philippe Urfalino, Daniel Weinstock.

Pour m'avoir offert ce qui me manque le plus – du temps, je ne pourrai jamais assez remercier Bernard, Catherine, Serge et Antoine.

Ma reconnaissance va également aux étudiants du séminaire de Master 2 « Philosophie politique » du Master mention Philosophie de l'université Paris 1 Panthéon-Sorbonne, automne 2017 et automne 2018, pour leur curiosité, leur engagement et la justesse de leurs questions.

Enfin, je remercie tout spécialement Stéphane Chauvier et Céline Spector pour leur lecture stimulante et leur confiance.

Bien évidemment, les propos qui précèdent n'engagent que moi.

Les recherches ayant mené à ce livre ont été notamment financées dans le cadre du projet ANR « REPAIRS » : Réparations, compensations et indemnités au titre de l'esclavage (Europe – Amériques – Afriques) (XIXe-XXIe siècles) (n° ANR-15-CE 33-0007.01).

TABLE DES MATIÈRES

Achevé d'imprimer en août 2025 sur les presses de
La Manufacture - *Imprimeur* – 52200 Langres – Tél. : (33) 325 845 892
Imprimé en France – N° : 250549 – Dépôt légal : décembre 2019